# 콩도르세,
## 공교육에 관한
## 다섯 논문

**혁명, 프랑스에 공교육의 기초를 묻다**

# 콩도르세,
## 공교육에 관한
## 다섯 논문

**혁명, 프랑스에 공교육의 기초를 묻다**

초판 1쇄 발행 2019년 4월 19일
초판 2쇄 발행 2019년 12월 12일

지은이  니콜라 드 콩도르세
옮긴이  이주환
감수·교정  김세희, 조나영

펴낸이  김승희
펴낸곳  도서출판 살림터

기획  정광일
편집  조현주
북디자인  꼬리별

인쇄·제본  (주)현문
종이  월드페이퍼(주)

주소  서울시 양천구 목동동로 293, 22층 2215-1호
전화  02-3141-6553
팩스  02-3141-6555
출판등록  2008년 3월 18일 제313-1990-12호
이메일  gwang80@hanmail.net
블로그  http://blog.naver.com/dkffk1020

ISBN  979-11-5930-096-7  93370

이 도서의 국립중앙도서관 출판예정도서목록(CIP)은
서지정보유통지원시스템 홈페이지(http://seoji.nl.go.kr)와
국가자료공동목록시스템(http://www.nl.go.kr/kolisnet)에서 이용하실 수 있습니다.
(CIP제어번호: CIP2019012889)

# 콩도르세, 공교육에 관한 다섯 논문

## 혁명, 프랑스에 공교육의 기초를 묻다

니콜라 드 콩도르세 지음
이주환 옮김 | 김세희, 조나영 감수·교정

살림터

콩도르세는 교육이론가인 동시에, 혁명기 프랑스의 정치인이었고 열렬한 공화주의자였다.『공교육을 위한 다섯 논문』곳곳에서 찾아볼 수 있는 행정적 지침, 예컨대 도시 하나에 적정한 학교와 교사의 수에 관한 언급 등은, 최대한 단시간 내에 공교육을 자리매김해야 한다는 절박한 현실적 고려로부터 나왔을 것이다. 시대적으로도, 지역적으로도 아득히 떨어진 우리가 이와 같은 지침들을 그대로 받아들일 수는 없다. 다만 그러한 지침이 기원한 정신을 파악하는 것이 유익하리라 믿는다. 이에 이 글을 빌려, 1792년 4월 2일, 콩도르세 의원이 입법의회에서 행한 연설 내용의 일부를 옮겨둔다. 역자는 이것이 콩도르세의 교육관에 대한 하나의 좋은 요약이라고 생각한다.

여러분,

우리는 인류의 모든 이들이 필요한 것을 스스로 조달하고, 자신의 안녕을 확보하고, 자신의 권리를 인식하고 활용하며, 또한 의무를 이해하고 이행할 수 있게끔, 그들에게 그 수단을 제공해야 합니다. 또한 저마다 자신의 생업에서 관련 기술을 갈고닦는 일이 용이하도록 보장해야 하고, 자신의 권리에 따라 언제 공직을 맡게 되더라도 그 일을 잘 수행할 수 있는 능력을 부여해야 하며, 자연이 그에게 부여한 모든 재능을 발전시킬 수 있도록 보장해야 합니다. 그리고 그렇게 함으로써, 우리는 시민들 사이에 실제적인 평등을 확립하고, 법에 의해 규정된 정치적 평등을 현실적인 것으로 만들어야 합니다. 이상과 같은 것이 바로 국민 교육의 최우선 목표이며, 이러한 관점에서 볼 때, 공교육은 공권력에게 마땅히 주어진 하나의 의무인 셈입니다.

교육은 또한 정치의 문제이며, 그것도 핵심적인 문제 중 하나다. 공화국의 교육은 결코 일방적인 시혜가 아니다. 시민이 스스로의 권리와 의무를 이해할 수 있도록 돕는 교육의 제공이 공권력의 의무라면, 반대로 이러한 교육을 받아들이는 것은 시민의 의무가 된다. 시민에게 공교육을 제시하는 일은 왕위 계승자에게 왕사王師를 붙이는 일과 같다. 모든 시민이 나라의 주인으로서 합당한 식견과 능력을 갖추게 될 때, 추상적인 이념을 벗어난 '실제적인 평등'이 자리 잡게 될 것이고, 오직 이 같은 바탕 위에서 인간 잠재력은 최대한 펼쳐질 수 있다.

때로 오래되고 단순해 보이는 사고방식이 복잡한 현안을 푸는 길잡이처럼 보일 때가 있다. 콩도르세의 책도 난처한 상황에 놓인 우리의 교육

현실에 대해 시사하는 바 없지 않으리라. 공교육이란 개념이 처음으로 고안될 때를 상상해보자. 본래 교육이란 용역의 일종이 아니라 국가 중대사에 얽힌 공무였고, 배움은 입신양명의 수단이 아니라 자기해방의 수단이었다. 수업의 목표는 서열 매기기에 있는 것이 아니라 시민적 덕성의 계발에 있었으며, 학문의 목표는 특수 집단을 위한 기술 및 논리의 개발이 아닌 인류의 복리 증진이었다. 『공교육을 위한 다섯 논문』은 요컨대 공화국교육이 꿈꾸었던 이상이다. 오늘날 우리는 그로부터 어느 쪽으로, 또 어디까지 왔는가?

작업 내내 부담감을 느낀 대저였고, 그만큼 수정 작업에도 오랜 시간이 들어갈 수밖에 없었다. 김세희 선생님, 조나영 선생님의 꼼꼼하고 친절한 교정이 없었더라면, 그리고 이윤미 선생님의 추천과 격려가 없었더라면 이 책의 번역은 결코 마감될 수 없었다. 이제 떨리는 마음으로 원고를 마무리해본다. 모든 오역과 미진함은 역자의 탓이다.

2019년 2월

이주환

차례

# 공교육의 성격과 목표

# 사회는 사람들에게 공교육을 베풀어야 한다

## 1. 공교육은 권리의 평등을 실제적인 것으로 만드는 도구다

공교육은 시민에 대한 사회의 의무다.

만약 정신적 능력의 불균등이 원인이 되어 절대다수의 사람들이 자신들의 권리를 충분하게 활용할 수 없다면 어떻게 될 것인가. 그렇다면 영원한 정의의 제1원칙인 '인간은 모두 같은 권리를 지닌다'는 선언은 공허해지고, 그러한 원칙에 따라 제정된 법률도 공허해질 것이다.

사회 상태는 개개인의 안녕을 위해 공적인 힘을 모음으로써 필연적으로 자연적인 불평등을 줄인다. 그런데 이때 개개인의 안녕은 각 개인이 자기 동류들과 맺는 관계에 대해 이전보다 더욱 의존적이 된다. 그렇기 때문에 만약 우리가 정신적 차이에 의해 생겨나는 행복·권리 향유에서의 불평등을 좀 더 약한 것으로, 더 나아가 거의 없는 것으로 만들지 않는다면, 이에 비례해서 불평등의 결과도 점점 강화될 것이다.

종속을 불러오는 어떠한 불평등도 내버려두지 않는 것이 우리의 의무다

모두에게 같은 교육을 베푼다고 하더라도, 자연에 의해 선천적으로 더 우월한 체질을 부여받은 인간들의 탁월성을 없애는 일은 불가능하다.

권리의 평등을 유지하려면 다만 다음과 같은 조치로 충분하다. 첫째는, 어떤 인간들의 탁월성 때문에 다른 이들이 그에게 종속되는 일이 없게끔 하는 것이다. 둘째는, 타인의 이성에 무턱대고 종속되는 일이 없이 법적으로 보장된 권리들을 누릴 수 있도록 사람들을 충분히 교육하는 것이다. 그렇게 된다면 특정한 이들의 탁월함은 그와 같은 탁월함을 갖추지 못한 다른 이들에게 악이 되는 것이 아니라, 오히려 모든 이의 이익에 기여할 것이고, 그들의 지식과 재능은 사회의 공유 자산이 된다.

예를 들어보자. 글을 쓸 줄 모르고 산수를 모르는 사람은 자신보다 더 많이 배운 사람에게 종속되어 끊임없이 그에게 의지한다. 그러한 사람은 교육을 통해 글쓰기와 산수에 관한 지식을 갖추게 된 이들과 동등하지 않다. 그는 자신의 권리를 다른 이들처럼 충분하게, 그리고 다른 이들처럼 독립적으로 행사하지 못한다. 소유권을 규정하는 기본법률에 관한 지식이 없는 이는 그러한 지식을 아는 사람들과 같은 방식으로 소유권을 행사할 수 없다. 그러한 지식이 있는 자와 없는 자 사이에 소유권 분쟁이 일어난다면, 그들은 같은 무기를 들고 싸우는 것이 아닌 셈이다.

그러나 실생활에 필요한 산술 법칙을 습득한 자는 가장 탁월한 수학적 재능을 갖춘 수학자에게 종속되지 않는다. 수학자의 재능은 그에게 매우 실제적인 도움이 될 수 있으며, 그러면서도 그가 자신의 권리를 행사하는 데 전혀 방해가 되지 않는다. 시민법의 기초를 아는 자는 가장 지혜로운 법률가에게 종속되지 않는다. 법률가의 지식은 다만 그를 도울 수 있을 뿐이며 절대로 그를 종속시키지 않는다.

교육적 불평등은 전제정치를 뒷받침하는 주요 기반 중 하나다

무지의 시대에는 강압적 전제정치가 불완전하고 모호한 지식의 전제정치와 결탁했다. 그러한 지식은 극소수 계급에 독점되어 있었다. 사제와 법률가들, 상거래의 비밀을 틀어쥔 자들, 그리고 몇 개 안 되는 학교를 통해 배출된 의사들은 완전 무장한 전사들에 못지않은 세계의 지배자였다. 또한 화약 병기가 개발되기 이전, 전사戰士 계급의 세습 독재도 냉병기冷兵器를 다루는 기술의 배타적 전승을 통해 생긴 상대적 우월함에 기초해 있었다.

이집트와 인도에서 종교적 신비와 자연의 비밀에 관한 지식을 독점한 계급들이 그 나라의 불행한 사람들에게 인간이 상상할 수 있는 가장 절대적인 전제정치를 펼칠 수 있게 된 것도 이와 같은 사정 때문이다. 또한 콘스탄티노플 술탄들의 군사적 독재가 이슬람 율법에 관한 명망 높은 해석가들의 권위 앞에 굴복해야 했던 이유도 이러한 사정 때문이다. 이들 지역을 제외하면, 오늘날 유럽에서 그와 같은 위험을 걱정해야 할 이유는 전혀 없으리라. 현재 유럽에서는 어떤 세습 계급이나 길드가 지식을 독점할 수 없다. 또한 같은 사람들을 서로 간에 큰 차이가 있는 두 집단으로 나누는 불가사의하거나 종교적인 독트린이 더는 존재할 수 없다. 그러나 세상에는 여전히 유혹적인 사기꾼들의 희생자가 되는 이들, 스스로는 자기 이익을 지킬 수 없는 이들, 곧 자신이 판단할 수도 없고 선별할 수도 없는 자들의 인도를 덮어놓고 따를 수밖에 없는 무지한 계층이 있다. 결과적으로 그러한 노예적 종속의 상태가 넓게 보아 거의 모든 사람에게 아직 남아 있다. 그러므로 이런 사람들에게 '자유'나 '평등'이라는 단어는 다만 법전에서 귀동냥할 수 있는 단어에 지나지 않는다. 그들 스스로 누릴 수 있는 권리가 아니다.

## 2. 공교육은 도덕 감정의 차이로 생겨나는
## 불평등을 줄이는 데에 필요하다

또한 상술한 것과는 또 다른 종류의 불평등이 있는데, 이에 대해서도 공적으로 제공되는 일반 교육만이 유일한 해법이다. 법이 모든 사람을 평등하게 만든 이상, 사람들을 다양한 계층으로 나누는 유일한 차이는 교양 수준의 차이이다. 그러한 차이는 단지 지식의 차이일 뿐만 아니라, 그 때문에 어김없이 나뉘게 되는 의견의 차이, 취향의 차이, 감성의 차이이기도 하다. 만약 어떤 공공 기관도 교육을 통해 차이를 줄이고자 노력하지 않는다면, 부자의 아들은 빈자의 아들과 절대로 같은 수준이 되지 않을 것이다. 좀 더 공들인 교육을 받고 자란 부자의 자식들은 틀림없이 더 온화한 품성과 세심한 정직함, 세련된 예절을 갖추게 된다. 그들의 덕목은 더욱 세련될 것이고, 반대로 그들의 악덕은 덜 불쾌한 것으로, 그들의 타락은 덜 역겨운 것으로, 덜 야만적인 것으로, 그리고 덜 구제 불능인 것이 될 것이다. 그렇게 되면 법적으로는 결코 철폐할 수 없는 실제적인 차이가 생겨버리게 될 것이며, 그러한 차이는 지식을 갖춘 이들과 지식을 갖추지 못한 이들 사이에 실제적인 분리를 가져오게 된다. 어김없이 그러한 지식은 일부 사람들이 휘두르는 권력의 도구가 될 뿐이며, 만인의 행복을 위한 수단이 되지는 못한다.

권리의 평등을 되도록 현실적으로 확산해야 한다는 의무와 관련해, 사회의 의무는 모든 남성에게 남성이라면 누구나 떠맡아야 하는 가장으로서의 역할과 시민으로서의 역할을 수행하는 데에 필수적인 교육을 제공하는 것이며, 또한 그러한 역할들을 스스로 깨닫도록, 그리하여 그에 따르는 모든 의무를 숙지하도록 교육하는 것이다.

### 3. 공교육은 사회에 유용한 지식의 총량을 늘리는 데에 필요하다

사람들이 교육을 통해 더 정확하게 생각할수록, 진리를 더 잘 포착할수록, 그들을 희생자로 삼고자 하는 오류들을 더 잘 거부할수록, 그럼으로써 한 나라에 점점 더 지식이 늘어나고 더 많은 사람에게 그러한 지식이 퍼질수록, 그 나라는 좋은 법과 현명한 행정, 그리고 진실로 자유로운 정체를 획득하고 보존하는 데에 더욱 힘써야 한다. 그러므로 서로 다른 지적 능력을 갖추고 있고 공부를 위해 낼 수 있는 시간 또한 제각각인 모든 이에게 각각 알맞은 지식 획득 수단을 제공하는 것도 사회에 부여된 한 가지 의무다. 이렇게 되면, 더 많은 천부적 재능을 갖췄으며, 가용 자원이 상대적으로 더 많아 마음껏 공부할 수 있는 이들과 그렇지 않은 이들 사이에 더 큰 격차가 벌어질지도 모른다. 그러나 이러한 차이가 한 사람을 다른 사람에게 종속시키지 않는다면, 이러한 차이가 가장 약한 이에게 주인을 제공하는 것이 아니라 버팀목을 제공할 수 있다면, 그러한 차이는 악도 아니거니와 부당함도 아니다. 또한 계몽된 사람들의 계층을 확장하고 그렇게 지식의 증대를 꾀하려는 것에 우려를 표하는 이가 있다면, 그가 지향한다는 평등은 매우 불길한 것일 테다.

## 사회는 다양한 직업군에 대한 공교육도 실시해야 한다

### 1. 여러 직업에 종사하는 이들 사이의 불평등을 줄이기 위하여

요즘 사회를 살펴보면 사람들은 저마다 전문 지식을 요구하는 다양한 직업군에 종사하고 있다.

다양한 직업의 발전은 공공복리에 이바지한다. 직업으로 향하는 길을 사람들의 취향과 적성에 맞게 열어주는 것은 실제적인 평등을 위해 유용한 일이다. 그러나 공교육이 부재하다면, 빈곤함은 직업군들 사이에 절대적인 격차를 가져오거나, 특정 직업군을 아주 초라한 것으로 만들어 다른 직업에 대한 종속을 초래하고 말 것이다. 그러므로 공권력은 그러한 전문 지식의 습득 수단들을 확보하고 지원하고 늘리는 것을 공권력의 다양한 의무 중 하나로 삼아야 한다. 이때 그러한 의무는 공적인 기능을 수행하는 것으로 보이는 직업군에 관한 교육에 국한되는 것이 아니라, 자기 자신을 위해 일하는 직업군, 곧 공공의 번영에 미칠 자신들의 영향력을 고려치 않는 직업군까지도 포괄해야 한다.

## 2. 직업군들을 더 동등하게 유용한 것으로 만들려면

이러한 교육적 평등은 여러 기술의 보완에 기여하게 될 것이며, 부의 불평등으로 인한 예비 기술자들 사이의 불평등을 타파할 뿐 아니라, 더 일반적인 의미에서 또 다른 평등, 곧 안녕bien-être의 평등을 도입하게 될 것이다. 만약 모든 사람이 손쉽게 자신의 요구를 충족하게 된다면, 그리고 자신의 의식주 및 삶의 모든 양상에서 위생과 청결, 나아가 편의와 멋을 갖출 수 있다면, 일부 재력가들이 일반적인 경우보다 더 세련된 즐거움을 누리게 된다고 하더라도 그런 사실은 공공복리의 차원에서 거의 중요치 않을 것이다. 이러한 목적에 다다르는 유일한 길은 기술 생산품들의 품질을 보완하는 것이다. 가장 보잘것없는 생산품에 이르기까지 말이다. 그렇게 될 때, 소수 부유층만을 위해 제작되는 생산품들의 한 차원 높은 아름다움, 우아함, 그리고 정묘함은 그러한 생산품을 가질 수 없는 이들에게 악이 되지 않을 뿐만 아니라, 도리어 경쟁심을 불어넣어서 산업 발전에 이바지하는 장점을 누리게 될 것이다. 그러나 기술의 우수함이 단지 더 많이 교육받을 수 있었던 일부 사람들에게만 공유된 비결이며 타고난 재능이 공평한 교육을 통해 발현된 결과로서의 우수함이 아니라면, 위와 같은 이점은 존재하지 않을 것이다. 무지한 직공은 결함이 있는 생산물밖에는 생산하지 못한다. 그러나 오직 재능이 모자랄 뿐인 직공은 극도의 기술적 통달을 요구하는 분야가 아닌 이상, 다른 모든 분야에서는 계속해서 경쟁력을 갖출 수 있다. 무지한 직공은 나쁜 직공이지만, 재능이 모자랄 뿐인 직공은 그저 상대적으로 덜 좋은 직공일 뿐이다.

### 3. 일부 직업군에서 겪을 수 있는 위험을 줄이려면

우리가 제시하는 일반 교육이 지닌 한 가지 장점으로서, 다양한 직업군들을 더 건강하게 만들 수 있다는 점을 들 수 있다. 상당수의 직업병을 예방할 수 있는 방법들은 흔히 사람들이 상상하는 것보다 훨씬 단순하며, 또한 이미 알려져 있는 방법들이다. 다른 무엇보다 커다란 난제는 자기 직업의 인습만을 좇고 있으며, 가장 사소한 변화에도 질겁하고, 오직 잘 숙고된 실천만이 가져올 수 있는 '유연성'을 결여하고 있는 사람들로 하여금 그러한 방법들을 채택하게끔 만드는 일이다. 자신들의 수입을 줄일 시간적 손실과 자신들의 목숨을 지켜줄 신중함 사이에서 굳이 선택을 해야 한다면 그들은 당장의 손실보다는 먼 미래의 또는 불확실한 위험을 감수하길 선택하고 말 것이다.

### 4. 여러 직업군에서의 기술 발전을 위하여

우리가 제시하는 교육은 또한 다양한 직업 수련을 받는 이들과 그들을 고용한 이들을, 저 보잘것없는 비밀들을 움켜쥔 이들로부터 해방하는 한 가지 수단이 될 것이다. 이들의 비밀은 거의 모든 기술 분야를 오염시키고, 그 발전을 가로막고 있으며, 잘못된 신념과 협잡을 계속 살아남게 하는 주범이다.

가장 중요한 실용적 발견들이란 대개 각 기술 분과들을 선도하는 학술적 이론에 빚진 것이지만, 그럼에도 불구하고 많은 발견들은 결국 기술 장인만이 다룰 수 있는 세부 사항에 관련된 것이다. 오직 장인들만이 이러한 것을 추구할 생각을 품을 수 있는데, 왜냐하면 그들만이 그러한 기술의 필요성을 알고 그 이점을 통감할 수 있기 때문이다. 그들이 받게 될 교육은 이러한 추구를 좀 더 쉽게 만들어줄 것이다. 교육은 무엇보다도 그들이 길을 잃고 헤매는 것을 막아준다. 그러한 교육이 없다면, 그들 중에서 발명가의 천부적 재능을 지닌 사람이 그것을 활용하여 이득을 취하는 것이 아니라, 그것 때문에 망하게 될 수도 있다. 그는 발견의 열매를 통해 부의 증대를 꾀하는 대신에, 의미 없는 탐구 속에서 자기 재산을 갉아먹게 된다. 또한 무지 때문에 자기 선택의 위험성을 제대로 알지 못한 채, 잘못된 길을 택해 따라가서 결국은 광기와 비참의 나락으로 떨어진다.

## 사회는 인류를 더욱 완전하게 만들어가는 수단으로서 공교육을 제공해야 한다

### 1. 재능을 타고난 모든 이에게 그 재능을 갈고닦는 길을 열어줄 것

문명국가들이 야만에서, 그리고 무지와 선입견에 뒤따르는 모든 악에서 벗어나게 된 것은 모든 분야에 일어난 새로운 진리들의 잇따른 발견에 의해서다. 인류는 새로운 진리를 발견해서 스스로를 줄곧 보완해나갈 것이다. 모든 진리는 다른 진리로 나아갈 길을 터준다는 점에서, 그리고 우리가 매번 내딛는 걸음이 우리를 이전보다 정복하기 어려운 새로운 장애물 앞으로 데려다 놓으면서도, 동시에 한편으로는 새로운 힘을 우리에게 건네준다는 점에서, 그러한 보완 과정에 끝을 지정한다는 것은 불가능한 일이다.

그러므로 인류를 계속해서 다음 단계의 보완으로 이끌 유일한 수단으로서 이론적 진리의 탐구를 장려하는 것은 다시금 강조하건대 진정 중요한 의무다. 다행히도 인간의 본성은 결국 인간이 그러한 보완을 열망하게끔 하고 있다. 계속된 발전이 없다면 우리가 현재 누리고 있는 것도 유지될 수 없다. 그리고 보완을 향해 거듭 나아가지 않으면, 온갖 정념들과 오류들, 그리고 우연의 계속적이고 불가피한 충돌로 인해 우리는 결국 뒷걸음질의 위험에 노출된다. 그러한 만큼, 교육의 의무는 대단히 중요하다.

이제까지는 극소수의 개인만이 유년기 교육을 받고 그러한 교육을 통해 자신의 모든 천부적 재능을 계발할 수 있었다. 고작해야 100명의 아이들 중 1명만이 이러한 특전을 누릴 수 있었다. 경험적으로 증명되기를, 돈이 없어 유년기 교육을 받지는 못했지만 훗날 자기 재능의 힘에 따라, 그리고 행운의 도움을 받아 교육받게 된 이들은, 그럼에도 불구하고 여전히 자기 능력 이하의 상태에 머물러 있었다. 어떤 것도 그러한 첫 번째 교육의 결핍을 메울 수는 없다. 유년기 교육만이 아이들로 하여금 기초 지식에 익숙해지게 만들 수 있으며, 우리는 한 가지 지식으로부터, 인간이 자연스레 기대할 수 있는 최고의 높이까지 올라가는 데에 필수적인 다양한 지식을 전수해줄 수 있다.

그러므로 어떤 학생의 재능이라도 놓치지 않으며, 지금까지는 부유층의 아이들에게만 허락되었던 갖가지 지원을 제공해줄 수 있는, 그런 형태의 공교육을 구상하는 것이 중요하다. 사람들은 심지어 무지의 시대에도 그러한 사실을 느끼고 있었다. 수많은 빈민 교육 재단들이 그러한 이유로 생겨났다. 그러나 설립 당시의 시대적 선입견에 오염되어 있던 이 기관들은, 교육이 곧 공공선이 될 수 있게끔 할 어떤 주의도 기울이지 않았다. 그러한 기관들은 단지 복권의 일종에 불과했으며, 몇몇 선택된 존재들에게 좀 더 상위 계급으로 신분 상승할 수 있는 불확실한 이점만을 제공했다. 그러한 기관들은 그들이 돌본 이들의 행복을 위해 거의 기여한 것이 없으며, 공적 효용에 아무것도 기여하지 않았다.

그 모든 장애물에도 불구하고 인간의 천재가 이뤄낼 수 있었던 것들을 돌이켜 생각해보라. 만약 지금보다 더 나은 교육이 발명가들의 수를 크게 늘릴 수 있다면, 인간 정신이 일굴 수 있는 진보가 어느 정도일지 가늠이 될 것이다.

같은 수준에서 시작한 열 사람이 있다고 해도, 그들이 어느 지식 분과에서 발견할 수 있는 것이 그들 중 독보적인 한 사람이 발견할 수 있는 것의 열 배가 되는 것은 아니며, 열 사람이 진보한다고 해서, 특출한 그 한 사람이 전진하는 것보다 열 배 더 멀리 갈 수 있는 것은 더더욱 아니다. 그러나 진정한 학문 발전이란 단지 앞으로 나아가는 것에 그치지 않는다. 학문 발전의 의미는 같은 지점에 대한 심화 및 확장 그리고 같은 원칙, 같은 방법론에 따라 도출된 동일한 결과로서의 진리들을 더 많이 수합하는 것에 있다. 흔히 새로운 발견이 이루어지는 것은 이전의 진리가 속속들이 밝혀진 뒤이다. 이러한 관점에서 볼 때 학문의 진정한 발전을 이끄는 것은 수많은 2차 발견인 셈이다.

또 같은 분야의 탐구에 몰두하는 사람이 많을수록, 그 분야에서 새로운 발견을 하게 될 희망이 더 커진다. 왜냐하면 그렇게 됨으로써 연구자들의 서로 다른 다양한 정신이 온갖 어려운 질문들에 더욱 쉽게 집중될 것이며, 연구 대상 및 방법론이 대개 우연의 영향을 받아 결정되는 만큼, 사람이 많을수록 더욱 다양한 조합을 실험할 수 있을 것이기 때문이다. 게다가 새로운 방법론을 개발할 수 있는 재능을 품은 이들, 새로운 길을 열어젖힐 수 있는 재능을 품은 이들은 디테일의 발견에 재주를 지닌 이들보다 훨씬 숫자가 적다. 더 많은 젊은이들이 재능에 따라 제 길을 갈 수 있도록 지원해야, 그에 비례하여 새로운 길들도 멈추지 않고 계승될 것이다. 마지막으로, 디테일의 발견은 특히 그것을 적용할 수 있을 때에 대단히 유용한 것이다. 발명하는 재능과 그 발견을 공익적 생산 활동에 적용할 실용적인 재능 사이에는 언제나 이론적·시간적 간극이 있기 마련인데, 이러한 간극은 발명의 재능보다 하위에 있는 저 디테일들의 발견 없이는 메워지기가 어렵다.

이렇게 교육은 한편으로 평범한 사람들이 천재의 작업을 이용할 수 있도록, 그리고 자기 자신의 필요에 의해서든, 행복을 위해서든, 그러한 작업 결과를 활용할 수 있도록 도와야 할 것이며, 다른 한편으로는 자연으로부터 재능을 부여받은 이들의 천재성을 북돋고, 그들 앞길에 장애물들을 없애고, 그들의 진보를 돕는 것을 목적으로 삼아야 한다.

## 2. 새로운 세대에게 앞선 세대의 문명을 전수할 것

더 평등하게 보급되는 교육에서 우리가 기대할 수 있는 '보완'의 의미가, 동등한 자연적 재능을 갖고 태어나는 이들에게 습득 가능한 여러 가치들을 전수하는 것으로 한정되지는 않으리라. 문명이 새로운 세대를 이전 세대보다 낫게 만들 수 있다는 생각, 그리고 개개인의 능력에 대한 보완 사항이 다음 세대로 전이될 수 있다는 생각은 얼핏 공상적으로 보이겠지만 실은 그렇지 않다. 이 사실은 경험을 통해 입증됐다. 문명에서 벗어나 있던 사람들은, 비록 그들 민족이 문명국가들과 인접해 있다고 하더라도, 또 그들에게 문명국가에서 받는 것과 동일한 교육이 이루어진다고 하더라도 결코 문명인의 수준에는 이르지 못할 것으로 보인다. 인간의 필요에 의해 종속된 일부 동물종들에 대한 관찰도 이러한 의견에 호의적인

한 가지 비유를 제공하는 듯하다. 그 동물들에게 가해지는 훈육이 그들의 몸집이나 생김새나 순수한 신체 조건을 변화시키지는 못한다. 그러나 훈육은 이들의 자연적인 경향성, 이들 다양한 종의 '성격'에 영향을 주는 것처럼 보인다.

그러므로 우리는 다음과 같은 사실을 쉽게 유추할 수 있다. 만약 교육이 여러 세대에 걸쳐 한 가지 변함없는 목표를 향하고 있다면, 다양한 세대를 구성하는 개개인이 배움을 통해 자신의 정신을 갈고닦는다면, 그에 뒤따라올 다음 세대들은 교육을 받는 데에 한층 더 수월함을 느낄 것이며, 교육을 실제로 활용할 때도 더 높은 적성을 보일 것이다. 영혼의 본성에 대해 어떤 의견을 갖고 있든, 어떤 종류의 회의론을 견지하고 있든, 인간에게는 사유를 위해 필수적인-심지어 가장 추상적으로 사유하는 듯한 사람들에게조차도-지적 매개 기관이 있다는 사실을 부정하기는 어렵다. 심도 있는 사유에 몰두해본 사람이라면, 그들이 자주 겪는 두뇌의 피로를 통해 느껴지는 지적 매개 기관의 존재를 부인할 수 없다. 지적 기관이 갖는 힘이나 유연성의 정도는, 비록 신체의 나머지 부분에 대해 독립적이지는 않다 하더라도, 몸의 건강이나 감각의 활기에 정확히 비례하지 않는다. 이렇듯 우리의 지적 능력은 적어도 얼마쯤은 우리의 지적 기관의 보완 정도에 달려 있으며, 자연스럽게 그러한 보완은 우리보다 앞선 세대의 정신 기관이 어떤 상황에 놓여 있었는지와 연관된다.

우리는 오랜 시간에 걸쳐 축적된 어마어마한 양의 진리를 언제 끝날지 모르는 '보완'의 장애물로 간주해서는 결코 안 된다. 그러한 진리를 더 일반적인 진리들로 축약하고, 명확한 체계에 따라 정돈하고, 한층 정확한 공식을 통해 요약하는 방법들도 같은 진보의 길 위에서 주어지기 때문이다. 그러니 더 많은 진리들을 발견할수록, 인간 정신은 그것들을 더욱 잘 숙지할 수 있게 될 것이며, 더욱더 다양한 방식으로 그것들을 조합해 활용하는 능력을 갖추게 될 것이다.

만약 우리 인간종에게서 보이는 이 끝없는 보완이, 우리가 생각하는 것처럼 자연의 일반 법칙 중 하나라면, 우리 인간은 더는 스스로를 덧없는 존재로, 고립된 존재로, 행과 불행의 교대 끝에 사라져갈 운명을 가진 존재로, 운명에 의해 준비된 선과 악의 교대 끝에 사라져갈 존재로 간주해서는 안 된다. 인간은 이제 위대한 '전체'에 능동적으로 참여하는 일원이 되고, 불멸의 작업에 대한 협업자가 된다. 특정 시대, 특정 공간 속에 제약된 존재이면서도, 인간은 자신의 작업을 통해 온 우주를 끌어안을 수 있고, 모든 세기와 연결될 수 있으며, 더 나아가 이 땅 위에서 자신에 대한 기억이 모두 사라진 뒤에도 길이길이 영향을 미칠 수 있다.

우리는 우리의 이성을 자랑하고 있다. 그러나 지금도 잘 관찰해보면, 과연 우리는 우리 의견과 습관 속에서, 지금은 잊힌 무수한 이들의 편견의 잔재를 알아볼 수 있지 않은가? 그들이 남긴 편견의 오류들은 시간의 흐름 속에서도, 여러 차례의 발전에서도 살아남지 않았던가? 예컨대 어떤 민족들은 철학자를 배출했고 시계를 갖고 있으면서도, 아직 '글쓰기'가 존재하지 않았던 시대에 어쩔 수 없이 도입된 제도들을 인간 지혜의 정수로 간주하고 있다. 그들은 여전히 공문서에 기록할 시간을 측정할 때 야만인들이 사용하였던 아주 초보적인 방법론을 고수한다. 그런데 앞서 살펴본 '완성'으로부터 우리가 얼마나 멀리 떨어져 있는지를 어떻게 느끼지 않을 수 있단 말인가, 완성으로의 길을 우리의 천재가 열어줬고, 길을 다졌으며, 그 길을 향하여 천재의 지치지 않는 정열이 우리를 이끌고 있는데 말이다. 그런데도 그보다 훨씬 더 광대한 미답사 지역이 있다면, 그러한 땅은 마땅히 우리의 자손들이 밝혀내야 하지 않을까? 또한 마찬가지 이유에서 어찌 놀라워하지 않을 수 있는가? 우리가 부숴야 할 잔재들을 보면서, 심지어 가까운 미래라고 하더라도, 그 미래가 우리의 희망에 제공해주는 바를 보면서 말이다.

공교육은 시간에 따른 마땅한 변화를
민족들에게 준비시키는 데에도 필요하다

자연의 일반 법칙에 따른 것이거나 오랜 기간 이어진 노동의 결과로 생겨난 한 지역의 기후와 토질의 변화, 또 여러 가지 새로운 문화의 도입, 새로운 기술의 개발, 더 적은 노동 인원을 요구하므로 기존 노동자들로 하여금 다른 직업을 찾게 하는 기계들의 도입, 마지막으로, 인구의 증가 또는 감소, 이러한 요인들은 틀림없이 한 국가의 시민들 관계에서나 한 국가와 다른 나라 간의 관계에서 다소간 중요성을 지닌 혁명적 변화를 자아내게 된다. 활용법을 알아내야 할 새로운 이익이 산출될 수도 있고, 반대로 바로잡거나 피하거나 예방할 방법을 알아내야 할 새로운 손실이 그런 변화로부터 생겨날 수도 있다. 과거로부터 전해온 변치 않는 원칙들에 따라 스스로를 지배하는 민족, 곧 온갖 제도들이 시간의 흐름에 따른 필연적인 결과인 여러 혁명적 변화들 앞에 굽힐 준비가 되어 있지 않은 민족은 머지않아 예전에는 자기 번영을 보장해주었던 바로 그 의견과 그 방식들에 의해 자신들의 나라가 폐허가 되는 것을 보게 될 것이다. 공교육을 통해 이성의 목소리에 복종하는 법을 배우게 된 나라가 아니라면, 인습에 가득 찬 한 민족을 교정할 수 있는 유일한 것은 오직 넘칠 듯 비대해진 악뿐이다. 인습이 어리석음 위에 덧씌우는 이러한 멍에로부터 벗어난 민족은 새로운 변화 앞에 재빨리 대처할 수 있다. 심지어 때로는 그러한 대처법들을 실제적인 곤란을 겪기 이전에 선취할 수도 있다. 마치 고향을 떠난 이가 고향에 남아 있는 자들보다 더 많은 것을 습득해야 하는 것처럼, 또 고향에서 멀어질수록 자신을 위해 낯선 자원들을 활용해야 하는 것처럼 세기들을 가로질러 가는 여러 민족들도 모종의 새로운 교육이 필요하다. 그 교육은 끊임없이 스스로를 쇄신하고 정정하면서 시간의 흐름을 따라가는 교육이며, 때로는 그러한 흐름을 예고하기도 하지만, 어쨌든 절대로 그 흐름을 거스르지는 않는 교육이다.

인간종의 보완에 따라 이루어지는 혁신은 틀림없이 우리 인간을 이성과 행복으로 이끌어준다. 그러나 그 과정에서, 우리는 얼마나 많은 지나쳐 가는 불행을 그 대가로서 겪어야 할까? 얼마나 오랜 세월 동안 우리는 그러한 불행 속에 머물러 있게 될까? 만약 일반 교육이 사람들을 타인들과 가깝게 만들어주지 않는다면 말이다. 아직은 고루 퍼지지 않은 이성의 빛, 그 진보가, 사람과 사람들을 서로 다른 필요와 용역에 따라 얽힌 형제들과도 같은 상호성으로, 함께하는 행복의 기반인 그러한 상호성으로 연결시켜주는 대신에, 탐욕과 음모로 얼룩진 민족들 사이의 영원한 전쟁을 부추기는, 또는 같은 민족 안에 있는 다양한 계급들 사이의 다툼에 불을 지피는 기름처럼 되어버린다면 말이다.

### 공교육의 영역을 셋으로 나눔

이와 같은 점들을 상기해볼 때, 우리는 교육의 분과를 서로 분명히 구분되는 셋으로 나눌 필요성을 절감하게 된다.

첫 번째로는 공통 교육과정을 꼽아야 하는데, 그 과정은 다음과 같다.

1) 여러 개인들의 직업이나 취향을 고려하지 않고, 만인에게 유용한 지식을 저마다의 지적 능력과 개인이 교육에 투자할 수 있는 시간적 여유에 따라 만인에게 가르친다.
2) 여러 개인들이 그로부터 일반적인 이득을 얻을 수 있도록, 개별 국민의 의무와 권리에 관한 조항을 만인에게 숙지케 한다.
3) 학생들로 하여금 저마다 주어질 직업이 요구하는 기초 지식에 익숙해지게끔 준비시킨다.

두 번째로 꼽을 교육은 공공의 이익이나, 그에 참여하는 각 개인의 복리를 개선하는 데 유용한 다양한 종류의 직업 교육과 관련된 지식을 갈고닦는 것을 목표로 한다.

세 번째이자 마지막으로 꼽을 교육은 순전히 학술적인 성격을 띤 것으로, 자연이 새로운 발견들을 통해 인류를 보완하게끔 운명 지은 그런 이들의 양성을 목표로 하는 교육이며, 이를 통해 그들의 발견을 지원하고 채근하고 보급하는 것을 목표로 하는 교육이다.

### 셋으로 나뉜 교육 영역에서
### 아동 교육과 성인 교육을 다시 구분해야 할 필요성

앞서 서술한 공교육의 세 영역은 다시 각각 두 영역으로 나뉜다. 먼저, 아이들에게 그들이 훗날 자신의 권리를 온전히 누리게 되었을 때, 그리고 자신에게 주어진 직분을 스스로 떠맡을 나이가 되었을 때 요긴하게 쓰일 지식을 가르쳐야 한다는 것은 사실이다. 그러나 이러한 교육 말고도, 인간의 일생에 관여하는 또 다른 종류의 교육이 있다. 계속적인 발전과 손실 사이에 중간 지대가 없음은 경험적으로 증명된 바이다. 학업을 마치고 나서 이성을 단련하는 일을 그만둔 자, 새로운 지식으로 기존 지식을 보완하지 않는 자, 기존의 오류를 수정하지 않는 자, 과거에 받아들였던 불완전한 개념을 정정하지 않는 자는 머지않아 학창 시절에 성취했던 옛 학업의 열매마저 썩어버리는 꼴을 보게 된다. 지속적인 공부를 통해 끊임없이 갱신되지 않는 옛 성취들은 시간의 흐름에 따라 희미해져간다. 그동안에 그의 정신은 정신을 사용하는 습관을 잃어버려서 유연함과 힘을 잃어버린다. 심지어 생업이 바쁜 탓에 최소한의 여유 시간밖에 없는 이들조차도, 첫 교육에 들이는 시간은 평생 교육에 투자할 수 있는 시간에서 극히 일부에 지나지 않는다.

마지막으로, 새로운 진리의 발견, 일반적인 의미에서의 진보, 이미 알려진 진리들의 심화나 새로운 적용법의 발견, 정세 변화, 법 또는 제도의 변화 따위가 학창 시절에 받은 교육을 넘어 끊임없이 새로운 공부를 요구하는 상황, 그것이 유용한, 아니 불가피한 상황을 반드시 불러온다. 그러므로 교육은 한 사람의 성인을 양성하는 것만으로는 충분치 않다. 교육은 자신들이 양성한 자들을 계속해서 보존하고 보완해야 하며, 그들을 일깨워야 하고 오류로부터 보호해야 하며, 그들이 다시금 무지의 수렁에 빠지지 않도록 도와야 한다. 진리의 신전神殿의 문은 모든 연령의 사람에게 개방되어야 한다. 만약 한 가정에서 부모의 지혜가 어린이들로 하여금 진리의 신전의 신탁을 즐겨 듣게끔 할 수 있다면, 그들은 언제고 그 진리의 목소리에 귀 기울일 줄 알게 될 것이며, 여생 동안 그 목소리를 사기꾼들의 궤변과 혼동할 위험에 결코 노출되지 않을 것이다. 그러므로 금전적 이유로 교육의 기회를 얻지 못한 자들, 유년기에 가정교육이 부족한 탓에 스스로 분별할 능력을 얻지 못했으며 그들 자신에게 유용할 진리를 탐구할 수준에 이르지 못한 자들에게는 부담 없이 교육받을 기회를 사회적인 차원에서 제공해야 한다.

## 타고난 능력의 정도에 따라, 또 교육에 투자할 시간 여유에 따라 교육과정을 여럿으로 나누어야 할 필요성

아이들은 부모의 재력에 따라, 또 그들 가정이 놓여 있는 상황과 그들의 신분에 따라 교육에 투자할 수 있는 시간이 다소 달라진다. 모든 사람이 동등한 재능을 갖고 태어나는 것은 아니다. 그러므로 같은 방법에 따라 같은 기간 교육받을지라도, 모두가 같은 것을 익히고 나오지는 않을 것이다. 만약 다른 이들보다 자질과 재능을 덜 타고난 이들에게 더 많은 것을 가르치고자 한다면, 그러한 조치는 불평등을 감소시키기는커녕 도리어 격차를 키우는 결과를 불러오게 된다. 학생에게 정말로 유용한 것은 우리가 가르친 것들이 아니라, 숙고에 의해서든 습관에 의해서든 그가 확실히 숙지하게 된 것, 그가 자신의 것으로 체화한 것들이다.

그러므로 우리가 각자에게 교육시켜야 할 지식의 총량은 저마다 교육에 투자할 수 있는 시간에 따라 차등을 두어야 할 뿐 아니라 각자의 집중력, 어느 정도의 지식들을 얼마나 오래 기억할 수 있느냐는 의미에서의 기억력, 지적 능력에서의 재능과 정확성을 고려하여 달라져야 한다. 이 결론은 직업 교육은 물론이고 순수 학술 교육에 대해서도 마찬가지다.

그런 동시에 공교육은 필연적으로 모든 이에게 동일한 하나의 교육과정이다. 그러므로 우리는 위에 서술한 차이점들을 고려해 편성된 다양한 난이도의 교육과정을 운영함으로써만 이러한 차이를 확인할 수 있다. 학생들이 다양한 반에 속하여, 자신이 들일 수 있는 시간과 학업 성취 능력에 따라 자신에게 알맞은 정도로 교육을 이수할 수 있게끔 말이다. 일반 교육과정에서는 세 개의 다른 반을 편성하는 것으로 충분해 보이며, 다양한 직업 교육과정과 학술 교육에서는 두 개 반으로 충분하다.

위에서의 세 개의 반은 각자의 편의에 따라 자율적으로 수업 내용을 줄이거나 늘릴 수 있다. 이때 지혜로운 아버지, 혹은 아버지의 역할을 대리하는 자는 학생들의 다양한 조건과 교육 목적에 맞게, 그들이 스스로를 계몽하고자 하는 욕망과 관심의 정도에 따라, 그리고 자연적 재능의 정도에 따라 공통 교과의 내용을 적용할 수 있다. 이와 마찬가지로 성인을 위한 교육 기관에서도 저마다 개인의 필요에 부합하는 교육을 제공받을 수 있다. 그렇게 되면 공평성의 요구에 따라 만인을 위해 교육이 마련될 것이며, 더는 자연적으로 더 뛰어난 재능을 지녔거나 가문의 재산이 남들보다 많은 몇몇 소수만을 위한 교육이 되지 않을 것이다.

# 공통 교과과정 안에
더 다양한 과정을 개설해야 하는 이유

## 1. 공적 업무가 공무원들의 전유물이 되지 않도록
다수의 시민에게 공무 수행 능력을 키워주기 위하여

공통 교과과정의 교육 등급을 더 세분화해야 하는 세 가지 주요한 이유를 다음과 같이 들 수 있다.

어떤 직업군들, 그러니까 해당 직업 종사자들의 주된 목적이 일신의 영달에 있으며 그 직업이 다른 사람들과 맺는 관계가 언제나 사적인 개인 대 개인 관계인 직업군에서는, 공익의 관점에서 생각해볼 때 직업 분화가 세세하면 세세할수록 이롭다. 왜냐하면 할 일이 더 전문적으로 좁아질수록 같은 능력과 노동력을 투자했을 때 더 좋은 결과를 얻을 수 있기 때문이다. 그러나 세상에는 이와 달리 사회 전체와 직접 관계하고 그에 영향을 미치는, 진정으로 '공적 업무'라 불릴 만한 직업군이 있다.

만약 법률 제정이나 갖가지 행정 업무, 사법 처리 따위가 관련 전공을 갈고닦은 일부에게만 독점되는 직업군이 된다면, 엄밀히 말해 그 사회를 진정한 자유가 지배하는 사회라고 보기는 어렵다. 그렇게 되면 해당 국가에는 필연적으로 재능이나 이성으로 묶인 것이 아니라, 다만 '직업'으로 묶인 일부 무리에 의한 일종의 귀족정이 들어서기 때문이다. 이와 같은 이유로 영국에서는 법관 무리들이 자기들 사이에서 한 나라의 모든 실제적인 권력을 독점하기에 이르렀다. 가장 자유로운 국가란, 그 나라 대부분의 공적 업무가 오직 공통 교과과정만을 이수한 시민들에 의해 수행되는 국가다. 그러므로 이러한 공무 수행은 법적으로 더욱 단순한 일이 되어야 하는 동시에, 지혜로운 교육은 공무의 혜택을 누리는 모든 이가 스스로도 그러한 일들을 떠맡을 수 있도록 필요한 모든 지식을 공통 교육과정에 포함해야 한다.

## 2. 직업군의 세분화 탓에 무지해지는 사람들이 나오지 않게 하려면

애덤 스미스는 기술직이 세세해질수록 한 가지 분야에 대한 얼마 안 되는 지식만으로 살아가는 무지한 이들이 늘어날 위험성을 꼬집은 적이 있다. 이러한 악덕에 대한 유일한 치료법은 교육이다. 한 국가가 법률적으로 더 많은 평등을 보장할수록, 무지는 더욱 위험해진다. 실제로, 평등이 순수하게 개인적인 권리에서의 평등 너머로, 곧 사회적인 평등으로 확장될 때는, 한 국가의 운명이 자기 이성에 따라 움직일 능력이 없고 자기 의지에 따라 행동할 능력이 없는 자들에게 얼마쯤은 귀속된다. 권리에서의 평등은 법률이 보장한다. 그러나 이러한 평등을 진정한 평등으로 만드는 것은 오직 공교육 제도뿐이다. 법이 규정한 평등은 사법 기관에 의해 보장된다. 하지만 이와 같은 정의의 원리가 또 다른 원리, 곧 '사람들에게 주어져야 하는 권리는 오직 그 권리의 사용이 이성과 공익에 부합하며 같은 사회 내 다른 구성원들의 권리와 충돌하지 않는 한에서의 권리여야 한다'는 원리와 어긋나지 않도록 할 수 있는 것은 오직 교육뿐이다. 그러므로 공통 교과의 한 과정은 한편으로 범상한 능력을 가진 시민들에게 모든 종류의 공무를 수행할 수 있는 능력을 함양할 것을 목적으로 해야 한다. 또 다른 과정은 공장 노동profession mécanique의 가장 세세한 부분을 담당하는 이가, 그래서 공부에 그리 많은 시간을 쏟을 수 없는 이가, 그렇기는 해도 자신의 무지에서 벗어날 수 있도록 돕는 것을 목적으로 삼아야 한다. 많은 지식에 의해서가 아니라 적확하고 적절한 지식을 통해서 말이다.

이렇게 하지 않는다면 우리는 대단히 실제적인 불평등을 도입하는 꼴이 된다. 권력을 몇몇 특수 직종에 종사하는 이들의 세습 재산처럼 넘겨주거나, 사람들을 무지의 영향력 아래 굴종케 함으로써 말이다. 무지의 지배란 언제나 불공정하고 잔인하며, 몇몇 위선적인 독재자의 썩어빠진 의지에 종속되어 있는 무엇이다. 그러한 사회에서라면 '평등'의 기만적 환상은 길을 잃고 헤매는 무지한 군중을 조종하는 사나운 선동가들의 변덕에 우리의 소유권과 자유와 안정을 희생시킴으로써만 유지될 것이다.

## 3. 일반 교육을 통해 허영심과 헛된 공명심을 잠재우기 위하여

생업을 일구거나 부를 쌓는 데에 힘쓰지 않는 이들이 허영심 가득한 탐욕으로 권력이나 '자리'를 추구하는 것은 많은 사회에서 무척 큰 문제다. 몇 가지 어설픈 지식을 습득하자마자 곧장 자기 고장을 지배하고 싶어 하거나, 자기 이웃들을 가르치려 드는 사람들이 있다. 그런 이들은 자기 일을 하는 데에 진력하는 사람의 삶, 이를테면 가정의 품에서 고요히 지내면서 자식들을 돌보고 우정을 쌓고 자선을 베풀고 새로운 지식을 통해 제 이성을 가다듬고 새로운 덕들을 쌓아가며 제 영혼을 돌보는 그러한 '시민'의 삶을, 쓸모없는 인생 또는 거의 수치스러운 인생으로 간주한다. 그러나 바로 그러한 삶을 살아가는 시민 계층이 더욱 늘어나지 않는다면, 그러니까 마침내 그들의 불편부당함과 무사무욕과 이성이 여론을 주도하게 될 그러한 시민층이 두터워지지 않는다면, 한 나라가 평화로운 자유를 누리기를 바라는 것은 참 어려운 일이다. 나라의 제도와 법률을 제대로 보완해나가길 기대하기도 어렵다. 오직 그러한 시민들만이 저 사기꾼들의 협잡과 위선에 대한 방패가 되어줄 수 있다. 사기와 위선, 이러한 것들은 시민의 저항이 없다면 금세 나라의 모든 곳을 점령할 것이다. 재능과 덕을 갖추고 정치에 투신하고자 하는 이들도 시민층의 도움 없이는 간계와의 전쟁에서 열세에 놓인다. 실제로, 별로 계몽되지 않은 사람들은 그들의 지지를 얻고자 하는 이들에 대해 자연적인 본능처럼 일종의 불신을 품는다. 그런데 자기 자신의 이성에 따라 판단할 능력이 없는 이들이라면, 출마자 본인의 말을 믿을 것인가 아니면 그 경쟁자들의 비방을 믿을 것인가? 출마자들이 그들에게 숨겨진 이득을 약속한들, 그들은 실제로 그러한 이득이 있다고 하더라도 알아보지 못할 것이니, 하물며 그러한 공약에 대해서야 더 불신하게 되지 않을까? 그러므로 시민 대다수의 신뢰는 어떤 야망도 없이 그들의 선택을 주도할 인물들에게 맡겨져야 한다.

이와 같은 시민 계급은 공교육이 대단히 많은 수의 개인에게 삶을 위로하고 삶을 아름답게 만들어주는 지식들, 그들이 시간의 무게를 느끼지 않게끔, 휴식에서 피로감을 느끼지 않게끔 만들어주는 그런 지식들을 쉬이 얻을 수 있게끔 돕는 나라에서만 존재할 수 있다. 그런 국가에서는 저 진리의 고귀한 벗인 시민들이 충분한 영향력을 발휘할 만큼 늘어날 수 있으며, 또한 자신들의 동류 집단 속에서 자신들의 겸손하고 평화로운 삶에 대한 지지를 느낄 수 있다. 또 오직 그런 국가라야만 반쪽짜리 지식들이 헛된 야망으로 사람들을 현혹하는 일이 없을 것이며, 사람들은 다만 기꺼이 신사이자 계몽된 시민이고자 하는 공통의 덕성만을 추구할 것이다.

우리가 여태껏 아이들의 교육에 대해 언급한 모든 것은 성인들의 교육에도 마찬가지로 적용된다. 성인 교육은 그들의 타고난 능력에 따라, 그들이 받은 첫 교육의 수준에 따라, 또 그들 스스로가 성인 교육에 바칠 수 있고 또 바치고자 하는 시간에 따라 차등되어 조절되어야 하는데, 이는 필연적으로 서로 다를 수밖에 없는 조건들 사이에 가능한 만큼의 실질적 평등을 세우기 위함이며, 그러한 평등은 누군가의 우위를 배제하는 것이 아니라 다만 어떤 이의 다른 이에 대한 종속을 배제하는 평등이다.

부당한 원리에 따라 조직된 정체政體 아래 왕정과 귀족정을 교묘하게 섞어놓은 국가가 있다고 하더라도, 그 국가도 자유를 빼앗긴 국민에게 안정과 안녕을 보장해줄 수는 있을 것이며, 여기서도 마찬가지로 일반적 공교육이 유용할 수 있다. 그러한 나라는 공교육이 없더라도 평화를 유지할 수 있으며 더 나아가 일종의 번영을 노래할 수 있다는 것도 사실이다. 하지만 만약 일부 시민의 무지가 그들로 하여금 자신들의 본성과 한계를 알아보지 못하게 한다면, 그들로 하여금 자신들이 알지 못하는 사안에 대해 목소리를 내게끔 한다면, 자신들이 판단할 수 없는 사안들에 대해 판단토록 한다면, 진정으로 자유로운 정체 아래에서 모든 계급의 시민들이 같은 권리를 누리는 국가는 존속할 수가 없다. 이와 같은 정체는 몇 차례의 파란을 겪은 뒤에 스스로 자멸할 것이며 무지하고 타락한 민중 속에서, 평화를 유지할 수 없는 저 옛 정체들 중 하나로 퇴화해버릴 것이다.

**교육의 다양한 영역과 과정을 저마다 별도로 검토해야 할 필요성**

우리가 지금까지 제시해온 다양한 영역에 대해 다음과 같은 점들을 검토해야 한다. 1) 어떤 것들을 교육해야 하며, 어떤 시점에 교육을 끝내는 것이 적절한가? 2) 어떤 교과서들을 사용해야 하며, 교과서 말고도 덧붙여야 할 다른 교육 수단들은 무엇이 있는가? 3) 어떤 교수법les méthodes d'enseigner을 택해야 하는가? 4) 어떤 사람들을 교사로 두어야 하며, 그러한 교사들을 어떤 사람들의 손으로, 또 어떤 방식으로 선발해야 하는가?

실로 우리가 설정한 각각의 영역에서 이와 같은 다양한 질문이 모두 같은 방식으로 풀릴 수는 없다. 진정 체계적인 사고는 같은 원칙을 무턱대고 다양한 영역에 들이미는 것이 아니라, 같은 원리들에서 각각의 주제에 알맞은 법칙들을 '이끌어'내는 데 있다. 체계적 정신이란 사유 속에 주어진 모든 올바르고 타당한 생각들을 하나씩 따져보고 서로 비교하여, 전에는 숨겨져 있던 새롭거나 더욱 심원한 조합들을 거기서 이끌어내는 재능이지, 맨 처음 떠올랐던 몇 안 되는 생각들의 우연한 조합으로 그것을 일반화하는 기술이 아니다. 천체의 운동도 그와 같이 짜여 있다. 하나의 공통된 법칙에 따라 서로 의존하는 하늘의 별들은 서로 다른 궤도를 따라 서로 다른 다양한 방향을 향해, 다들 시간마다 변하는 속도로 이끌리며, 그런 이동을 통해 결과적으로는 하나의 같은 원칙에 따른 결과 속에서 헤아릴 수 없이 다양한 양상과 움직임들을 보여주는 것이다.

### 우선 고려해야 할 문제들

상세한 고찰을 시작하기에 앞서 다음과 같은 문제들에 대해 답을 내려두어야 한다. 1) 국가 권력에 의해 확립되는 공교육의 역할은 '지식 교육'[1]에 그쳐야 하는가? 2) 공권력의 권리들은 공교육에 대해 어느 정도로 행사될 수 있는가? 3) 공교육은 남성과 여성에게 같은 것이어야 하는가, 혹은 남녀 양쪽에게 별개의 교육을 마련해야 하는가?

# 공교육의 역할은 오직 지식 교육에 그쳐야 한다

## 1. 필연적으로 주어지는 노동 환경의 차이 및 재산의 차이가 공교육에 지식 교육 이상의 역할을 부여하는 것을 가로막으므로

공교육의 역할은 '지식 교육'에 그쳐야 하는가? 고대의 몇몇 공교육 형태에서는 공화국의 '자식들'로 간주된 젊은 시민들이 그들의 가족 또는 자기 자신을 위해서가 아니라 공화국을 '위해' 키워진 예들을 찾아볼 수

---

1. 불어에는 교육을 의미하는 단어로 instruction과 éducation이 있다. 특별히 두 단어를 구분해서 쓸 때, instruction은 지식의 전수라는 측면을 강조하는 말이며, éducation은 예절 교육, 인성 교육과 품행 지도라는 측면을 강조하는 말이다. 콩도르세는 이 둘을 혼용하여 사용하고 있지만 여기서는 이를 분명히 구분하고 있다. 여기서 '지식 교육'은 instruction이다.

있다. 많은 철학자가 그와 비슷한 제도를 꿈꾼 바 있다. 그들은 그러한 공교육의 형태로 '자유'와 '공화국의 덕성'들을 보존할 수 있다고 믿었는데, 그들이 보기에 그러한 가치들은 그 가치들이 가장 찬란하게 빛나던 국가들로부터 고작 몇 세대가 지난 뒤에는 줄곧 사라져간 덕목들이었다. 그러나 이와 같은 원리들을 현대 국가에 적용할 수는 없다. 교육에서의 완벽한 평등은 오직 온 사회의 노동이 노예 노동에 맡겨져 있는 국가에서만 존속된다. 고대인들이 인간 본성 아래 가능한 모든 미덕을 갖춘 하나의 민족을 기를 방도를 궁구했다면, 그것은 언제나 비천하게 전락한 또 다른 민족을 상정하면서였다. 그들이 시민들 사이에 세우고자 했던 평등은 언제나 주인과 노예의 구분이라는 괴물 같은 불평등을 기초로 삼고 있었으며, 평등·자유·정의에 관한 그들의 모든 원리는 바로 부당함과 예속에 기반을 두고 세워졌다. 따라서 그들은 모욕당한 자연 질서의 정당한 복수에서 벗어날 길이 없었다. 그들은 다른 인간들도 바로 자신들처럼 자유로운 것을 받아들이려고 하지 않았기에, 곳곳에서 그들도 자유롭기를 그쳤다.

자유를 향한 그들의 불굴의 사랑이란, 독립성과 평등에 근거하는 관대한 정열이 아니었으며, 다만 야망과 오만으로부터 온 열병에 지나지 않았다. 완고함과 부당함의 혼합이 그들의 가장 고결한 덕성마저 타락시켰다. 그런데 오직 유일하게 지속될 수 있는 자유인 '평화로운 자유'가 다른 이들을 지배하지 않는 한 독립을 유지할 수 없는 이들에게, 자신의 동류들과 공존을 이룰 수 없는 이들에게, 그들을 적으로 취급하지 않고 마치 형제처럼 공존하는 일이 불가능한 이들에게 어떻게 주어질 수 있단 말인가?

그런데 오늘날, 자연이 자신들의 동류로 만든 이들을 노예 제도 속에 몰아넣으면서도 자신들은 자유를 사랑하노라 자부하는 이들은 심지어 이 고대인들의 왜곡된 덕성마저도 바라지 않는다. 이들 현대인은 자신들이 노예 제도를 지지하는 데에 대해, 필연적으로 주어진 선입견이라거나 혹은 전 지구적 관습의 저항할 수 없는 오류라거나 하는 핑계를 더는 댈 수 없다. 그리고 자신의 탐욕으로 자기 동류들의 고통과 피로부터 수치스러운 이득을 이끌어내는 비열한 인간은 자기 노예와 마찬가지로, 그를 사고자 하는 또 다른 주인에게 종속되어 있다.

우리 사회의 고된 노동은 자기 생존의 필요를 채우려면 일을 할 수밖에 없는 이들이 맡고 있다. 그러나 그 자유인들은 어쨌든 충분한 재력으로 그와 같은 고된 노동에서 면제된 또 다른 이들과 같은 권리를 분명히 가지고 있고 동등하다. 시민의 아이들 중 상당수는 고된 직업을 갖도록 운명 지어져 있다. 그들의 도제 생활은 상당히 이른 나이에 시작되고, 도제 수련 과정이 그들 시간의 대부분을 차지한다. 그 아이들의 노동은 심지어는 그들이 유년기를 완전히 벗어나기도 전에 자기 가족의 수입원 중 하나가 된다. 이때 또 다른 많은 아이들, 부모의 유복함 덕분에 더 폭넓은 교육에 더 많은 시간과 약간의 비용마저 감수할 수 있는 아이들은 그러한 교육을 통해 더욱 벌이가 좋은 다른 직업들을 준비한다. 또한 바로 그때, 또 다른 일부 아이들, 경제적으로 다른 이에게 의지할 일 없는 충분한 재력을 갖추고 태어난 아이들에게 교육의 유일한 목표란 그들이 행복하게 사는 길, 부와 명성을 얻는 길을 확실하게 다져주는 것뿐이다. 그 아이들은 나중에 자신의 높은 지위, 봉직, 그리고 재능 덕택에 부와 명성을 얻게 될 것이다.

그렇기에, 서로 그토록 다른 운명을 지닌 이들에게 엄격하게 똑같은 단 하나의 교육을 따르게 하는 것은 불가능하다. 만약 교육에 그리 많은 시간을 쏟을 수 없는 이들을 기준으로 교육과정이 짜인다면, 그러한 사회는 이성의 진보로 얻을 수 있는 모든 이점을 희생하지 않을 수 없다. 그 반대로, 그러니까 자신의 젊음을 온통 교육에 쏟아 넣을 수 있는 이들을 기준으로 교육을 마련한다면, 많은 사람이 아마도 결코 넘어설 수 없는 장애에 부딪히거나, 시민 대다수를 포용하는 교육에서 오는 이점을 버려야 할 것이다. 결국 이런 가정에서나 저런 가정에서, 아이들은 그 자신을 위해서도 아니요 국가를 위해서도 아니게 성장하고 말 것이며, 자신의 필요를 채울 수도 없거니와 자기 의무를 다할 수도 없을 것이다.

공통 교육은 그 자체로 완전한 것이어야 하며 일반적인 배움처럼 차차 단계를 심화할 수 있는 것이 아니다. 공통 교육이 완전한 것이 아니라면, 그것은 아무것도 아니거나 심지어 해로운 것이다.

## 2. 자식에 대한 부모의 권리를 침해할 수도 있으므로

공교육이 다만 지식 교육으로 제한되어야 하는 또 다른 이유는, 공권력이 마땅히 존중해야 하는 권리인 '부모의 권리'를 침해하지 않고서는 공교육의 역할 확대가 불가능하다는 사실에 있다.

사람들이 사회를 구성하는 이유는 오직 그것을 통해 자신들에게 주어진 자연권을 더 전적으로, 더 평화롭게, 더 확실히 누리기 위해서다. 그런데 우리는 그러한 자연적 권리들의 목록에 다음과 같은 권리를 포함시켜야 한다. 자기 아이들의 유년 시절을 돌볼 권리, 그들의 부족한 지성을 보완해줄 권리, 그들의 유약함을 받쳐줄 권리, 그들에게 갓 형성된 이성을 지도할 권리, 그들에게 행복의 기틀을 마련해줄 권리. 이와 같은 것들은 우선은 자연이 부과하는 의무이지만, 바로 그러한 의무에서 비롯된 권리이기도 하며 부모의 정은 그러한 권리를 결코 포기할 수가 없다. 그러므로 만약 우리가 대부분의 가장들을 통해, 나아가 그러한 가장들을 대표하는 이들을 통해 아버지들로 하여금 자기 가정을 자기 손으로 '기르는' 권리를 포기하게 한다면, 그것은 실로 엄청난 부정을 저지르는 일이다. 천륜을 끊어버림으로써 가정의 행복을 부수고, 모든 덕목의 씨앗에 해당하는, 자식이 부모를 고마워하는 마음을 약화하거나 더 나아가 없애버릴 그러한 제도를 채택하는 사회에서라면, 그러한 사회는 오직 합의에서 유래하는 행복과 인위적인 가짜 덕목만을 갖게 될 것이다. 이러한 조치는 비록 전사들에 의한 질서, 또는 폭군들이 이끄는 사회를 구성할 수는 있겠으나, 형제애 넘치는 인간의 사회는 결코 구성하지 못한다.

### 3. 지식 교육을 넘어설 경우 피교육자에게 진정 독립적인 사견이 싹트기 어려워지기 때문에

교육이라는 단어를 그 단어가 지니는 모든 의미에서 파악해볼 때, 그것은 실질적 의미의 '지식 교육', 곧 '사실이나 계산에 대한 진리를 가르침'에 한정되지 않으며, 정치나 도덕, 종교적인 모든 의견을 가르치는 것을 포함한다. 그런데 한 사회가 자라나는 신세대들을 붙잡아놓고 그들이 '무엇을 믿어야 할지'를 일일이 불러주게 된다면, 그때만큼 의견의 자유라는 말이 무색해질 때도 없다. 교육적으로 지도받은 의견들을 그대로 간직한 채 사회인이 되는 이들은 더는 자유인이라 할 수 없다. 그들은 자기 스승들의 노예이며, 그들에게 덧씌워진 굴레는 그들이 자신의 부자유함을 느끼지 못하는 만큼, 그리고 그들이 실제로는 타인의 이성에 종속되어 있는데도 스스로는 자기 이성을 따른다고 믿는 만큼 더욱 벗겨내기 어렵다. 아마 가족의 의견을 받아들이는 경우도 자유로운 것은 아니라고 반론하는 사람도 있겠다. 그러나 이 경우에는 적어도, 그러한 의견들이 모든 시민에게 동일한 것은 아니다. 개개인은 곧 자신의 믿음이 보편적인 믿음은 아니라는 점을 깨닫는다. 또한 그는 사람들의 의견을 의심해보게끔 주의하게 된다. 그가 보기에 자신의 믿음이라고 해도, 그것은 더는 '당연한' 진리가 아니다. 그리고 그의 오류마저도, 만약 그가 그 오류를 고집한다고 하더라도, 적어도 자유의지에 따른 오류이다. 유년기에 습득한 지식들이 반대 의견들과 부딪히기 시작하면 얼마나 약해질 수 있는지 우리는 경험으로 알고 있으며, 또한 그럴 경우에 대개 의견을 고수하는 것에서 오는 자존감보다는 의견을 바꾸는 데서 오는 자존감이 더 크다는 것도 안다.

이런저런 견해들은 처음에는 모든 가정에서 거의 비슷할 테지만, 공권력이 개입하여 한 가지 통일된 견해를 제시하는 우를 범하지 않는다면 얼마 지나지 않아 우리는 견해들이 다양하게 분화되는 것을 보게 될 것이며, 그러면 그때부터 모든 위험은 '단일성'과 함께 사라질 것이다. 어쨌든 우리가 가정교육에서 습득하는 선입견들은 자연적 사회 질서의 당연한 귀결이라 할 수 있으며, 이때 현명한 교육은 이성의 빛을 확산함으로써 그러한 선입견에 대한 치료제가 된다. 공권력에 의해 주입된 선입견이 일종의 진정한 독재, 곧 자연적으로 주어진 자유의 가장 소중한 한 부분에 대한 테러인 데에 반해서 말이다.

고대인들은 이러한 종류의 자유에 대해서는 아무 개념도 없었다. 오히려 고대 교육 제도의 목적은 다만 그러한 자유를 없애버리는 데에 있던 것처럼 보인다. 그들은 오직 입법자가 세운 체계에 부합하는 사상과 감정만을 사람들에게 남겨놓길 원했을 것이다. 그들의 관점에서 볼 때, 자연은 다만 인간에게 몸을 만들어줬을 뿐이고, 그 몸이 지닌 힘을 통제하고, 행동을 지도해야 하는 것은 오직 법뿐이었다. 이와 같은 체제는 갓 발흥하기 시작한 사회에서는 용인될 만했다. 사람들이 자기 주변에서 오직 선입견과 오류만을 볼 수 있던 사회 말이다. 이때 많지 않은 몇몇 진리, 확실하게 알려져 있다기보다는 의심받는 중이었고, 발견되었다기보다는 추론의 상태에 있던 몇몇 진리는 때로는 그러한 진리들을 부득이 감춰야만 했던 몇몇 선택받은 인간 사이에서만 공유되었다. 그러한 상황 아래 사람들은 다음과 같은 점이 필수적이라고 생각할 법했다. 오류들 위에 사회의 행복을 건설해야 하고, 결과적으로 모든 위험한 검증 과정을 막고, 소수 지도자들이 적절하다고 판단한 견해들을 보호·보전해야만 한다고 말이다.

그러나 오늘날 알려져 있듯이, 오직 진리만이 항구적인 번영의 기반이며, 점차 확산되어가는 이성의 빛은 오류가 더는 불멸의 제국을 뽐내는 것을 더 이상 허용하지 않는다. 그리고 교육의 목적은 이제 기존 견해들의 보전에 있을 수 없으며, 그와는 반대로 기존 견해들을 계속해서 더욱 밝게 계몽되는 신세대들의 자유로운 검증 아래 두어야 한다.

마지막으로, 완전한 의미에서의 '교육'은 종교적 의견까지도 포괄한다. 그런데 그렇게 된다면, 공권력은 부득이 그 땅에 있는 갖가지 옛 종교와 신흥 종교의 숫자에 맞춰 서로 다른 다양한 교육 체제를 수립해야 할 것이며, 그렇지 않다면 시민들에게 복수의 믿음을 강요하게 된다. 아이들을 위해 하나의 믿음을 선택하거나, 아니면 권장할 만하다고 합의된 몇몇 신앙 사이에서 선택케 하는 것으로 만족해야 한다. 우리는 대부분의 인간이 이와 같은 문제에서 유년기에 습득한 견해를 따르며, 대개 그러한 견해들을 검증하려고 하지 않음을 안다. 그러므로 만약 종교적인 견해들이 공교육의 일부가 된다면, 그러한 견해들은 시민의 자유로운 선택으로부터 멀어질 것이며, 불법적인 권력에 의해 덧씌워진 굴레가 된다. 한마디로 만약 공교육이 가정교육을 배제한다면, 그러한 공교육은 제 안에 종교 교육을 포함하든, 포함하지 않든, 부모의 믿음에 해를 입히게 된다. 만약 그 부모들이 어떤 특정 종교를 필수적인 것으로, 또는 더 나아가 도덕적으로 도움이 되는 것으로, 또 내세의 행복을 위해 유용한 것으로 간주하고 있다면 말이다. 그러므로 공교육은 다만 지식 교육을 주관하는 것으로 만족해야 하며, 교육의 나머지 부분은 각 가정에 맡겨야 한다.

**공교육은 도덕 교육을 종교 교육에 결부시킬 권리가 없다**

같은 관점에서, 도덕 교육은 자의적이어서도 안 되지만 단일한 것이어서도 안 된다. 우리는 이미 종교적 견해들이 공교육 과정에 포함되어서는 안 된다는 점을 살펴보았다. 각 개인이 독립적으로 양심에 따라 자유로운 선택을 내릴 수 있기 전에는 어떤 권위라 할지라도 특정한 믿음을 다른 믿음보다 우선시하게 할 권리가 없기 때문이다. 그렇기 때문에 도덕 교육은 종교적 견해들과는 철저히 거리를 두어야 한다.

### 공권력은 특정한 견해들을 진리로서 가르치게 할 권리가 없다

공권력은 또한 어떠한 주제에 대해서도 특정 견해들을 진리로서 가르치게 할 권리가 없다. 요컨대 어떠한 믿음도 강요해서는 안 된다. 설령 특정 견해들이 공권력의 입장에서 볼 때 실로 위험한 오류라 할지라도, 공권력이 그러한 오류들과 맞서 싸우고 그것들을 방지하기 위해 해야 하는 일은 그러한 견해들에 반대되는 견해들을 가르치는 것이 아니다. 공권력이 해야 하는 일은 우선 그러한 위험한 견해들을 공교육으로부터 떼어놓는 일이며, 이때 그러한 조치는 법령을 통해서가 아니라 다만 적절한 교육자와 교수법méthodes d'enseigner의 선택을 통해 이루어져야 한다. 또한 무엇보다도, 학생들에게 그러한 오류에서 빠져나오는 바른 길을, 그리고 그러한 오류들의 위험성을 스스로 깨치는 길을 확고히 마련해주는 것이 중요하다.

공권력의 의무는 언제나 공공의 악인 '오류'에 맞서 진리의 힘을 키우는 데 있다. 그렇다고 해서 어떤 것이 진리이고, 어떤 것이 오류인지에 대한 판별의 권한이 공권력에 있는 것은 아니다. 같은 맥락에서, 종교인의 역할은 사람들로 하여금 자신이 해야 마땅한 의무를 따르도록 권함에 있는 것이지, 어떠한 것이 그러한 의무인지를 독단으로 정하는 데에 있지 않다. 만일 종교인이 그러한 역할을 꿈꾼다면 그것은 성직자의 직권 남용 중에서도 가장 위험한 권력 찬탈에 해당한다.

따라서 공권력은 특정 조합[2]에 교육권을 양도해서는 안 된다

그러므로 공권력이 교육의 권한을 교육 단체에, 곧 독자 규정에 따라 스스로 제 인원을 충당하는 그러한 단체에 맡겨서는 절대로 안 된다. 그 단체들의 역사는 계몽 지식인들이 이미 오래전부터 오류의 범주로 쫓아 버린 헛된 의견들을 영속화하려는 유구한 노력의 역사에 지나지 않는다. 또한 그들의 역사는 사람들의 정신에 멍에를 씌우고자 하는 숱한 시도의 역사이며, 그러한 멍에를 통해 그들은 자신들의 명성을 높이고 부를 늘리고자 하였다. 이들 단체가 수도회이든, 반쪽짜리 수도승들의 신도 조합이든, 대학에 속한 것이든, 위험성은 마찬가지다. 그들의 교육은 언제나 학술 발전이 아니라 자신들 권력의 증진을, 진리의 전수가 아니라 자신들의 야망에 유리한 선입견과 자신들의 자만심을 높여주는 헛된 견해의 영속화를 목적으로 삼을 것이다. 또한 비록 이들 단체가 자기들에게 유리한 견해만을 퍼뜨리는 위장한 '사도'는 아니라고 할지라도, 그러한 단체들 내부에서는 곧 대대로 전수될 몇몇 사상이 성립하게 될 것이다. 그렇게 되면, 자존심에서 유래하는 모든 열정이, 왕년에 그들을 지배했던 어떤 우두머리의 사상 체계, 또는 그들이 어리석게도 그 영광을 자신의 것으로 사취하는, 그들 동료 중 어느 유명 인사의 사상 체계를 영속화하는 데에 집중될 것이다. 그렇게 되면 우린 진리 탐구의 기술에서조차도, 그들 가운데 '진보'를 가로막는 가장 위험한 적이 개입하는 것을 보게 될 터인데, 그것은 학술 활동에서의 종교적인 자세이다.

아마도 이제는, 인간 정신을 오래도록 황폐하게 만들었고 여러 민족을 위해 '생각할' 권리를 일임받은 듯했던 몇몇 박사의 변덕에 모든 민족을 종속시킨 옛 시절의 어마어마한 오류로 우리가 되돌아갈지도 모른다는 걱정은 하지 않아도 좋을 듯하다. 그렇다고 해도, 저 교육 단체들은 얼

---

2. 중세로부터 이어지는 길드. 그중에서도 특히 성직자 조합 또는 수도회를 겨냥하고 있다.

마나 많은 소소한 선입견들을 통해 여전히 진리의 발전을 가로막고 그 발목을 잡고 있단 말인가? 지치지도 않는 완고함으로 자신들의 교리를 따르는 데에 능숙한 그들이 어쩌면 진보의 시간을 충분히 늦출 수 있지는 않을까? 우리가 알아채기도 전에 그러한 진보에 맞춘 새로운 족쇄를 만들어 우리에게 채울 만큼 충분한 시간을 그들이 가질 수 있도록 말이다. 또한 단체에 속하지 않은 나머지 사람들, 곧 그 단체의 교사들과 그들을 비호할 공권력에 동시에 우롱당하게 될 저 나머지 사람들이 과연 그들의 음모를 충분히 일찍 분쇄하고 방지할 수 있을 것인가? 교육 단체를 조직해보라, 그러면 당신은 분명 폭군들을 만들어내거나 폭정의 도구를 만들어낸 셈이다.

### 공권력은 배타적으로 교육될 교리집을 만들 권리가 없다

교육되어야 할 진리 속에 몇몇 '견해'가 섞여 들어가는 일이 전혀 없지는 않을 것이다. 비록 수학적 학문의 진리는 절대로 오류와 혼동될 위험이 없다고는 하지만, 그러한 진리의 논증 방식이나 교수 방법론은 학문의 발전 정도에 따라, 또 그러한 진리들이 실생활에서 자주 쓰이는 정도 및 양상에 따라 다양하게 나뉜다. 그러므로 수학 분야에서는, 그리고 오직 이 분야에서만큼은, 옛 교육이 학생들을 오류로 이끌지는 않는다고 하더라도, 여전히 교육 방식에 변함이 없다는 것은 일반 진보에 거스르는 일이다. 한편, 자연과학 분야의 지식이 다루는 현상은 변치 않는 현상들이다. 그러나 어떤 현상들은, 첫눈에 보기에 일정한 패턴을 따르는 것처럼 보이지만 더 심화된 검증을 통해 혹은 더 잦은 관찰을 통해 보면 실은 다양한 양상을 지닌 것임이 드러날 것이며, 첫눈에 보기에 일반적인 것으로 보였던 현상들도 더 주의 깊은 연구를 통해 보면 혹은 시간의 흐름을 좇아가다 보면 예외가 드러나게 될 수 있으며, 그렇다면 실은 일반적인 것이 아님이 판명된다. 도덕과 정치적인 지식은 다루어지는 현상들이 대단히 변화무쌍하며, 적어도 관찰자의 눈에는 그렇게 비친다. 갖가지 이해관계, 편견, 정념들이 이 분야의 진리 탐구에 장애가 될수록 실제로 진리를 발견하게 될 가능성은 옅어진다. 그렇게 되면 진리에 관한 우리 자신의 의견을 타인에게 강제하고 싶은 오만함도 더 커질 것이기 때문이다.

학문들 중에서도, 공인된 진리와 우리의 검증 능력을 벗어나는 진리 사이에 오직 사견만이 메울 수 있는 거대한 공백이 있는 학문 분과가 특히 이러한 도덕·정치 분야이다. 설령 이러한 공백을 탁월한 정신들이 제시한 진리로 메울 수 있고, 또 그러한 진리들에 힘입어 나머지 모든 사람을 위해 그들이 굳센 발걸음을 떼고 나아가 기존 시각의 한계 너머로 도약할 수 있다고 하더라도, 여전히 그러한 진리는 개인적 견해들과 구분되지 않으며, 그 누구도 다른 이에게 그러한 진리와 사견을 구분해낼 권리를, 곧 "이와 같은 것들이 내가 여러분께 믿으라고 명하는 것들, 그러나 내가 여러분께 증명할 수는 없는 것들입니다"라고 말할 권리를 갖고 있지 않다.

우리는 확실한 증거에 의해 뒷받침되고 일반적으로 인정받는 진리만을 부동의 진리로 간주해야 하겠지만, 도덕과 정치에 관해서는 그러한 진리가 너무나도 적다는 데에 당황스러움을 금할 수 없다. 가장 널리 인정받는다고 여겨지는 진리들, 그리하여 반대 의견은 감히 나올 수 없으리라 짐작되는 진리조차도 다만 운 좋게 많은 이의 검토를 피한 것일 뿐이지 절대적이라고 할 수는 없다. 그러한 진리들을 토론에 부치는 순간, 금세 그러한 진리에 대한 의구심이 싹트고, 의견은 오래도록 분열된 채로 머물게 될 것이다.

어쨌든 도덕과 정치에 관한 이러한 지식들은 사람들의 행복에 더 직접 관여하는데, 공권력은 다른 분야에서보다도 더욱 조심스럽게, 당대의 독트린을 영원한 진리로 선포하는 일을 삼가야 하고, 그럼으로써 교육이 공권력에 도움이 되는 편견들을 영속화하는 수단으로 전락하거나, 위정자들의 권력 도구가 되어버리는 일을 경계해야 한다. 공권력이야말로 부당한 권력에 맞서는 가장 튼튼한 방호벽이 되어야 한다.

**공권력의 수준이 당대 석학들의 수준과 같다고 보기는 어려운 만큼,
공권력의 자의에 따라 교육 커리큘럼이 마련되는 것은 지양되어야 한다**

공권력을 위임받은 이들의 지적 수준이라고 해도, 학자들의 지적 수준과는 언제나 얼마쯤 괴리를 보이기 마련이다. 때로 몇몇 천재적인 인물이 위정자들의 무리에 낄 수도 있겠으나, 그들이 자신들이 숙고한 그대로 정책을 실현할 수 있는 주도권을 늘 유지하는 일은 결코 없을 것이다. 범인들은 따라갈 수 없는 일부 천재들의 심원한 이성을 그렇듯 온전히 믿고 따르는 일, 그들의 재능에 자발적으로 복종하는 일, 그들의 명망에 존경심을 바치는 일, 이러한 일들을 일상으로 받아들이기에는 사람들의 자존심이 너무 높다. 그러한 일들은 다만 절박한 위기 상황에만 가능하다. 고난의 시기에만 가능한, 어쩔 수 없는 일종의 복종일 뿐이리라. 그리고 어쨌든, 시대마다 당대 최고 수준을 보여주는 이성은, 그 스스로도 사적인 편견들을 가지고 있을 수 있는 어떤 천재적 개인의 이성이 아니라, 계몽된 다수의 집단 이성이다. 교육은 그러한 당대 이성의 최고점에 다가가는 것이어야 한다. 공권력이 그럴 수 있는 것보다 더욱 가까이 말이다. 교육의 목적은 그 나라에서 이미 일반적으로 널리 퍼진 시식들을 영속화하는 데에 있는 것이 아니라, 그러한 지식들을 보완하고 확장하는 데에 있기 때문이다.

만약 공권력이 멸쩍이나마 이성의 진보를 좇지 아니하고 스스로 편견들의 노예가 된다고 한다면, 그러한 공권력은 대체 어떤 권력이란 말인가? 예컨대 공권력이 정치권력과 종교적 권위 사이의, 곧 세속적 행동을 규제하는 권력과 오직 양심의 영역만을 주관할 수 있는 권위 사이의 절

대적 분리를 인정하는 대신에, 법의 위엄을 남용하여, 특정 분파의 편협한 원칙들을 맹신하여 우스꽝스러운 믿음으로 점철된 그런 자들의 원칙을 비호하는 데까지 이르러, 사회를 오랜 혼란에 빠뜨리고 만다면? 공권력이 상업정신에 젖어 또 법률 규제를 통해 탐욕스러운 기도들을 비호하고, 타성에 젖은 무지를 용인하게 된다면? 또는 소수의 광신적 교조주의자들의 목소리에 사로잡혀 이성의 빛보다는 내면의 계시에 대한 환상을 우선토록 명한다면? 공권력이 자신들의 이득이 1퍼센트라도 늘어난다면야 인간을 사고파는 것도 문제가 아니라고 생각하는 장사치들에게 휩쓸린다면? 노예 노동으로 금을 벌어들일 수만 있다면 다 같은 형제들의 피도 눈물도 괘념치 않는 잔인한 대농장주들에게 속아 넘어간다면? 저 교활한 위선자들에게 공권력이 좌우당한다면, 그리하여 공권력이 공권력 스스로 정립한 권리들에 대한 가장 공공연한 침해를, 자가당착으로 영속화하는 지경에 이른다면? 그렇게 된다면 공권력은 무엇을 할 수 있을까? 어떻게 그것이 범죄적인 원칙들을 남에게 가르치게 할 수 있겠으며, 제 자신의 법에 직접 반하는 원리들을 남에게 가르치게 할 수 있겠는가? 입법자들의 사건에 따라 정치적 권리와 정치 체제가 마구 변화를 겪는 사회에서라면, 입법자들이 자기 동시대인들을 속이고 억압하는 것도 모자라, 자기 다음 세대에까지 족쇄를 채워서 그들에게 자신들의 타락과 편견을 대물림하는 영원한 수치를 가져다주려고 하는 그러한 사회에서라면, 교육이란 것은 과연 어떻게 되겠는가?

공권력의 권리와 마찬가지로, 공권력의 의무도,
교육(학교 교육)의 목표를 설정하는 것, 그리고 그러한 목표가
잘 성취되는지를 감독하는 선에서 그쳐야 한다

그러므로 공권력은 우선 각 교육과정의 목표 및 기간을 설정하고, 교사들의 인선 및 교재와 교수법 선정이 계몽된 이들의 이성에 부합하는지

를 검토해야 하며, 그 밖의 나머지는 그러한 '교육'의 몫으로 남겨두어야만 한다.

## 자기 나라의 헌법에 관한 교육이 필수적이되, 그것을 보편적 진리인 양 가르쳐서는 안 된다

앞서 우리는 공교육 과정에는 반드시 그 나라의 헌법에 관한 교육이 포함되어야 한다고 했다. 옳은 이야기다. 다만 그것을 하나의 '사실'로서 가르친다면 말이다. 그것을 설명하고 상술하는 선에서 만족한다면 말이다. 곧 우리가 그것을 가르치면서, 다음과 같이 말하는 것으로 만족한다면 말이다. "이와 같은 것이 우리나라의 헌법이며, 우리의 모든 시민은 이에 따라야 합니다." 그러나 만약 우리가 우리의 헌법을 보편적 이성의 원칙들에 부합하는 하나의 독트린으로서 가르치거나, 헌법에 대한 맹목적 열광을 부추겨서 시민들로 하여금 그런 헌법에 대한 평가를 불가능한 것으로 만든다면, 곧 그들에게 "이와 같은 것이 여러분이 찬양하고, 믿어야 하는 것입니다"라고 가르친다면, 우리가 만들고자 하는 것은 다만 일종의 정치적 신앙에 지나지 않을 것이다. 그러한 정치적 신앙은 정신에 대한 사슬이요, 우리는 자유를 소중히 하는 법을 가르친다는 명목 아래 자유의 가장 소중한 권리를 침해하는 꼴이 된다. 교육의 목표는 사람들로 하여금 기존 법체계를 우러르도록 하는 데에 있는 것이 아니라, 그들에게 기존의 법체계를 평가하고 정정할 능력을 키워주는 데에 있다. 다음 세대의 사람들을 이전 세대의 견해들에 복속시키는 것이 문제가 아니라, 세대가 지날수록 사람들이 자기 자신의 이성에 따른 자치를 합당히 펼칠 수 있도록 점점 더 밝게 계몽된 이들을 만들어내는 것이 문제이다.

한 나라의 헌법에는 양식良識 또는 정의에 절대적으로 반하는 법령들이, 혼란스러운 때에 입법자들로부터 무심코 새어 나온 법령들이, 특정 웅변가 또는 특정 당파의 영향력으로부터 생겨난 대중적 열광 때문에 삽입된 법령들이 포함되어 있을 수도 있다. 이러한 법령들을 만들어내면서, 그 입법자들은 때로는 어째서 그것이 이성의 원칙을 배반하는지 스스로 알아차리지 못하는 경우도 있거니와, 때로는 이성의 원칙들을 그들이 내 버릴 생각은 없으되 다만 그 적용을 잠시 보류하고자 하는 경우도 있는데, 실제로 이러한 일들이 일어날 수 있으며, 앞으로도 심지어 자주 일어날 수 있다. 그러므로 기존의 법체계는 우리가 그에 따라야 할 의무가 있는 작금의 공권력의 의지로서, 그리고 그것이 부재하다면 서로 모순되는 다양한 원칙들을 다 같은 진리로 가르쳐야 할 우스꽝스러운 상황에 우리가 노출될 수 있는 단순한 '의지'로서 가르쳐야 하며, 그와는 달리 그것이 예컨대 영원한 진리라도 되는 양 가르친다면 참으로 부조리한 일이다.

## 이와 같은 고려가 성인을 대상으로 한 교육에도 마찬가지로 적용되어야 한다

우리가 인생 초반의 교육에 대해 이야기해온 것들은 유년기 이후의 성인 교육에도 마찬가지로 적용되어야 한다. 성인 교육의 목표는, 이러저러한 특정 견해들을 주입하거나 특정 관점에 유리한 원칙들을 주입하는 것이 되어서는 안 되며, 다만 알아서 유용할 사실들을 사람들에게 가르치고, 그들의 권리와 행복에 관련된 토론을 향하여 식견을 열어주고, 그들이 스스로의 힘으로 이런저런 사안들을 결정하는 데에 필수적인 도움을 제공하는 것이 되어야 한다.

또한 공권력을 위임받은 이들은 시민들에게 그들이 따라야만 하는 온갖 법령들의 제정 사유를 밝혀야 한다. 그러므로 이와 같은 법령에 대한 해설 및 법령의 제정 사유에 관한 설명들이 금지되는 일이 없도록 주의해야 한다. 그러한 해설 및 설명은 진정한 권력을 쥐고 있는 이들에게 바쳐지는 경의이며, 입법자들은 그들의 해석자에 지나지 않는다. 그러나 법을 이해하고 집행하는 데에 필수적인 설명들 외에도, 법에는 입법자들의 이름으로 서문 또는 주해들이 붙기 마련이다. 우리는 이러한 서문과 주해들을 교육의 일부로 볼 것이 아니라, 다만 권력을 쥔 자들이 자신에게 그러한 권력을 양도한 사람들에게 바치는 일종의 보고로 간주해야 한다. 따라서 무엇보다 그러한 설명을 작성하는 것만으로 공교육에 관한 공권력의 의무가 충실히 완수된다고 착각해서는 안 된다. 권력자들은 자신들의 개인적 견해와는 상반되는 진리로 시민들을 인도할지도 모르는 이성의 빛에 대한 장애물을 설치하지 않는 선에서 만족해서는 안 된다. 그들은 스스로 그러한 이성의 빛을 마련해주는 관대함, 아니 차라리 공정성을 갖춰야 한다.

제멋대로인 정권의 사람들은 기성 권력에 대한 맹목적 추종을 낳는 방향으로 교육을 이끌고자 하며, 더 나아가 출판을 감시하고, 심지어는 담론들 자체를 감시하고자 하는데, 이는 주인들이 시민에게 심어주고자 하는 의견과 일치하지 않는 그 어떤 것도 시민들이 배우지 못하게 하기 위해서다. 자유로운 정체에서도, 비록 권력이 시민의 손에 의해 선출된 자들에게 있다 할지라도, 종종 그 인원이 교체될지라도, 그러한 권력이 일반의지 내지는 공동의 의견과 일치하는 것처럼 보인다 할지라도, 오직 법적 측면에서만 지배력을 행사해야 할 법령들을 사람들의 정신에 일종의 법칙처럼 부과해서는 안 될 노릇이다. 만약 그렇게 되어버린다면 권력이 스스로를 사슬로 감는 꼴이어서, 일단 한번 들어선 오류들을 몇 세기 동안이나 따르게 될 것이다. 영국의 경우를 반면교사로 삼도록 하자. 영국에서는 그들 스스로가 국가의 번영과 결부시킨 자신들의 헌법 및 몇몇 법령에 대한 맹신적 존중과, 부유층 및 권력자들의 이해관계에 의해 영속화된 몇몇 원칙들에 대한 굴종적 믿음이 교육과정의 일부가 되어 있고, 부와 권력을 탐하는 모든 이들을 위해 유지되고 있으며, 그것들은 헌법과 법령의 보완을 향한 모든 진보를 거의 불가능한 것으로 만드는 일종의 정치적 종교처럼 자리 잡고 말았다.

우리의 의견은 분명 진리가 시민들에게 한낱 편견에 지나지 않길 바라는 자들, 시민들의 유년기를 사로잡아 시간이 지나도 부서지지 않을 어떤 잘못된 상들을 주입하기를 제안하는 이들, 시민들을 자기 나라의 법과 헌법에 눈먼 감정을 통해 연결시킬 것을 제안하는 이들, 시민들의 이성을 오직 공상과 격한 정념이 우선되는 속에서만 이끌기를 제안하는 이들, 그러한 자칭 철학자들의 의견과는 상반되는 것이다. 우리는 자칭 철학자들에게 묻고 싶다. 어떻게 그들은 자기의 믿음이 지금도, 그리고 영원히 진리일 것이라고 확신할 수 있는지 말이다. 진리가 어디에 있는지를 판단할 권리를 누구로부터 받았는지 말이다. 또한 자신의 의견을 다른 이의 정신에게 어떤 법칙처럼 부과할 수 있는 유일한 자질은 무오류성無謬性인데, 그들이 과연 어떤 특권을 가지고 그러한 무오류성을 누릴 수 있는지 말이다. 그들은 자기들의 종교적 몽상을 확실한 것으로 믿고 있는 저 모든 광신적 종교분파들보다도 더욱 광신적으로 자신들의 정치적 진리에 대해 확신하고 있지 않은가? 어쨌든 광신자들과 자칭 철학자들 사이에서 그들의 법은 같은 것이고 동기도 비슷하다. 사람들을 계몽하는 대신에 눈멀게 하고, 진리의 이름으로 사람들을 현혹하며, 그들에게 일종의 편견을 부과하기를 허락하는 것은 저 모든 광신을 영속화하기를 허락하는 일과 같고, 저 모든 전도 행위의 술수를 허가하는 일과 같다.

## 교육은 여성과 남성에게 동일한 것이어야 한다

우리는 공교육이 오직 지식 교육instruction으로 제한되어야 함을 증명하였으며, 그 안에 다양한 과정을 설치해야 할 필요를 역설하였다. 그러므로 여성들에 대한 교육이 남성에 대한 교육과 같아서는 안 된다고 말할 이유는 아무것도 없다. 실제로 교육이 진리들을 전수하고 그러한 진리들을 증명해주는 것에 지나지 않는다고 할 때, 어째서 성차에 대한 고려가 진리들의 선별과 증명 방법에 영향을 주어야 한단 말인가. 만약 공교육의 전체 과정이, 그러니까 개개인에게 자신의 권리를 누리는 데에 필수적인 지식들과 자신의 의무를 완수하는 데에 필수적인 지식들을 가르치는 것을 목표로 하는 전체 과정이, 어떤 공직에도 불릴 일이 없는 여성들이 배우기에는 지나치게 많은 범위를 다루고 있다고 한다면, 그저 그런 여성들에게는 교육의 첫 단계만을 이수하게끔 하면 되는 것이다. 또 다른 여성들, 그러니까 더 유복한 조건 아래 놓여 있으며 그들의 가족이 기꺼이 그녀들의 교육을 원하는 그러한 여성들에 대한 교육은 막을 이유가 없다. 만약 오직 남성들에게만 문호가 열려 있는 몇몇 직업군이 있다면, 그러한 직업군이 요구하는 특정 교육을 받을 수 있는 허가가 여성들에게는 내려지지 않을 것이다. 그러나 그러한 것이 아니라, 여성이 마땅히 남성과 경쟁할 수 있는 직업군에 관한 교육이라면, 그러한 교육을 여성에게 배제하는 것은 우스꽝스러운 일이다.

> 학문의 교육에서 여성이 배제되는 일은 없어야 하는데,
> 왜냐하면 여성은 관찰 및 기초 교재들의 저작을 통해
> 학문 발전에 이바지할 수 있기 때문이다

학문에서도 마찬가지다. 어째서 그것이 금녀의 영역이 되어야 한단 말인가? 물론 여성들이 학적 발견을 통해 학문 발전에 이바지할 수는 없겠지만(이러한 주장도 오직 긴 성찰과 비범한 지성을 요구하는 인류의 발견들에 대해서만 참이지만), 어쨌든 그녀들도 이성의 빛의 확산에 유용할 수 있지 않겠는가? 그녀들은 곧바로 돈벌이가 되는 직업을 가질 수 없으며, 설령 가진다고 하더라도 가사노동 탓에 그 직업에 온전히 투신할 수 없는 반면에, 집안에 머물러 있으며 규칙적인 삶을 살아간다. 그러니 대단한 정밀성과 인내를 요구하는 학적 관찰들에 기여함으로써, 여성도 이성의 빛의 확산에 기여할 수 있지 않을까? 또한 아동용 기초 교재들을 만드는 데에서는 방법론이나 명징성에서 여성이 남성보다 더 좋은 작가일

수 있다. 그녀들의 정신의 유연성은 그녀들이 유년 시절부터 돌봐온 아이들의 정신에 더욱더 유연하게 맞춰질 수 있기 때문이다. 또한 그녀들은 아이들의 성장을 남성들보다 더 사랑스럽게 지켜보기 때문에 아이들의 눈높이에 맞는 교재를 만들 수 있다. 그런데 한 권의 기초 교재를 잘 만들어내려면 저자가 책이 담고 있는 내용보다 훨씬 많은 것들을 먼저 알고 있어야 한다. 자기 지식의 한계가 분명할 경우, 우리는 알고 있는 것조차도 잘 표현하지 못하기 때문이다.

# 여성이 남성을 대상으로 하는 교육을 그들과 공유하는 것은 필수이다

## 1. 여성이 자녀들의 학습을 도울 수 있도록 해야 하므로

공교육이 그 이름에 합당하게끔 되려면, 시행 대상이 전반적인 시민 계층으로 확대되어야 하는데, 만약 다음과 같은 상황이라면 아이들이 공교육을 제대로 받는 것은 불가능하다. 곧 아이들이 받을 수업이 한 사람의 선생님께 받는 수업만으로 제약된다면, 그래서 수업이 없을 때 그들의 공부를 돌봐줄 가정교사가 없는 경우라면, 아이들을 예습시키고, 지성의 성장을 촉진하고, 나아가 아이들이 놓친 부분이나 기억하지 못하는 부분을 메워줄 가정 내 교사가 없는 경우라면, 아이들이 공교육을 제대로 받는 것은 불가능하다. 그런데 가정을 돌보는 일에 헌신하고 가사노동에 투신하고 있는, 그리하여 그러한 의무를 맡도록 운명 지어진 존재처럼 보이는 자신들의 어머니가 아니라면, 가난한 집의 아이들은 대체 누구로부터 그러한 도움을 받을 수 있단 말인가? 그들의 아버지는 언제나 일 때문에 바깥에 나가 있고, 그리하여 그들의 교육을 돌봐줄 여력이 없는데 말이다. 그러므로 우리가 여성들로 하여금 최소한 공교육의 기초 단계들이라도 밟게 하지 않는다면, 그녀들로 하여금 자녀들의 학습을 돌봐줄 수 있는 상태로 만들어주지 않는다면, 교육에서의 평등을 수립하기는 불가능해질 것이다. 교육에서의 평등이란 인권의 유지에 필수적인 것이니, 그러한 평등이 무너질 경우에 교육받지 못한 사람들은 국가 재산으로부터 정당하게 타낼 수 있는 소득도 받지 못하고, 정치적 발전의 산물을 정당하게 활용하는 것마저도 불가능해진다.

## 2. 여성 교육의 부재는 가정 내에
### 그들의 행복을 거스르는 불평등을 도입할 것이기 때문에

우리가 오직 남성만을 위한 교육 제도를 수립한다면, 우리는 어김없이 남편과 아내 사이에, 형제와 자매 사이에, 심지어는 아들과 어머니 사이에 적나라한 불평등을 도입하는 꼴이 된다. 그러한 불평등만큼 가정 풍속에서의 순수함과 기쁨을 거스르는 것도 없다. 평등이란 어디서나, 특히 가정에서 행복과 평화, 덕성을 구성하는 으뜸가는 요소이다. 만약 어머니들이 무지하여 자식에게 조롱과 경멸의 대상이 된다면, 어머니의 사랑이 어떻게 권위를 띨 수 있겠는가? 사람들은 우리가 그러한 위험을 과장하고 있다고 할지도 모른다. 실제로 지금도 젊은이들에게 그들의 어머니는 물론 아버지들조차 알지 못하는 지식이 전수되고 있지만, 그렇다고 해서 어떤 불편도 생겨나지 않는다고 하면서 말이다. 그러나 우선, 그러한 지식들 대부분은 그들 부모가 보기에 쓸데없는 것으로 간주되는 지식들이며, 종종 아이들 자신에게도 그렇게 간주되고 있음을, 그러므로 그러한 지식의 전수가 아이들에게 어떤 우월감도 심어주지 않음을 고려해야 한다. 그런데 지금 우리가 문제 삼고 있는 것은, '실제로 유용한' 지식의 전수이다. 우리는 지금 일반 교육의 문제를 논하고 있으며, 일반 교육에서 지식의 불평등이 불러올 문제점들은 교육이 특정 계층들의 전유물이던 때보다 훨씬 심각해질 것이다. 문화적으로 공손함이 강조되고, 부모의 재산이 부모에게 우월함을 안겨주는 그러한 계층에서라면, 아이들이 갓 배운 지식을 갖고 지나친 허영을 부리는 일이 자연스럽게 금지될 수 있다. 하지만 가난한 가정의 젊은이들을, 곧 가난하되 운 좋게 수준 높은 교육을 받을 수 있었던 젊은이들을 관찰해본다면, 우리의 염려가 확실히 근거 있는 것임을 쉽게 확인할 수 있다.

### 3. 교육받은 여성은 남성들로 하여금 그들이 젊은 시절에 습득했던 지식을 보존할 수 있도록 돕는 한 가지 수단이 될 수 있으므로

또한 우리는 공교육의 수혜를 입은 남성들이, 만약 그들의 아내가 그들과 거의 같은 교육을 받았음을 알게 된다면, 그러한 공교육의 열매를 훨씬 쉽게 보존할 수 있으리라는 점을 덧붙이겠다. 그들이 자기 아내와 함께 자신들의 지식을 보존시켜줄 독서를 할 수 있다면 말이다. 유년 시절과 결혼생활 사이에 그들에게 제공되었던 교육이, 서로 간의 자연적 애정에 이끌리는 두 사람에게, 둘 모두에게 낯설지 않은 것이었다면 말이다.

### 4. 여성도 공교육에서 남성과 같은 권리를 갖기 때문에

마지막으로, 여성은 남성과 같은 권리를 갖기 때문에, 그녀의 권리 안에는 이성의 빛을 받아들이는 데에서 남성과 마찬가지의 편의를 누릴 권리도 포함된다. 남성과 마찬가지로, 다른 누구에게도 의존하지 않고 자신의 권리를 실제로 사용할 방도를 제공해줄 수 있는 유일한 어떤 것인 교육받을 권리 말이다.

**교육은 남녀가 함께 받아야 하며, 교직에서 여성이 배제되어서는 안 된다**

교육은 전적으로 동일한 것이어야 하고, 남녀의 구별이 없어야 하며, 두 성에 차별을 두지 않고 선임된 교사에게 맡겨야 한다.

**이탈리아에서는 종종 여성 교사가 배출되었으며,
그들의 교육은 성공적이었다**

많은 여성이 이탈리아에서 가장 유명한 대학교들에서 교편을 잡은 바 있다. 그들은 가장 수준 높은 학문 영역들에서 영광스럽게 교수직을 떠맡았다. 그들의 교육은 어떤 불편도 초래하지 않았으며, 한마디의 항의도, 심지어는 나라 전체에서 한마디의 빈정거림도 없었다. 어쨌든 우리가 보기에 편견에서 벗어난 나라라고는 결코 보기 어려우며 나라의 풍속에 소박함도, 순수함도 없는 그런 이탈리아에서도 말이다.

**교육의 편의 및 경제성을 위한 남녀 무차별의 필요성**

같은 학교 안에 서로 성이 다른 학생들을 한데 모아놓아야 할 필요성은 기초 교육에서 거의 절대적이다. 마을마다 두 성을 위한 두 학교를 세우기는 힘들 것이며, 만약 우리가 어느 한 성의 교사만을 뽑아야 한다면, 특히나 시행 초반에 충분한 수의 교사를 구하기 어려울 것이다.

**합반은 위험하기는커녕 품행 지도에 도움이 되는 조치이다**

교사의 지도 아래 언제나 공적으로 이루어질 남녀 학생들의 함께함은 좋은 품행에 대해 위험이 되기는커녕 남녀의 분리가 불러올 다양한 종류의 타락에 대한 예방책이 된다. 남녀의 분리는 유년기의 끝자락이나 청년 초기의 타락에 주된 원인이다. 이 연령대에는 학생들의 감각적 상상이 폭주하기 마련이고, 모종의 달콤한 기대감에 의해 그들 상상력이 더욱 정당한 목표를 향하게 되지 않는 이상, 그러한 폭주는 대개 돌이킬 수 없는 정도까지 이르고 만다. 타락의 원인이 되는 이런 위험한 습관들은 대개 욕망에 눈이 멀어버린 젊은이들이 겪는 오류들이다. 권태 때문에 타락에 이르렀으며, 자신의 슬프고 고독한 예속 상태를 괴로워하는 청춘들, 고통스러운 감성을 거짓된 쾌락 속에서 꺼뜨려버리려는 그런 청춘들 말이다.

### 남녀 분리는 오직 부유층에 대해서만 실제적일 것이기에, 그러한 분리를 제도화할 수는 없다

평등과 자유를 표방하는 정체 아래에서 대다수의 가정에게는 순전히 환영적인 것에 불과할 남녀 분리를 제도화해서는 안 된다. 시골 주민들에게서도, 도시 빈민들에게서도, 남녀 분리는 학교 밖을 벗어나면 전혀 유명무실한 것이 되고 만다. 이 같은 상황에서 학교에서의 남녀 합반은 다만, 가난한 가정의 일상생활에서 피할 수 없는, 남녀의 만남에서 일어날 수 있는 부정적 측면을 줄여주는 역할을 수행할 뿐이다. 학교 밖에서 남녀가 만나는 것은 어쨌든 동년배들의 증언의 눈길에서도 떨어져 있으며 선생의 감시에서도 벗어나 있다. 품행의 순수함에 대하여 어쩌면 지나치게 과장된 중요성을 부여했던 루소Rousseau는 바로 그러한 순수성을 위해, 남녀가 그들의 여가 활동에서도 서로 섞이기를 바랐다. 하물며, 여가 활동보다 더 진지한 일인 학업을 위해 남녀를 한데 섞어놓는 것에 어찌 큰 위험이 있을까?

### 성별 분리를 주장하는 주된 원인은 탐욕과 오만에 있다

착각해서는 안 된다. 엄격하게 남녀를 구분해야 한다는 생각은 사람들의 정신을 지배하려는 성직자 계급의 정치적 술수로 개발된 종교적 도덕의 엄격함에서 온 것이 결코 아니며, 설령 그렇다고 할지라도, 적어도 그와 같은 정도의 '오만'과 '탐욕'으로부터 나온 생각이다. 오만과 탐욕 같은 악덕이야말로 도덕가의 위선이 자기의 타산적 경의를 표하는 대상이다. 이들의 엄격한 도덕적 의견 대부분은 한편으로는 서로 신분이 다른 이들 사이의 교류를 염려하는 마음에서, 다른 한편으로는 사람들이 사적인 관계에 기반을 둔 관계를 영속화시키는 것을 거절하지나 않을까 하는 마음에서 유래한다. 그러므로 오직 자연적 본성을 따르고, 이성에 복종하며, 정의에 부합하는 법제를 세우고자 하는 나라라면 그러한 엄격한 의견들을 권장해서는 안 될 것이며, 오히려 그러한 의견들과 맞서야 한다. 자유로운 국가의 제도들 안에서 모든 것은 평등을 향한 경향성을 띠게 되는데, 이는 단지 평등이 인간의 권리 중 하나이기 때문이 아니라, 질서와 평화의 유지를 위해 평등이 절대로 요구되기 때문이기도 하다. 만약 불평등을 조장하는 편견들을 유지하려는 제도들이 정치 체제 안에 섞여 들어간다면, 설령 그러한 나라가 정치적 평등을 확립한다고 한들, 결코 오래가지 못하고 평화롭지도 못하다.

여성에게 불평등의 정신을 남겨두는 것은 위험한데, 그러한 정신은 남성들에게서 불평등 정신을 없애는 일도 막을 것이기 때문이다

만약 한편에서 한 성별의 아이들이 공교육을 통해 서로를 평등한 형제로 간주하도록 길러질 때, 다른 한편에서는 다른 성별의 아이들이 그와 비슷한 교육을 받지 못하고, 고독하게, 다만 가정교육 속에 방치된다면 불평등 정신이 뿌리 뽑히지 않을 위험성이 대단히 크다. 그렇게 될 때, 한 성별에게서 보존되는 불평등의 정신은 머지않아 두 성별 모두에게로 확장될 것이고, 그렇게 되면 그 결과는 우리가 지금까지의 중등 교육에서 볼 수 있었던 바와 다르지 않다. 그 안에 잠시 동안 평등이 성립한다고 해도, 그러한 평등은 남학생들이 자신들이 한 사람의 성인 남성이 되었다고 느끼게 되는 바로 그 순간부터 영영 사라져버리고 만다.

> 남녀 합반은 경쟁의식을 갖추게 하는 데도 도움이 되거니와,
> 그로부터 학교들 사이의 경쟁에서와 같은 이기적인 감정에
> 기반을 둔 것이 아닌, 우정의 감정에 기반을 둔 경쟁을 낳는다

공부보다 더 활력 넘치고 흐뭇한 다른 일들에 지나치게 정신이 팔린 나머지, 유년기 너머까지로 이어지는 배움에 소홀함이 생기는 것은 아닐지 걱정하는 이들도 있겠지만, 그러한 걱정은 기우에 불과하다. 설령 그러한 것이 해가 된다 하더라도, 그것은 사랑하는 사람이나 가족에게 인정받고자 하는 욕망이 부추길 경쟁심에 의해 상쇄되고도 남는다. 그렇게 해서 생겨나는 경쟁은 명예욕이나 오만함에 의해 생겨나는 경쟁에 비해 일반적으로 훨씬 더 유익하다. 왜냐하면 진정한 공명심이란 치기 어린 정념도 아니거니와, 인류 전체에게 일반적인 감정이 되도록 생겨난 것도 아니기 때문이다. 범박한 인간들에게 공명심을 부추기고자 함은(어쨌든 범박한 인간들일지라도 자기 반에서는 일등을 차지할 수 있으나) 그들에게 질투심을 불어넣는 꼴이 될 뿐이다. 이러한 최악질의 경쟁은 증오 어린 정념을 부추겨서, 또 아이들에게 권위에 대한 우스꽝스러운 동경을 심어줘서 악을 낳는데, 이러한 악은 경쟁이 정신적 고양에 기여함으로써 낳을 수 있는 선보다 더 크다.

인간의 삶은 결코 그 속에서 경쟁자들이 상을 두고 다투는 투쟁이 아니다. 인생이란 형제들과 함께하는 여행이요, 그 안에서 다른 이들의 행복을 위해 힘쓰는 것이며, 상호 간의 달콤한 호의에 의해 보상받고, 타인의 인정과 존경을 얻는 기쁨으로 보상받는 그런 여행이다. 사랑받고 싶다는 욕망에 의해, 또는 다른 누군가에 대한 우월성에 따른 것이 아니라, 타의 추종을 불허하는 자기 능력에 따라 인정받고자 하는 욕망에 의해 추진되는 경쟁이라면, 그것도 매우 강력한 힘을 갖는다. 그러한 경쟁에는 저마다 몸에 익히도록 권장해 마땅한 어떤 감정들을 발전시키고 강화시킬 수 있다는 이점이 있다. 한편, 현행 제도 아래에서는 콜레주collège[3]에

서 아이들에게 주어지는 상들이 다만 그들로 하여금 자기가 벌써 위대한 사람이라고 착각하게 만들며, 오직 유치한 허영심만을 자아낼 뿐이다. 현명한 교육이라면 마땅히 이러한 결과를 방지할 방도를 찾아내야 한다. 매우 불행하게도 허영심의 씨앗은 우리 인간의 본성에 있는 것이지, 어설픈 제도 안에 잠재해 있는 것이 아니니 말이다. 항상 일등이기를 원하는 버릇은 불행히도 그런 버릇이 들어버린 본인에게도 우스꽝스러운 일이거니와, 그의 곁에서 살아가야 하는 다른 모든 이들에게도 정말로 불행이다. 반대로, 타인의 호평을 받고자 하는 태도는 사람들을 내적 평화로 인도하는데, 사람을 행복하게 하고 덕성이 몸에 배게끔 하는 유일한 것은 바로 그러한 내적 평화이다.

### 결론

평등과 자유의 고결한 친구들이여, 여러분의 힘을 한데 모아, 공권력으로부터 이성의 빛을 퍼뜨릴 수 있는 교육을 얻어내도록 하라. 그럴 생각이 없다면, 여러분이 기울인 고귀한 노력의 모든 결실이 머지않아 사라지게 될 것을 두려워하라. 가장 훌륭하게 고안된 법들이라면 한 사람의 무식자를 학식 있는 인간과 동등하게 만들 수 있으리라고 생각하지 말라. 또한 그러한 법들이라면, 편견의 노예를 편견으로부터 해방할 수 있으리라 기대하지도 말라. 법이 개인의 독립권과 자연적 평등의 권리들을 존중하면 존중할수록, 법은 무지를 동시에 자기의 도구이자 희생양으로 삼는 간사한 폭정을 너욱 손쉽고, 더욱 끔찍하게 만들 것이다. 법들이 모든 부당한 권력을 혁파한들, 머지않아 무지가 이전보다 더 위험한 새로운 권력을 만들어낼 터이다.

예컨대 다음과 같이 가정해보라. 자유로운 정체를 표방하는 어떤 나

---

3. 구체제하에서의 중등 교육 기관이며, 예수회를 비롯한 가톨릭 수도회 주관으로 운영되었다. 콩도르세가 요구하는 근대적 중등학교와는 대조된다.

라의 수도에 한 무리의 뻔뻔한 위선자들이 음모를 꾸미는 단체를 조직하는 데에 성공했다고 치자. 그 단체 안에는 음모에 대한 공모자들과 그러한 이들에게 속아 넘어간 이들이 섞여 있다. 수도를 제외한 다른 오백 개 마을에서 소규모 하위 단체들이 그들의 의견, 의지, 그리고 움직임을 최우선으로 삼고, 그들로부터 하달된 행동을 무지한 사람들을 대상으로 실시한다고 가정해보라. 이 사람들에게는 교육이 결여되어 있으므로 음모가들이 불어넣은 공포의 환영에 대해, 중상모략의 함정에 대해 면역이 없다. 그렇다면 그러한 단체가 재빨리 자기의 기치 아래, 보잘것없는 야심가들과 수치스러운 재사才士들을 결집시킬 것은 뻔하지 않은가? 재주라고는 자신들의 악덕뿐인, 그래서 대중의 경멸을 받아 타락과 비참에 빠진 무리들이 이 단체의 말 잘 듣는 추종자나 될 것이 뻔하지 않은가? 오래 지나지 않아 결국, 이 단체가 모든 권력을 접수하고, 민중들을 현혹하고 공직자들을 위협하여 지배하면서, 자유의 가면을 쓰고, 모든 폭정들 중에서도 가장 잔인하고 가장 수치스러운 폭정을 펼칠 것이 뻔하지 않은가? 그런데 인간의 권리를 존중하게 될 여러분의 '법'은 어떤 수단을 통해 그러한 음모의 진전을 방지할 수 있을 것인가? 무지한 사람들을 이끄는 데에 올바른 이들이 활용하는 수단들이 얼마나 나약한지 여러분도 잘 알지 않는가? 또한 그러한 수단들이 대개 교만과 위선에 물든 지탄받아 마땅한 책략 정도로 그치고 있다는 것도 잘 알지 않는가? 어쩌면 모사꾼 수장들의 더러운 가면을 벗겨내는 것만으로도 충분히 문제가 해결될지도 모르겠지만, 여러분은 그것을 할 수 있겠는가? 여러분은 진리의 힘을 믿고 있다. 하지만 진리의 힘이란 오직 진리를 인정할 줄 알고 진리의 고결한 소리에 귀 기울일 줄 아는 이들에 대해서만 효력을 발휘한다.

여러분은 이미 다른 곳에서, 가장 현명한 법들의 한가운데에 타락이 스며들어 결국 그 모든 힘을 부패시키는 것을 보지 않았는가? 여러분은 민중에게 투표권을 맡겼다. 하지만 중상모략에 뒤이어 오는 타락은 민중들에게 타락한 자들의 명단을 제시하고, 그들이 타락한 선택을 하게끔 한다. 여러분은 편파성 없이 개인의 이해관계를 떠나 판단한다. 그러나 타락은 편파성과 이해관계에 따라 순진한 민중들을 조종할 것이다. 타락은 언제나 그들을 유혹해낼 자신이 있다. 가장 공정한 제도들과 가장 순수한 덕성들도 타락의 입장에서 보자면 다만 다른 것보다 조금 더 다루기 어려운, 그러나 더 확실하고, 더 효력이 강한 수단들에 지나지 않는다.

그런데 타락의 모든 힘이란 무지에 기반을 둔 것이 아닌가? 만약 민중에게 이성이 일단 형성되어 사람들로 하여금 그들을 속이려고 매수된 협잡꾼들에 맞서 자신들을 지킬 수 있게 한다면, 타락이 실로 무엇을 할 수 있단 말인가? 만약 교활한 위선자들의 목소리에 속아 넘어간 바보 같은 지지자들의 무리가 더 이상 생겨나지 않는다면? 만약 편견들, 모든 진리를 더러운 가림막으로 덮어버리는 그런 편견들 때문에, 여론의 주도권이 궤변론자들의 수작 아래 넘어가버리는 일이 더 이상 생겨나지 않는다면? 더 이상 손쉽게 속아 넘어가는 이들을 찾을 수 없다면, 그때에도 협잡꾼들이 활약할 일이 있을까? 그러니 사람들로 하여금 이성의 목소리를 타락의 목소리로부터 구분해내는 법을 익히게 하자. 그러면 곧 사람들은, 타락이 마련해두었던 금빛 사슬이 발치 아래로 풀려 떨어지는 것을 보게 될 것이며, 그렇지 못할 경우에는 사람들 스스로가 제 손을 그 사슬 아래로 내밀 것이요, 복종하는 듯한 목소리로 자신들을 폭정 아래로 내모는 유혹자들에게 이 은혜를 어떻게 갚아야 할지 묻게 될 것이다. 이성의 빛을 널리 퍼뜨리는 것을 통해 여러분은 타락을 어떤 수치스럽고도 무력한 것에 불과한 것으로 만든다. 그럼으로써 평화로운 자유의 영원한 지배를 공고히 하고 빛낼 수 있는 유일한 무엇인, 저 공적 덕성들의 싹을 틔울 것이다.

# 아이들을 위한
# 공교육에 관하여

이제부터 우리가 생각하는 공교육이란 어떤 모습이 되어야 할지 그려 나가려고 한다. 아래의 제안들을 이끌어내는 데에 필수적인 일련의 원칙들은 필요할 때마다 언급하겠다.


## 공통 교육의 첫 단계

### 학교의 배치

공교육의 첫 단계에서의 목표는 한 국가의 모든 거주민들로 하여금 그들의 권리와 의무를 깨치게 하는 것이며, 그럼으로써 그들이 다른 이의 이성에 도움을 청하지 않고도 자신의 권리와 의무들을 행사하고, 따르도록 만드는 것이다. 또한 이 첫 번째 단계의 교육만으로도 모든 시민이 공무에 임하는 데에 지장이 없을 능력을 갖출 수 있어야 한다. 모든 시민은 국가의 모든 행정 영역에서, 모든 종류의 공무를 떠맡을 수 있어야 한다. 실제로, 교육의 수혜가 충분히 넓은 지역에서 이루어지지 않을 경우, 주민 수가 적은 행정 구역에서는 안심하고 공무를 맡길 주체를 뽑기가, 더 나아가 그런 적임자를 찾아내는 일조차 매우 어려울 수 있다.

프랑스 헌법에 따르면 시市 참사회원과 유권자, 도의회 의원은 제1계급에 속한 이들이어야 하며, 시청 공무원과 치안 판사는 제2계급에 속한 이들이어야 한다.

그러므로 모든 마을마다 한 사람의 교사를 둔 하나의 학교가 설립되어야 한다.

도시나 인구가 많은 마을의 경우는 남녀 학생 수에 맞춰 여러 명의 교사를 둘 수도 있다. 하지만 한 명의 교사에게 200명 이상의 아이들을 맡겨서는 안 된다. 인구가 2,400명을 웃도는 지역에서는 이 방법을 적용해야 한다.

### 교육 기간

우리는 4년의 교육 기간을 제안한다. 교육이 시작되는 시기를 평균 9살로 상정할 수 있겠다. 학교는 13살까지 아이들을 지도한다. 13살 이하의 아이들은 어차피 가정에 큰 경제적 도움을 주지 못하므로 가장 가난한 집안일지라도, 그들의 자녀에게 무리 없이 하루 몇 시간의 공부를 허용할 것이다. 또한 이 방안은 자녀들에게 도제 교육을 시키고자 하는 가정에도 큰 폐를 끼치지 않는데, 왜냐하면 도제 교육은 어린 나이에는 그리 엄격히 진행되지 않기 때문이다. 어쨌든 학교 교육은 아이들에게 끈기를 길러주고, 그리하여 그 예비 도제들이 더 지혜롭고 더 적절하게 도제 수업을 받을 수 있도록 만들어준다.

다른 두 단계의 교육도 각각 4년 과정으로 이루어질 것이다. 그러면 모든 과정을 이수하는 아이들은 자연스럽게 21살까지 학교의 지도를 받게 된다. 21살은 프랑스 법률에 따라 그들이 한 사람의 시민으로 등록되는 시기이며, 또한 계몽운동의 최근 상황으로 볼 때, 십중팔구, 곧 모든 나라들이 '성년'의 기준으로 받아들이게 될 나이이기도 하다.

## 학생 배치

한 장소에 하나의 학교가 있는 경우, 학생들은 네 개 반으로 나뉜다. 학생들은 매일 한 차례의 교육을 받는 것으로 족하다.

수업의 절반은 교사가 담당하고, 나머지 절반은 다른 학생들을 가르치도록 상급반에서 선발된 학생 한 명이 담당할 것이다.

이 복습교사répétiteur에게 지불되는 보수는 약간으로도 충분하다. 우리는 복습교사를 가장 진도가 많이 나간 학생들 중에서 선발해야 하며, 이미 첫 단계의 학업을 마친 학생들 중에서 선발해서는 안 된다고 생각한다. 사실 그리 대단한 지식을 기대할 수 없는 그들은 선발되자마자 스스로 작은 선생이 되어 그가 보좌하는 스승의 권위를 대체하려고 할지도 모를 일이며, 어린 학생들의 환심을 사는 행동과 계략을 통해 실제로 대체해버릴지도 모른다.

그러므로 학교마다 벽으로 구분되어 나란히 있는 두 개의 교실이면 충분하다. 교사가 쉽게 이 교실 저 교실을 오가며 그를 보좌하는 학생 한 명의 도움을 받아 두 개 반의 질서를 유지할 수 있고, 또한 복습교사에게 그의 능력의 한계를 넘어가지 않는 자잘한 일들만을 맡길 수 있겠다.

두 명의 교사가 있는 학교의 경우는, 한 교사마다 두 개의 반을 가르칠 수 있다. 학생들은 1학년에서 4학년까지 줄곧 같은 교사를 따르게 될 것이다. 예컨대 우선 한 사람은 1학년과 2학년 학생들을 맡고, 다른 한 사람은 3학년과 4학년을 맡는다. 다음해가 되면, 1학년과 2학년 학생들을 맡았던 교사는 그 학생들을 그대로 데리고 2학년과 3학년 교실의 교사가 되고, 다른 한 사람은 4학년과 1학년의 교사가 되는 것이다. 이런 식으로 계속 순환한다. 이렇게 하면, 두 명의 교사는 그들을 보좌하는 학생을 둘 필요 없이 각각 하루에 두 번의 수업을 하게 되고, 각 학년의 모든 학생들이 하루 한 번의 수업을 받게 된다.

이러한 배치에는 또 다른 이점들이 있다. 1) 학생들이 졸업할 때까지 교사를 바꾸지 않는 것은 그들의 교육이나 인성에서 매우 이롭다. 2) 교사들이 모든 수업을 온전히 지배할 수 있게 됨으로써, 아무것도 모르는 이들에게 아이들의 기초 교육을 맡기는 사태를 피할 수 있다.

# 1학년 과정

## 1. 읽기와 쓰기

1학년 과정에서는 읽기와 쓰기를 함께 가르친다. 쓰기 쉬운 활자체를 활용하여 동시에 읽기와 쓰기를 가르칠 수 있다. 그리하여 교육 시간을 줄이고, 아이들이 지겨워하지 않도록 한다. 글자 교육의 일환으로 글자들의 생김새를 흉내 내는 것은 아이들을 즐겁게 할 것이고, 아이들은 글자들의 형태들을 조금 더 쉽게 받아들인다. 그러나 현행의 교육 방식은 읽기와 쓰기를 따로따로 지도하게끔 되어 있다.

## 2. 읽기 교본에 담기는 기초 지식. 교사의 단어 설명

기존의 교재들은 아이들에게 절대적으로 부적합한 읽을거리들로 채워져 있고, 게다가 옛 로마제국에 대한 맹종 탓에 라틴어로 쓰여 있다. 우리는 이 교재들 대신에 교육의 첫 단계에 알맞은 새로운 교재들을 사용할 것이다.

개별 단어의 의미를 파악하지 못한 상태에서는 가장 간단한 문장조차 읽고 이해할 수 없다. 모르는 단어의 철자와 음절을 인지하는 데에 문장을 이해하려는 집중력이 소진되기 때문이다. 그러므로 우리가 사용할 교재의 1단원은 문장으로서의 의미를 갖지 않는 일련의 개별 단어들을 제시해야 한다. 그 단어들은 아이들도 무리 없이 이해할 단순한 것들이어야 한다. 그다음으로는, 마찬가지로 아이들도 이해할 수 있을 만한 아주 짧고 단순한 문장들을 제시한다. 아이들이 그 문장들 속에서, 자신들이 날마다 접하는 대상들에 대한 평소의 판단이나 관찰이 언어화된 모습을 볼 수 있어야 한다. 그럼으로써 아이들은 그 문장들 속에서 자기 자신의 사유의 표현을 발견한다. 아이들에게 그 단어들을 설명하고, 그 단어들을 읽고 쓰는 법을 가르치는 일은 아이들에게는 재미있는 활동처럼, 또한 그 속에서 그들의 타고난 경쟁심이 발동되는 하나의 놀이처럼 느껴질 것이다.

### 최초의 도덕적 감정들을 일깨워주기 위한 이야기들

교재의 2단원은 도덕적인 내용을 담고 있는 짧은 이야기들로 구성된다. 아이들은 자연의 질서에 따라 분명 그들 생애의 첫 감정들을 느끼고 있을 것인데, 이 이야기들은 그러한 첫 감정을 향해 그들의 주의력을 집중시켜야 한다. 우리는 이 과정에서 어떤 경구나 성찰을 전달하려 해서는 안 된다. 왜냐하면 지금 단계에서 실행할 일은 그들에게 어떤 행동 원칙이나 진리를 알려주는 것이 아니라, 다만 아이들이 스스로의 감정을 성찰하게끔 유도하는 것, 그리고 그러한 성찰로부터 언젠가 도덕적 사유가 자라날 수 있도록 예비하는 것이기 때문이다.

우리는 어린아이들의 영혼을 단련시켜 그것이 자신들의 첫 감정들을 향하도록 해야 한다. 자신의 감정에 내해 성찰하는 것은 유익한 일이다. 어린이들의 첫 감정은 인간과 동물에 대한 연민이나 자신들에게 잘 대해준 사람들에 대한 애정인데, 후자의 감정으로부터 부모에 대한 효심과 친구들에 대한 우정이 싹튼다. 이러한 감정들은 어느 연령대의 사람들에게나 다 있으며, 즐거움과 괴로움이라는 직접적인 감각이 구성하는 매우 단순한 동기에 따라 형성된다. 그 감정들은 우리가 스스로를 한 개인으로 느낄 수 있게 되자마자 우리 영혼 속에 존재한다. 우리는 그 감정들을 알아차리기 위해 별다른 노력을 기울일 필요가 없다.

동물에 대한 연민은 인간에 대한 연민과 원리가 같다. 각각의 연민은 거의 생체적인 반응에 가까운, 반성되지 않은 고통[1]으로부터 태어나며, 그 고통은 다른 감각적 존재가 고통을 겪는 모습을 보았기 때문에 또는 떠올렸기 때문에 생겨난다. 만약 우리가 어떤 아이를 동물들이 고통스러워하는 모습을 무심하게 심지어는 즐겁게 바라보도록 키운다면, 우리는 그로부터, 아니 나아가 인류로부터 모든 도덕과 덕성의 강력한 제일 원리인 자연적 감수성의 싹을 제거하는 셈이 된다. 자연적 감수성 없이는 도덕도, 덕성도, 단지 이해타산에, 또한 차가운 이성의 술책에 지나지 않게된다. 그러므로 갓 태어난 이 감정을 질식시키는 일이 없도록 주의하자. 그 감정을, 한 순간의 실수로도 영영 시들거나 말라버릴 수 있는 연약한 화초처럼 보살피자. 무엇보다도 감수성을 둔하게 만들거나 이기적인 감수성을 품도록 사람을 부추기는 거친 작업들에 종사하는 사람들에게서는 습관적인 냉혹함이 그로 하여금 잔인한 경향을 갖도록 한다는 점을 잊지말자. 잔혹함은 덕성과 자유의 가장 큰 적이고, 독재자들의 유일한 변명거리이며, 모든 불평등한 법의 계기이다. 사람들의 감수성을 예민하고 부드럽게 만듦으로써 그들이 스스로가 갖고 있는 힘을 두려워하는 일이 없도록 하자. 또한 온전히 그의 권리 아래 놓여 있는 그 힘에 대해 후회하는 일이 없도록 하자.

인간성만이 자신의 권리를 온화하고 관대하게 행사하는 법을 가르쳐줄 수 있다. 그들에게 그 인간성을 전해주도록 하자. 공감할 줄 아는 인간은 선한 사람이 되기 위해 꼭 많은 것을 알 필요가 없다. 가장 단순한 이유만으로도 그는 덕을 품게 될 수 있다. 공감능력이 없는 인간은 거꾸로 어

---

1. 스스로가 고통을 느끼는 이유가 무엇인지, 또는 고통을 느끼는 것이 정당한 것인지 따위에 대한 지적 성찰을 거치지 않고 느끼는 고통.

떤 심오한 철학의 도움이 없이는, 또는 특정 선입견들이 불러일으키는 열광 없이는 덕을 품는 것이 불가능하다. 그런데 이 열광이란 언제나 위험한 것이다. 열광은 선입견에 휩싸인 위선자들의 이해에나 부합하는 범죄 행위를 마치 덕성이라도 되는 것처럼 잘못 파악하게 만들기 때문이다.

### 물질적 대상들에 관한 묘사

우리는 도덕적인 내용을 담고 있는 이야기에 이어서, 또는 그 이야기들 사이에 섞어 넣는 방식으로 동식물에 관한 짧은 묘사들을 실을 것이다. 기술될 동식물들은 학생들이 실제로 관찰했을 법한 것들 중에서 선택되어야 한다. 학생들은 그들이 큰 관심 없이 스쳐 지나가며 보았던 사물들을 떠올리는 즐거움을 느끼게 된다. 그들은 책이 갖는 한 가지 효용성을, 곧 그것이 한때 뇌리를 스쳤으나 곧 잊어버리고 말았던 몇몇 막연한 생각들을 되새겨준다는 것을 깨닫는다. 아이들은 우연히 스쳐 가는 대상을 좀 더 자세히 보는 법을 배운다. 결국에는, 그들은 분명한 개념을 갖는 습관, 곧 우연적으로 떠오르는 생각으로부터 정교하고 분명한 개념을 이끌어내는 습관을 갖기 시작할 것이다. 아이들은 '논리학'이란 이름을 알기 훨씬 전에 이미 논리학에 관한 첫 번째 가르침을 얻는 셈이다.

### 숫자 세기

이 첫 번째 교과서의 마지막 장에는 10진법의 체계에 대한 설명이 담긴다. 아이들은 이 장에서 숫자를 지칭하는 기호를 이해하는 방법과 기호로써 숫자를 지칭하는 방법을 배우게 된다. 아이들은 말로 표현된 수를 숫자로 받아 적는 방법과, 적힌 숫자를 말로 표현하는 방법을 배우게 된다.[2]

---

2. '일'이라 말했을 때 '1'이라 받아 적고, '1'이라 적혀 있는 것을 보고 '일'이라 말하는 법을 배우게 된다는 뜻이다.

교사를 위한 지침서

아이들의 교재와 더불어 그 교재를 지도하는 교사를 위한 지도서가 있어야 한다. 지금 다루고 있는 교육의 범위가 아이들을 위한 필수적인 기본 지식을 담고 있는 만큼, 교사를 위한 지침서는 꼭 필요하다. 지도서는 다음과 같은 내용을 담는다. 1) 교육 방법에 대한 지침, 2) 교육과정에서 일어날 수 있는 난제들과 아이들이 제기할 만한 질문들에 올바르게 대처하고 답변하기 위해 갖춰야 할 필수 지식, 3) 아이들에게 정확한 관념을 제공하는 일이기에 중요한, 아이들의 손에 쥐어진 책 속의 몇몇 주요 단어에 관한 정의와 분석. 주요 단어들에 관한 정의가 교과서에 실릴 경우, 교과서 분량이 늘어날 수밖에 없는 데다가, 교과서 읽기를 어렵고 짜증나게 만들 것이기 때문이다. 이렇게 되면 우리가 기껏 단어에 대한 여러 정의 중에서 어느 한 정의를 고른 사실이 무색해지고, 아이들의 호기심을 때로는 자극하고 때로는 풀어주기 위해 들였던 고려도 유명무실해질 것이다. 그러므로 아이들의 첫 읽기 교재에 수반될 교사용 지침서에는 무엇보다도 교과서에 실린 개별 단어들에 관한 설명이 포함되어야 한다.

아이들이 이해할 수 있는 범위 안에서 서술되고, 그들이 언제라도 의지할 수 있는 교재가 없이는 기초 지식들을 가르치는 데에 좋은 어떤 교육 방법도 생겨날 수 없다. 마찬가지로, 아이들의 교과서에는 담을 수 없는 보충적인 내용을 지도할 수 있도록 교사들을 위해 작성된 또 다른 책, 교사들의 지침서가 없이는 어떤 좋은 교육 방법도 있을 수 없다. 게다가 수업 시간 외에 부모가 아이들을 지도해야 할 때나 또는 그들 자신의 교육 방침에 따른 또 다른 자식 지도를 학교 교육과 병행하는 것이 필요할 때, 그 지침서들은 아이들의 부모들에게도 요긴하게 쓰일 것이다.

이 지침서는 교사들에게 두 가지로 쓸모가 있다. 그것은 어떤 이들에게는 결여되어 있을 수도 있는 철학적 정신을 보충해준다. 지침서는 학교 교육과 학교 밖에서의 교육 사이의 차이를 줄여줄 것이다. 마지막으로, 이

지침서 덕에 교사들은 교재의 단순한 설명에 얽매이지 않게 되고, 학생들에게 그들이 공부하는 책 너머의 어떤 것을 알고 있는 듯한 인상을 남기게 됨으로써, 그들로 하여금 교사들에 대하여 더 큰 신뢰를 품게 한다. 그런데 이 신뢰야말로 모든 교육의 성공에 필수적이다. 아이들은 교사로부터 무엇인가를 배우기 전에 우선 교사의 지식을 우러러보아야 할 필요가 있다.

아이들이 이해할 수 없는 단어를 사용해서는 안 되는 이유

아이들의 첫 읽기 교재는 오직 이해하기 쉽고 단순한 구문들로만 채워져야 한다. 아이들은 이러한 구문에 익숙해짐에 따라 그 속에서 통사구조를 발견하게 될 것이다. 또한 그 문장에 쓰이는 단어들은 아이들이 이해할 수 있는 것이어야 하며, 그렇지 않다면 적어도 아주 단순한 보충 설명만으로 이해가 돼야 한다. 그런데 이 점에서는 조금 더 세부적인 논지 전개가 필요하다.

아이들이 이해하는 단어의 뜻과 어른이 이해하는 단어의 뜻은 전혀 다르다. 여기서 형이상학적인 토론을 벌이지는 않겠다. 다만 사람들은 그들의 다양한 지식 수준에 따라 같은 말에 다양한 의미를 부여하고 있다는 사실을 강조하는 것으로 만족하겠다. 예컨대 금이란 단어는 무식자와 식자, 식자와 물리학자, 그리고 물리학자와 화학자 사이에서 저마다 다른 의미를 갖는다. 화학자가 '금'에 관하여 갖고 있는 관념은 다른 이들의 관념에 비해 훨씬 풍부하며, 나아가 그들의 관념과는 본질적으로 다른 것일 수도 있다. 숫양bélier이나 귀리avoine라는 단어의 예를 들어보자. 그 단어들은 농촌 사람과 박물학자 사이에서 저마다 다른 의미를 갖는다. 박물학자는 농촌 사람에 비해 그 단어들에 훨씬 더 자세한 의미를 부여하고 있을 뿐만 아니라, 그가 숫양을 다른 동물들과, 귀리를 다른 식물들과 구분하는 관점도 농촌 사람의 그것과는 전혀 다르다. 박물학자는 농촌

사람과는 다른 말로 그 대상들을 정의한다.

매우 단순한 관념을 나타내는 단어들, 달리 말해보자면 예컨대 수학 용어와 같이 '진정한' 정의가 가능한 단어들만이 이러한 현상으로부터 예외일 수 있다. 예컨대 우리가 '중심'이라 부르는 특정 점으로부터 동일한 거리만큼 떨어져 있는 점들로 이루어진 곡선을 '원'이라고 부른다면, 원의 정의는 원의 그러한 특성만을 알고 있는 아이에게서나, 이제까지 발견된 원의 모든 특성들을 꿰뚫고 있는 기하학자에게서나 같은 것이다. 실제로 다른 모든 특성들이 원의 첫 번째 특성에서 비롯되기 때문이다. 그러나 엄밀하게 말하여 서로 다른 사람들에게 '원'이라는 단어가 불러일으키는 생각들이 본질적으로 같다고는 할 수 없다. 왜냐하면 '원'이란 단어를 내뱉은 이의 정신은 그 단어를 말하면서 '원'의 단순한 정의에 머물렀을 수도 있고, 아니면 동시에 원의 다른 특성들을 고려했을 수도 있기 때문이다. 심지어 그 정신은 오로지 원의 단순 정의에서 벗어난 또 다른 특성들만을 고려했을 수도 있다. 더 나아가, 기본 특성으로 알려진 것으로부터뿐만 아니라 원의 또 다른 특성들로부터도 나머지 모든 특성이 연역될 수 있는 것이기 때문에, 우리는 '원'에 대해 기본 정의 말고도 또 다른 정의를 내릴 수 있다. 이때 어떤 두 사람이 원에 대한 서로 다른 두 정의를 받아들이고 있었다면, 그들은 같은 단어인 '원'을 말하면서도 같은 생각을 하고 있지 않았던 셈이다.

어쨌든 그들은, '금'이나 '숫양', '귀리' 등의 단어를 말하는 사람들끼리 그러한 것처럼, 설령 서로 다른 관념을 갖고 있다고 하더라도 서로 알아 듣는다. 왜 그러한가? 왜냐하면 이들 같은 단어를 통해 표현된 다른 관념들이 구성하는 명제들이 제각각 모두 참이기 때문이다. 예를 들면, 원에 관한 한 진리 명제는 원을 이렇게 정의하는 사람에게나 저렇게 정의하는 사람에게나 똑같이 진리이다. '금'이라는 말을 통해 전연성展延性이 있고, 노란색이며, 아주 무거운 어떤 것을 지칭하는 사람의 말은 화학자가 비록

이 '금'이라는 관념에 또 다른 속성들을 추가하고 있다고 할지라도, '금'이라는 단어가 포함된 그 말이 진리 명제인 한 화학자에게도 이해되는 말이다. 그러나 '금'이라는 말이 포함된 그 명제가 일반인의 관념 속에서는 참이지만 화학자의 더 정확하고 세밀한 관념 속에서는 거짓인 경우에, 그들의 의사소통은 멈출 것이다.

이러한 차이가 수학적 관념을 표현하는 단어들과 실제계의 대상들을 지칭하는 데에 사용되는 단어들 사이에 놓여 있는 차이다. 이러한 관찰을 도덕적 관념들을 표현하는 데에 날마다 사용되는 단어들에 적용해보자. 엄정한 분석에 의해서도, 실제 대상의 성질에 의해서도 분명히 그 의미가 정의되어 있지 않은 단어들을 사용하면서도, 우리는 여전히 서로의 말을 알아듣고 있다. 일단 이러한 원칙들을 살펴본 이상, 이제는 아이들이 교과서에 적힌 단어들을 노련한 철학자가 이해하는 바와 마찬가지로 이해하길 바라는 것이 얼마나 공상적인 주장인지 알 수 있을 것이다. 예컨대 아이들은 대부분의 어른들과 마찬가지로, 문법 용어와 그 용어들이 표현하는 문법적 관계에 대해 매우 얕고 피상적인 지식밖에는 갖고 있지 않지만, 그들이 복합과거 시제 문장과 단순과거 시제의 문장을 읽고 이해하는 데는 아무런 불편이 없다. 그들은 다만, 과거 시제를 프랑스어처럼 다양하게 나누지 않는 다른 언어에 비해 프랑스어가 갖는 이점이 무엇인지, 또한 그러한 구분이 산출하는 미묘한 어조의 차이가 무엇인지 모를 뿐이다. 마찬가지 이유에서, 아이들에게 동물과 식물을 비롯한 이런저런 명사들을 묘사하고 가르칠 때, 그 대상들이 다른 대상들과 갖는 차이가 무엇인지 하나하나 자세히 기술할 필요는 없다.

아이들이 한 단어를 정확하게 사용하게 할 수 있으려면 아이가 알고 있는 범위 안에서 그 단어가 가리키는 대상이 다른 대상과 구분될 수 있는 몇 가지 고유 속성을 가르치는 것으로 충분하다. 만약 단어에 대한 정확한 관념을 익히기 전에는 다음 단어를 가르치지 않는다면, 곧 그 단어가 표현하는 관념에 대한 매우 엄정한 분석 없이는 다음 단어를 가르치지 않는다면 그것은 인간 지성을 절대적으로 파괴한다. 지성은 처음에는 피상적이고 부분적인 관념들로부터 시작되어야 하며, 경험과 분석을 통해 언제나 조금씩 더 정확하고 온전한 관념으로 나아가야 한다. 그런데 이 과정에는 끝이 있을 수 없다.

그렇기 때문에 우리는 아이들이 그들의 수준에서 표현하는 단어들을 아이들의 이해 수준을 고려하여 받아들여야 하며, 또한 그 관념이 비록 우리의 관념과 완전히 일치하지는 못할지라도 적어도 모순되지는 않도록 교육해야 한다. 아이들은 두 동의어의 공통점만을 인지할 뿐 차이점을 알아채지 못하는 사람들과도 같다. 이 점을 주의한다면, 학생들은 진정한 교육을 받게 될 것이며, 우리는 아이들에게 그들 지성의 한계 탓이긴 하나, 불완전하고 확실치 않은 관념을 가르치게 될 것이다. 그러나 불완전하고 확실치 않은 관념을 가르칠지언정 결코 잘못된 관념을 가르치는 것은 아니다. 이와 다르게는 아이들과 대화하며 성인의 언어를 사용하는 것이 불가능하다. 또한 유아기에는 유아기에 특정한, 덜 발달한 조음 기관에 알맞은 아이의 말을 사용하기 때문에, 아이들의 지성에 알맞은 별도의 언어를 도입해야만 한다.

그러고 나서, 아이가 스스로 어떤 감정에 관한 관념을 갖고 있기만 하다면, 우리는 아직 아이가 이해할 수 없는 그 감정의 뉘앙스와 정도를 표현하는 단어들을 아이들 대상의 교재에 사용할 수도 있다. 또한 일단 어떤 단어가 표현하는 주된 관념이 아이들의 이해 능력 안에서 포착되고 나면, 추가적으로 우리가 그 단어에 일상 언어가 덧붙이는 부차적인 관념들을 아이들에게 설명할 필요는 없다. 언어들은 철학자들의 작품이 아니다. 철학자들은 자신의 작품 속에서 엄밀하게 정의된 하나의 단어를 통해 다른 무수한 말들이 다양한 그 관념의 변이들을 나열할 수 있는 상식적이고 간단한 관념을 표현하려 하지 않았다. 또한 언어들이 이러한 철학의 완성도를 따라가길 기대하는 것도 불가능하다. 왜냐하면 단어들은 관념에 따라 관념의 형성 이후에 그리고 그 관념을 표현해야 할 필요성에 의해 형성되는 것이며, 언어의 발달에는 필수적으로 정신의 발달이 선행되기 때문이다. 게다가 비록 아이들에게 여전히 그 분석은 불완전한 것일 수밖에 없을지언정, 그들에게 가르치고자 하는 물질적 대상이나 도덕적 관념들에 대해 되도록 정확한 분석을 제공해야만 한다고 하더라도, 우리는 아이들과 의사소통하기 위해 불가피하게 사용해야만 하는 아이들의 유치한 말들을 그 분석에 들이는 것과 같은 정도로 신경을 써서 분석할 수는 없다.

아이들에게나 우리에게나 단어들을 이해하는 두 가지 방식이 있다. 하나는 상식적인 단어들에 대한 더 모호한 이해 방식이며, 다른 하나는 조금 더 정교한 사유를 표현하는 단어들에 대한 더 정확한 이해 방식이다. 인간 정신이 점차 완성되어감에 따라 우리는 첫 번째 방식으로 이해된 단어들을 점점 덜 사용하게 되겠지만, 그래도 결코 그 단어들이 언어에서 완전히 사라지는 일은 없다. 마찬가지로, 교육의 장 안에서 우리는 첫 번째 방식으로 이해되는 단어들을 점차 줄여나가야만 하겠지만, 결코 그것 없이 교육이 이루어질 수 있다고 주장해서는 안 된다.

### 전문용어의 사용을 꺼리지 말자

또한 우리는 아이들의 교재에 그 교재가 다루고 있는 물리적·정신적 대상들에 관하여 일반적으로 사용되는 전문용어와 비전문용어 사이의 선택이 문제가 될 경우, 되도록 전문용어를 수록해야 한다고 본다. 전문용어는 학술용어로서 언제나 일상 언어보다 정교하게 만들어져 있다. 전문용어의 사용으로 인해, 덜 암묵적인 규약에 의해 더욱더 감각적으로 변화가 일어난다. 전문용어는 일반적으로 더욱더 정교한 관념을 표현하고, 더 실제적으로 엄밀히 구분된 대상들을 가리키며, 잘 짜인 관념에 대응한다. 이들 전문용어는 분석 작업의 결과이다. 순수하게 문학적인 작품 속에서 전문용어들이 배제되곤 하는 이유는 학문에 대한 열정이 독자의 섬세함에 또는 자존심에 상처를 입히기 때문일 것이다. 문학 작품들이 본래 의도했던 것보다도 더 많은 모호성을 갖게 되는 것은 이런 이유에서다.

### 2학년 과정

2학년 과정의 읽기 교재에도 도덕적인 이야기들이 담길 것이다. 하지만 이때 우리가 학생들의 주의를 집중시키고자 하는 자연적 감정은 이전보다 한층 더 깊이 반성된 감정이다. 예컨대 동정심이 싹트는 것을 겨냥하였던 교육이 이젠 선행과 배려를 향하고, 감사하는 마음 자체를 겨냥하였던 교육은 이젠 그 마음을 표현하는 즐거움을 향한다. 이 시기의 교육 목표는 또한, 자기의 감정을 돌아보는 법을 익힌 아이들이 자신의 깨달음을 통해 스스로 최초의 도덕관념들을 빚어낼 수 있도록 지도하는 것이다. 교사용 지도 지침서는 이때 아이들의 성장을 도울 방법을 제시한다. 아이들이 스스로 이끌어낸 도덕관념은 교사의 짧은 분석을 통해 그들의 정신 속에 정착될 것이다. 이름 없이 태어난 도덕관념에 비로소 '도덕관념'이란 이름이 붙게 되고, 그리하여 사후적으로 그 정체가 드러나게 되는 것은 바로 이때이다.

### 윤리학의 언어에 관한 성찰

우리네 윤리학이 완전치 못하다면, 그 책임은 상당 부분 우리가 도덕적 지식을 전달하면서 어쩔 수 없이 철학적 의미와 일상적 의미가 뒤섞인 단어들을 사용할 수밖에 없다는 사실에 있다. 사실, 일상적 의미 속에서 모호하게 남아 있는 것들이 철학적으로 정교해진 의미에 손상을 입히지 않도록 두 의미를 매우 단호한 방식으로 분리시키는 것이 가능하다. 그러나 단어들을 사용하는 대부분의 화자는 그 단어들의 철학적 의미를 미처 배우기 훨씬 이전부터 해당 단어들을 일상적인 의미로 사용해왔다. 많은 윤리학 저서들에서 사람들은 엄격한 분석의 도움을 받아 그 일상적 의미들을 완벽하게 다듬으려는 대신에, 또 그럼으로써 철학적 언어가 요구하는 개념의 엄밀함을 도덕과 관련된 단어들에 부여하려는 대신에 거의 언제나라고 해도 좋을 정도로 추상적인 정의définition에 머무른다.

교육의 장에서는 그와는 다른 방법을 따라야 한다. 교육은 학생들로 하여금, 심지어 일상적 표현 속에서 그 단어들을 사용할 때에도, 단어의 철학적 의미가 갖는 엄정성과 정확성을 갖고 도덕과 관련된 단어를 사용하도록 만들어야 한다. 한 사람의 성인과 한 사람의 철학자가 같은 언어를 사용하지만 다른 관념을 품고 있는, 나아가 다른 견해를 갖고 있는 두 분리된 존재가 되어서는 안 된다. 그렇지 못하다면, 단지 방법적으로 날카로워진 이성의 다른 이름일 뿐인 '철학'은 영영 대중적으로 통용되지 못할 것 아닌가? 그러므로 모든 윤리학 수업에서 우리는 단어들에 대한 정의를 대신하여 분석을 제시하려는 노력을 기울여야 하고, 학생들로 하여금 스스로 어떤 도덕관념을 받아들이고, 분석하고, 관념의 윤곽을 그려내도록 강제해야 하며, 그럼으로써 관념이 그들의 정신 안에 정착하기 전에는 그 관념을 명명하는 일이 없도록 주의해야 한다. 그러한 교육을 통해서야 비로소 오직 사유의 엄정성 여부에 달려 있는 '올바름'이 정신을 갈고닦은 이들의 배타적 소유로부터 벗어나 참으로 일반적인 것이 된다. 또한 바로 그러할 때가 대중적으로 널리 퍼진 이성이 만국 공통의 자산으로 우뚝 서는 때라 하겠다. 도덕관념들에 뿌리를 두고 있는 그 '올바름'이 바로 서고 나면, 우리는 인간 정신에 치욕적인 것인 저 모순, 다시 말해 한편으로는 자연의 비밀을 꿰뚫고 하늘 속에 숨겨진 진리를 찾는 명민함을 가지고 있으면서도, 다른 한편으로는 우리 자신과 우리 자신의 가장 소중한 것들에 대하여 거친 무지를 보여주고 있는 그 모순이 사라지는 것을 보게 된다.

### 교육과정의 일부를 이루어야 할 또 다른 대상들

우리는 다시 한 번 이미 1학년 과정에서도 제시되었던 물질적 대상들에 관한 기술을 반복할 것이다. 하지만 이번에는 1학년 과정에서는 다루지 못했던 그 대상들의 또 다른 부차적 특성들에 관해 상세한 설명이 덧붙여질 것이다. 예컨대 그 대상들의 역사나 대상들의 가장 일반적인 혹은 가장 유용한 활용 방식에 관한 설명이 그것이다. 또한 새로운 대상들이 추가된다고 하더라도, 그 대상들을 선택하는 데에서 그것들이 아이들의 눈높이에 맞는 것, 아이들이 이해할 수 있는 것이어야 한다는 원칙에는 변함이 없다. 또한 이런 식의 기술들이 하나둘씩 모여, 그대로 아이들의 조국에 관한 자연사의 일부를 이룰 수 있도록 해야 한다.

이 과정에서 교육되는 산수 법칙은 사칙 연산으로 충분하다. 모든 분야에 대해 수학적 관점을 도입할 수 있는 지혜만 있다면, 사칙 연산의 법칙만으로도 충분히 모든 계산을 할 수 있기 때문이다.

### 교육의 방법은 교육의 진행에 따른 당면 과제에 맞춰 바뀌어야 한다

우리는 교육의 방법이 학생들에게 무엇을 교육하느냐에 따라 바뀌어야 한다고 생각한다. 어떤 학문 전체를 통째로 가르치려 하든 아니면 학생들이 스스로 공부를 계속할 수 있도록 그 기초를 가르치려 하든, 그들에게 가르치고자 하는 학문 방법론의 훈련에 지나치게 많은 시간을 소비하여 교육의 첫걸음에서 멈춰버린다면 그것은 쓸모없다. 사실, 어떤 학문에 따라붙는 특정 관념들에 익숙해지는 것, 그 학문 방법론을 실행하는 데에 익숙해지는 것, 숙련된 자세를 견지하면서도 결코 그 학문의 원칙을 잊지 않는 것, 그리고 그 원칙들을 새로운 질문들에 적용하는 것 등은 해당 학문을 갈고닦기 위해 오랜 시간을 들이면 자연스럽게 따라붙는 능력들이다. 그러므로 지나치게 수업을 빠르게 진행하지만 않는다면, 또 학생들의 지력이나 기억력의 한계를 넘어서려 하지만 않는다면 우리는 오히려 진도를 서둘러야만 한다. 우리는 진도를 나가야 하고, 행여 진리를 향해 학생들을 너무 느리게 이끌고 나아가지나 않을까, 그럼으로써 더 이상 참신한 매력을 갖지 못하는 관념들에 대한 사유로 학생들을 짓누르거나 않을까 하는 걱정을 해야 한다. 이는 학생들에게서 갓 태어난 열의를 식혀버리는 꼴이 될 것이기 때문이다. 그러나 만약 어떤 지식이 실생활의 몇몇 국면들에서 유용성을 갖도록 하겠다는 관점 아래 교육이 이루어진다면, 학생들의 정신이 그 지식에 관련된 관념들과 그 적용 방식에 익숙해지도록 만드는 것은 아무리 반복되어도 지나치지 않다. 그렇게 하지 않는다면 학생들은 금세 그 앎의 원칙들, 나아가 적용 방식을 잊고 만다. 또한 마지막으로, 우리가 어떤 직업의 기초가 되는 지식을 가르치고자 한다면, 학생들을 실기 교육에만 머무르게 하는 것은 소용이 없다. 왜냐하면 그들이 나중에 실제로 직업을 얻었을 때, 직업 활동 스스로가 그 실기에 필수적인 기술들을 유지하고 향상시킬 것이기 때문이다.

그런데 우리가 그 실기를 발전 없는 진부한 것으로 만들고자 하는 것이 아니라면, 우리는 교육과정에서 해당 분야의 이론적 원칙들을 특별히 강조해두어야 한다. 그러한 강조가 없다면, 이론들은 곧 잊힐 위험에 놓일 것이다. 사회인들을 그들이 받은 교육을 염두에 두고 관찰해본 사람이라면 누구나 다음과 같은 사실을 깨닫고 놀라워한 경험이 있을 것이다. 몇몇 사람들은 그들 청춘의 상당히 큰 비중을 차지했던 교육으로부터 거의 어떤 관념도 보존하지 못하고 있거나, 매우 희미한 기억만을 갖고 있으며, 또는 기껏해야 몇몇 학문에 대한 아주 기초적인 지식만을 떠올릴 수 있을 뿐이다. 하지만 그들은 먼 옛날 학창 시절에 그 나이의 학생들이 거둘 수 있는 눈부신 성공을 거두기도 했던 것이다. 또 몇몇 사람들은 근본적으로 특정 학문에 기반을 두고 있는 직업군에 속해 있으면서도 그 학문의 원칙들을 잊고, 더 이상은 학문 발전을 따라갈 수 없는 지경에 이르렀다. 어쨌든 그들은 그 원칙들로부터 실용적인 결과물을 취했고, 학문의 발전은 그들이 자신의 직업에서 거둔 성공에 유용했으며, 나아가 필수적이기도 했는데도 말이다. 어쨌든 그들 교육의 근간에는 이들 학문이 있었으며, 그들은 자기 삶의 상당한 부분을 그 지식을 습득하기 위한 고통스러운 공부로 소비했다.

지금 우리가 주장하는 교육의 목적은 학생들에게 그들의 공적 삶에 필요한 지식들을 전수하는 것이다.

그러므로 아이들에게 산수를 가르칠 때에 우리는 산술이 요청하는 갖가지 연산의 이유들에 대해 충분히 강조해야 하며, 그들이 그 연산에 익숙해질 수 있도록 끊임없이 반복하게 해야 한다. 무엇보다도 산술에 익숙해지는 것이 곧 산수의 원리에 대한 이해로부터 멀어지는 것이 되어서는 안 되기 때문에, 우리는 산수 교육을 아주 작은 숫자들을 갖고 실행해야 한다. 왜냐하면 너무 큰 숫자를 사용할 경우, 아이들의 주의력은 연산 과정을 따라가는 데에, 그리고 연산을 함과 동시에 그 원리들을 관찰하는 데에 이르지 못할 것이기 때문이다. 우리는 2학년 교육을 기하학에 대한 기초적 개념들을 제시하는 것으로 마친다.


### 3학년 과정

3학년 과정에서 우리는 아이들이 그들 나름대로 빚어낸 도덕관념들을 갖추고 있음을 보게 된다. 아이들에게 읽혀야 할 이야기에는 정교하게 분석된 올바른 관념을 표현하는 단어들이 사용될 것이며, 이제 그 이야기의 목적은 아이들로 하여금 관념의 폭을 넓히고 정확성을 높이는 것, 그러한 단어들의 수를 늘리는 것이 되어야 한다. 이러한 이야기를 통해 아이들이 도덕으로부터 추출되는 교훈들을 이해할 수 있도록, 나아가 아이들 스스로가 그러한 교훈들을 만들어낼 수 있도록 말이다.

우리가 무엇인가를 가르치거나 보여주려는 누군가가 이미 스스로의 지력과 약간의 집중력을 이용하는 것만으로도 그 무엇을 찾아낼 수 있는 수준에 도달해 있지 않다면, 그에게 모종의 진리를 가르치거나 입증하는 일은 그 어떤 경우에도 불가능하다. 교육이라는 것은 단지 스승들을 이끌었던 실(줄)을 제시하는 것, 그러므로 그들이 걸어왔던 도정을 보여주는 것일 뿐이며, 필연적으로 스승들이 했던 추론을 반복하거나, 혹은 그렇지 않고도 다른 방법을 통해 스승 못지않게 성공적으로 같은 결과에 도달하는 주체는 학생 자신이다. 학생들에게 읽힐 이야기들 속에 명시적으로는 표명되어 있지 않지만, 학생들 스스로가 발견한 결과물인, 도덕으로부터 이끌어낸 최초의 교훈들은 곧이어 교사에 의해 다듬어져 더 완벽한 것이 될 것이다. 교사는 보이지 않게 학생들을 지도할 뿐이며, 학생들은 스스로의 발견물을 단지 정리하고 다듬을 뿐이다. 이러한 교육 방식은 아마도 수학적 지식을 가르칠 때에는 '교육은 인간 정신의 자연적 진보'에 맞춰 가야 한다는 원칙의 지나친 강조에 불과할 것이며, 도리어 학생들의 발전을 늦추는 결과만을 초래할 것이다. 그러나 도덕 교육에서는 이러한 교육 방식이 필수적이다. 왜냐하면 도덕관념이란 감각적 대상들에 대한 관찰에 의해서도, 추상 개념들의 정밀한 결합으로도 형성되지 않으며, 다만 (적어도 첫 도덕관념들에서만큼은) 자기 자신의 내밀한 감정에 관한 개개인의 성찰에 의해 형성되기 때문이다.

우리는 계속해서 자연사에 관한 지식을 전수하고, 같은 목적을 지향할 것이며, 또 순수하게 기술적descriptive 부분을 남김없이 고찰하도록 애쓸 것이다. 우리는 산수 교육을 통해 학생들의 지성을 훈련시킬 것이다. 여기에는 단지 주어진 예시에 대해 해당 규칙들을 적용하도록 하는 것뿐만 아니라, 학생들 스스로 풀어낼 연습 문제를 제공하는 것이 포함된다. 그 문제들은 우선 학생들이 배운 규칙들 중 한 가지를 적용하면 풀리는 문제를 내야 하고, 그다음으로는 규칙들 중 동시에 여러 가지를 적용해야 풀리는 문제를 내야 한다.

기하학 개념들을 통해 아이들은 측량 기술을 익힌다. 우리는 아이들이 실제 측량에 사용되는 가장 간편하고 단순화된 방법이 아니라, 정석적인 방법을 통해 땅을 측량할 수 있도록 교육한다. 오래도록 측량을 해보지 않더라도 필요할 때가 되었을 때 그들 스스로 측량을 하는 데에 지장이 없도록 측량의 원리들은 차마 잊기 어려울 만큼 충분히 교육되어야한다. 아이들은 실제 땅 위에서 측량 연습을 할 것이다. 또한 그들은 자와 컴퍼스를 이용해서든 아니면 손으로 그리든 그 땅의 도면을 그리는 연습을 한다. 이러한 연습을 통해 아이들은 일반인이 한평생 활용하기에 충분한 데생dessin 기술을 연마할 것인데, 일반적으로 우리에게 필요한 데생 실력은 도면을 그릴 줄 알고, 사물들을 거칠게 묘사할 줄 아는 정도로 충분하기 때문이다.

### 4학년 과정

4학년 과정에서 아이들은 도덕 원칙들에 관한 설명을 직접 듣게 된다. 또한 우리는 그들이 아주 모호한 관념밖에 가질 수 없는 몇몇 관계에 관한 교육, 예컨대 아내에 대한 남편의 관계, 아이들에 대한 아버지의 관계, 사인私人에 대한 공무원의 관계에 관한 교육을 제외하고 그들 삶의 모든 행동들을 점검하는 데에 충분한 도덕규범을 가르친다. 물론 우리가 일단은 미뤄둬야 할 것으로 상정한 일부 가르침들 속에 인간의 자연적 권리에 관한 지식이나 사회 질서가 모든 시민들에게 부과하는 단순하고도 일반적인 의무들에 관한 지식이 빠져 있다고 사람들은 생각할 것이다. 그러나 이들 권리와 의무에 관한 기본 법칙은 우리의 의심과는 달리, 모든 나이대의 사람들이 이해할 수 있는 법칙들이다. 다만 우리는 특정 종파가 갖고 있는 종교적 견해들과의 모든 관계로부터 도덕을 조심스럽게 분리시켜야 하는데, 그렇지 않을 경우 사상의 자유와는 어긋나게도 해당 종파의 종교적 관점에 우선권을 부여해야 할 것이기 때문이다. 자식에게 종교적 관점을 가르칠 권리를 가진 자들은 오직 부모뿐이다. 아니, 더 정확하게 말하자면 부모가 그렇게 하겠다는 것을 사회가 막아설 권리가 없다. 어쩌면 이러한 권리를 행사하는 부모들에게는 엄격한 도덕에 수반되는 법칙들이 결여되어 있을 수도 있으며, 그들의 굳은 신앙심이 아직 그 신앙심을 판단할 수 있는 상태가 아닌 타인에게 그 신앙을 전수하겠다는 무모함에 대한 변명이 될 수는 없을지도 모르겠다. 어쨌든 아동의 권리에 대한 직접적 침해의 경우에는 사회의 법이 앞장서서 그들 유년기를 보호하고, 아버지의 권위로부터 아이들을 지켜주어야 할 테지만, 부모의 종교 교육은 모든 인간에게 공통적이며 모든 인간에게 자연적으로 주어진 '인간의 권리'에 대한 직접적 침해에 속하지 않는다.

또한 도덕 교육을 종교적 일반 관념들에 연결시켜서도 안 된다. 오늘날 어떤 식자가 감히, 인간의 의무를 규정짓는 원칙들이 종교적 관념들과는 독립적인 진리를 가질 수 없다고 말하거나, 인간은 그들 자신의 마음으로부터는 그 원칙들을 다룰 동기를 발견할 수 없다는 말을 할 수 있겠는가? 세상에는 오로지 단 하나의 종교적 관점만이 있을 뿐이고, 공정한 정신이라면 그 관점 속에서 해소되지 않는 어떤 반대 의견도 찾아낼 수 없을 것이라고 감히 주장할 수 있겠는가? 어째서 영원하고 반박될 수 없는 진리에 기반을 둔 의무들이 저 불확실한 믿음에 기대야만 하는가? 그리고 왜 사람들은 그러한 의견이야말로 반종교적인 것이라고 이야기하지 않는가! 그와는 반대로, 다음과 같이 종교적 발언을 제한할 때에야말로, 종교에 대한 존경심이 정점에 달할 것이다.

"여러분은 이성이 여러분에게 부과하는 의무들에 대해 알고 있습니다. 본성은 여러분이 그 의무들을 따르길 요구하고, 행복은 여러분에게 그 의무들을 권유하며, 심지어는 여러분의 심장도 자신의 조용한 정념 속에서 그 의무들을 사랑하고 있습니다. 좋습니다, 그런데 저는 여러분이 그 의무들을 따르기 위한 새로운 동기들을 제안합니다. 저는 의무가 여러분에게 약속하는 행복에 그 행복보다 조금 더 순수한 행복을 더하러 왔습니다. 그것은 의무가 종종 여러분에게 요구하는 희생들에 대한 보상입니다. 저는 여러분에게 새로운 멍에를 씌우려는 것이 아니라, 자연이 여러분에게 씌운 멍에를 조금 더 가볍게 만들고자 하는 것입니다. 저는 어떤 것도 지시하지 않으며, 단지 격려하고 위로할 뿐입니다."

첫 단계의 교육만을 받을 수 있고, 그 과정이 끝나면 집안일에 매달려야 할 학생들은 공부하는 데에 더 이상의 시간을 할애할 수 없겠고, 따라서 인간의 자연적이고 정치적인 권리들, 공적 의무들, 그리고 헌법과 실정법에 관한 지식을 익히는 데까지 공부를 계속해나갈 수도 없겠다. 이 단계에서 우리는 그런 학생들을 위해 가능한 한 그들이 이해할 수 있는 최선의 범위 내에서 그들의 권리가 무엇인지에 대한 가장 간단한 설명을 제시해야 한다. 학생들은 자신의 권리가 무엇인지 이해한 뒤, 그로부터 그들의 의무가 무엇인지에 대한 이해를 연역할 수 있다. 그들의 의무란 그들 스스로에게 속한다고 여겨지는 것과 똑같은 권리들을 타인도 마찬가지로 갖고 있음을 존중하는 데에 있다. 우리는 여기에 덧붙여 그들을 보호하는 데에 필수적인 사회 조직과 권력의 본성에 관한 가장 단순한 개념들을 설명한다. 그러나 이 이상의 정치 교육은 성인들을 위한 정치 교육과 혼동될 수 있다. 비록 첫 교육과정에 포함되는 단순한 내용과 설명들이라 할지라도, 그것들을 계속해서 반복하고, 떠올리게 하고, 복습하게 하는 것이 더 간단한 방법일 것이다.

4학년 과정에서 우리는 조국의 자연사에 관한 더욱 심화된 내용을 가르친다. 그 대부분은 이미 지난 과정에서 개략적으로 다룬 내용의 심화이다. 우리는 이 자연사 지식에 학생들 자신의 농업 지식과 가장 일반적인 기술들에 관한 지식을 적용시킨다. 학생들은 더욱 완벽한 측량 기술을 갖게 될 것이며, 이러한 공부는 그들이 논리적인 사고 습관을 기르는 데에 많은 도움이 된다. 마지막으로, 4학년 과정은 역학力學과 관련된 개념들을 설명하는 것으로 마무리된다. 우리는 학생들에게 가장 단순한 기계장치들의 작동 원리mécanique, 물리학의 몇몇 법칙들에 관한 기본 지식, 그리고 세계의 전반적 구조에 관한 추상적인 도식을 전수할 것이다.

## 교육의 목표는 학생들이 오류에 빠지지 않게끔 하는 것이다

여기서의 목표는 학생들에게 진리를 전달하는 것보다도 그들을 오류로부터 보호하는 것이다. 사실 교육의 가장 큰 장점 중 하나는 협잡꾼들에 대한 몽상과 열광 때문에 빠져들 수 있는 잘못된 관점으로부터 사람들을 보호하는 데에 있다. 협잡꾼들의 객설 중에는 몇몇 나라들을 홀린 것들도 있거니와 가끔은 인류의 대부분을 홀리기까지 했다. 이 중에서 물리학적으로 매우 조잡한 오류들에 근거하지 않은 주장이란 거의 하나도 찾아볼 수 없다. 심지어 때로는 바로 그런 조잡한 오류들에 능수능란하게 기댐으로써 자신들의 기이한 학설을 유포시키는 데에 성공한 사람들도 있다. 뜨거운 상상력의 일탈은 상상력이 무지와 결합되어 있는 자들을 제외하면 어느 누구도 위험한 계획들이나 헛된 희망들로 이끄는 일이 없다. 기이한 환상들을 실현시키고자 하는 이 수동적 상상력은 계획하고 창조하는 적극적 상상력과는 판이하게 다른 것이다. 그 가장 큰 원인은 정확한 관념의 결여에 있으며, 또한 모호하고 혼란스러운 관념이 지나치게 풍부한 데에 있다.

## 교육 방법에 관한 성찰

우리는 아이들이 많은 것을 외우도록 하지 않는다. 단지 그들이 역사를 이해하고, 방금 읽은 묘사들을 이해하고, 자신이 쓴 단어의 의미를 이해하고, 그럼으로써 관념을 받아들이는 법을 배울 수 있게끔 한다. 이러한 교육 방법이 단어들을 단순히 반복하는 것보다 더 낫다. 아이들은 또한, 배운 것과 달리 표현할 경우 의미가 변질되는 표현들, 그러므로 기억 속에 원형 그대로 엄격히 보존해야 하는 표현들을 구분하는 법을 익혀야 한다. 이러한 방법의 장점은 설령 학생들의 기억력이 상대적으로 약하다 할지라도, 그들이 공부에 들이는 노고가 결코 무의미한 일이 되지는 않는 다는 데 있다. 다른 방법을 따른다면, 설령 상대적으로 뛰어난 기억력을 지녔다고 할지라도, 정확하게 기억하고자 하는 그들의 노고는 자연을 거 스르는 무의미한 일이 될 수도 있다.

첫 단계 교육에 관한 대강의 도식을 검토하면서, 우리는 가장 중요한 지식들을 전수하고, 정확한 관념들을 가르치며 지성을 단련하고, 기억력 과 추론 능력을 훈련시키는 삼중의 이점을 보여줄 수 있길 바랐다. 요컨 대 우리는 더 포괄적이고, 더 완벽한 교육을 제시하고 있다. 자연적으로 주어진 능력들을 발전시키고, 강화하고, 완성시킨다는 교육의 가장 큰 목 표를 달성하기 위해, 우리는 학생들의 일생에 걸쳐 일상적 유용성을 가질 만한 내용들을 교육 소재로 삼는다. 첫 단계 교육만으로도 대부분의 시 민들에게 충분할 수 있도록 교육 계획을 짜면서도 이 공부가 더 심화된 공부의 기초가 될 수 있도록, 이번 교육과정을 이수하기 위해 들이는 시 간이 결코 다음 과정에서 무익한 것이 되지 않도록 고려했다.

앞서 제안했듯이, 읽기와 쓰기를 결합하고, 기초적 도덕관념을 재미있 는 이야기 속에 담아 제시하고, 기하학 공부를 때로는 도형 그리기의 재 미와 때로는 토지 측량의 재미와 결합하고, 자연사 교육에서는 아이들이 평소에 관찰 가능하며, 즐겁게 검토해볼 수 있는 대상들만을 교육 범위 안에 둠으로써, 우리는 교육이란 것을 더욱 용이하게 만들 수 있다. 그러 한 교육은 지루함을 덜어낼 것이고, 아이들의 본성적 호기심은 학습의 진 전에 충분한 자극이 된다. 우리가 가르치고자 하는 지식이 어떤 점에서 유용할지 아이들에게 이해시켜야만 한다는 생각이 얼마나 부조리한지 우 리는 안다. 해당 지식이 어째서 유용한지 알 수 없는 것들을 배우는 일에 사람들은 종종 지루함을 느낀다지만, 많은 경우에 그 지루함의 원인이 아직 알지 못하는 것의 유용성을 미리 아는 것은 불가능하다는 데 놓여 있기 때문이다. 그러나 호기심은 아이들의 신선하고 가녀린 정신으로부터 우리가 떨어뜨려놓아야만 하는 저 부자연스러운 감정들에 속하지 않는다. 호기심은 공명심보다도 더 큰 위대한 노력과 위대한 발견의 동기이다. 그러므로 인간의 무지를 영속화시키는 데에 열중하고 있는 위선자들뿐만 아니라 행복을 초탈에서, 덕성을 궁핍에서 찾고 있는 가짜 철학자들이 종종 제안한 것처럼 아이들에게서 호기심을 꺼뜨릴 방법을 찾는 데에 골몰할 것이 아니라 오히려 그 반대로 해야 한다.

우리는 대부분의 경우 이 첫 단계의 교육만을 받고 공부를 그만둘 저 학생들의 가슴속에 '호기심'이란 감정을 불러일으키기 위해 모든 노력을 다해야 한다. 특히나 '호기심'이란 원동력을 박탈당한, 지식이 적고, 바라는 것이 한정되어 있으며, 좁은 안목으로 단조로운 생활을 보내는 이들은 어리석음이란 혼수상태에 빠지게 될 것이란 점에서 더욱 그러하다. 올바른 지도가 이루어진 교육이라면 배우는 일은 본성적으로 즐거움과 결부된다. 사실 배움이란 곧 지적 능력의 발전이다. 이 발전은 우리의 능력을 드높이고, 그리하여 결과적으로 우리가 행복으로 나아갈 방편의 수를 늘려주게 되며, 이로부터 반성적 쾌락이란 결과가 도출된다. 이 즐거움에는 또한, 우리를 위협하는 악들로부터 스스로를 보호할 준비가 덜 되었다는 막연한 두려움과 스스로의 무지에 대한 자의식에 수반되는 불안과 같은 고통스러운 감정으로부터 우리가 해방되었다는 기쁨이 결합된다.

아이들이 다른 어디에서보다 더욱 크게 공부에 대한 격려를 받아야 하는 곳은 가정이다. 아이들은 그들 부모가 바라는 대로 자랄 것이다. 부모로부터 칭찬받고 싶고, 사랑받고 싶다는 욕망이야말로 아이들의 제일가는 정념이다. 이 방법 이외에 다른 방법으로 공부를 장려하려 하거나 또는 공부의 매력을 일깨우고자 한다면 그것은 자연을 거스르는 일이다.

### 공교육의 두 번째 단계

두 번째 단계의 교육을 위한 학교 건물은 오직 일정한 지역의 중심지에만 건립될 수 있다. 예컨대, 두 번째 단계의 교육을 위한 학교는 각 군청 소재지마다 하나씩 건립된다.

### 교육을 두 부분으로 분할하기

이 단계에서 교육은 반드시 두 부분으로 분할되어야 한다. 한편으로는, 학생들이 첫 단계에서 받은 교육의 연장선상에서 실시되는 4년간의 수업이 있어야 한다. 이를 위해서는 두 명이나 네 명의 교사가 필요하다. 한 교사가 4과목으로 나뉜 수업 중 한 과목을 4년 줄곧 책임질 수 있어야 하기 때문이다. 다른 한편으로는 특정 학문들의 더 심화된 내용과 더 넓은 범위의 내용을 가르치는 수업이 이루어져야 한다. 이 수업의 기간이 1년이 걸리든 2년이 걸리든, 우리는 학생들에게 그 모든 진도를 4년 동안 완성하게 하거나 혹은 그들이 모든 진도를 1년에 걸쳐 배우고 나머지 기간 동안 여러 번 반복하게끔 만들 것이다.

### 각 학생들의 재능에 맞는 교육 추구라는 견지에서 볼 때 이러한 분할이 갖는 유용성

이렇게 하면, 모든 학생들은 그들 모두에게 충분한 공통 교육을 우선 받게 된다. 이 교육은 가장 범용한 지성을 갖고 있는 학생들의 이해력의 한계 안에서 이루어질 것이다. 다른 한편으로는 더 훌륭한 자질을 갖고 있는 젊은이들이 특별 수업을 통해서 그들의 재능에 비례하고 취향에 맞는 교육을 받는다. 실제로 특정 학문에 대한 거의 배타적인 재능을 갖고 있되, 다른 것들에 대해서는 적응력이 떨어지는 학생들이 있더라도 그들이 우리가 필수적인 지식이라고 간주하는 기초 지식들을 배우지 않는 일은 없을 것이다. 다른 한편으로는 거의 멍청함에 가까운 우둔함을 보이는 학생들일지라도 그들의 영혼과 공감하는 대상들을 공부함으로써 각성하여, 만약 이러한 선별 기제가 없었을 경우 여전히 무감각 속에 잠들어 있었을 몇몇 재능들을 발전시키게 될 것이다. 물론 우리는 습득하는 것이 유용한 지식들을 향하여 교육을 이끌어야 하지만, 개별 학생들이 갖고 있는 재능들을 자극하기 위하여, 그들의 본성이 이끌리고 있는 특정 대상들을 선별하는 일도 만만치 않게 중요하다. 이러한 두 축이 함께 고려되지 않는 교육이란 불완전한 것이다.

### 공통 교육의 교육 소재

공통 교육의 소재는 우선 수학, 자연사, 물리학에 관한 기초 지식이어야 하겠고 우리 일상생활에서 유용하게 쓰일 수 있는 것이어야만 한다. 다음으로 우리는 정치학의 기초를 가르칠 것이다. 학생들은 프랑스 헌법에 관하여 공부할 것이며, 이를 통해 프랑스를 지배하는 주요한 법들에 관해 배운다. 문법과 형이상학의 기본 개념, 논리학의 기초 원리, 자기 생각을 표현하는 기술, 그리고 역사와 지리 지식의 일부도 교육할 수 있다. 우리는 다시금 도덕규약에 관한 수업으로 돌아와 그 원칙들을 심화 및 보완할 것이나, 특히 의무의 원칙에 관하여 강조하는 데에 공을 들인다. 그러한 내용은 이 전 단계인 유년기의 능력으로는 이해할 수 없었겠고 그때 가르쳤다면 그들의 성장에 도움이 안 되었을 내용이다. 우리는 이 교육을 이미 우리가 밝혔던 것과 같은 방식으로 실행한다. 그러나 이 교육을 더욱 적절한 것으로 경험적인 지식을 더하여 발전시킬 수 있는 사람이 있다면, 우리는 마땅히 그가 준비한 것들을 실행할 수 있도록 배려할 것이다. 누가 어떤 교육을 마쳤더라도 당장은 공무를 맡을 만한 능력을 갖추기 어렵다. 다만 교육을 받은 사람이라면, 우선 그러한 지식 없이는 어떤 직책도 맡을 수 없는 일반적인 지식들을 배운 사람이라면, 그는 갖가지 직업이 요구하는 지식들을 용이하게 습득할 수 있어야 한다.

#### 여러 학문의 교육

교육해야만 하는 개별 학문들에 관한 이야기는 일단 다음과 같은 수업을 맡아볼 네 명의 교사를 열거하는 것으로 만족하겠다. 1) 윤리학과 정치학, 2) 관찰과 실험에 기반을 두고 있는 물리학, 3) 수학과 계산 위에 기초하고 있는 일부 물리학, 4) 마지막으로 역사와 정치지리학. 우리는 문법과 자기 생각을 표현하는 기술을 지도하는 교사에게 역사와 정치지리 교육을 부탁할 수 있다. 우리는 이러한 교육들에 대한 상세로 넘어가지 않겠다. 우리는 이미 교육의 소재는 학생의 개인적인 행복을 위해서나, 혹은 사회의 모든 공무를 적합하게 수행하기 위해서나, 습득해서 유용한 것들이 되어야 한다고 주장한 바 있다. 이런 관점에서 볼 때, 여러 과목의 수업이 어떻게 이루어져야 하는지를 그려보는 일은 어렵지 않다.

#### 교육되어야 할 이론을 선택하는 데에서의 원칙

우리는 가장 보편적으로 사용되는 이론들을 가르치는 것을 우선해야 한다. 예를 들면 수학을 가르칠 때, 학생들이 정치 산술과 상업 산술을 이해하고 따라갈 수 있도록 만들어야 하며, 마찬가지로 그러한 산술을 가능하게 하는 이론적 요소들을 이해시켜야 한다. 또한 온갖 기계들과 공장 설립 계획, 운하 건설 계획들을 제안해 오는 사람들에게 속지 않기 위해, 토목공사를 추진하는 데에서 기술자들에게 눈먼 신뢰를 보내는 일이 생기지 않도록 필수 지식들을 가르쳐야 한다.

사기꾼들은 대개 오직 실기에 모든 것을 바친 자들인데, 그들은 자신들의 장점이 오직 습관으로부터 태어난 참을성과 숙련 그리고 그렇게 얻어낸 세세한 것들에 관한 지식에 그친다는 사실을 깨친 자들로부터 숨기기 위해서, 또는 그들의 사소한 발명품들이 갖는 영광을 진정한 발견들에 대한 보상인 '영광'의 수준으로 높이고, 그 열등함을 그들이 과장하는 유용성의 가면 아래 숨기기 위해서 계책을 꾸밀 필요성을 느낀다. 무지한 행정가는 이러한 종류의 계략에 쉽게 속아 넘어간다. 숙련된 다리 건설 기술자의 지식과 달랑베르의 지식은 문외한 행정가의 입장에서는 어느 쪽이건 너무도 수준이 높아 보여서 그 차이점을 구분하지 못한다. 그렇기 때문에, 무지한 행정가는 자신이 차마 기획조차 하지 못하는 일을 추진하고자 하는 이가 있을 때, 앞뒤 안 재고 위대한 사람으로 간주하고 만다. 무지란 다른 어느 곳보다도 사기꾼들의 품속에서 안전하게 쉴 곳을 찾는 법이고, 올바른 판단 능력이 결여된 결정권자들이 저지르는 실수들은 그 잘못된 결정이 불러오게 될 나쁜 결과들을 잊을 수만 있다면, 차분한 관찰자들에게 종종 희극의 한 장면처럼 보일 때가 있다.

같은 이유로 우리는 물리학 교육에서 가정 경제나 공적 경제에 유용한 부분들을 먼저 다뤄야 한다. 그다음으로는 영혼을 확장하고, 편견들을 일소하며, 괜한 공포심을 흩어놓는 물리학적 지식들을 가르칠 것이다. 이러한 지식들은 결국 우리의 눈에 자연의 법이 갖는 위풍당당한 시스템의 총체를 드러내면서 우리를 좁은 사유, 지상에 얽매여 있는 사유로부터 멀어지게 하며, 우리 영혼을 불멸의 관념에 이르기까지 앙양할 것이다. 그리하여 그 교육은 단순한 지식의 전달을 넘어선 철학 수업이 될 수도 있다.

물리학 교육에는 필수적으로 기계 역학 교육도 덧붙여져야 한다. 기계 역학 교육을 통해 학생들은 다음 문제를 풀게 된다. "우리가 다음과 같은 효과를 얻고 싶을 때, 그 효과를 일으키기 적절한 기계를 고르시오." 일반적으로 기계 역학 교육은 단지 기계가 일으키는 힘과 그 결과를 계산하는 법을 가르치는 것으로 끝난다. 그러나 우리가 제안하는 기계 역학 교육은 특정 효과들을 불러일으키기 위해 어떤 방법을 적용해야 하는지를 가르친다. 이렇게 함으로써, 예컨대 한 방향으로 작용하는 힘을 이용해서 어떻게 다른 방향에 대한 영향을 산출할 수 있는지, 또는 언제나 같은 방향으로 작용하는 힘을 어떻게 서로 반대되는 두 방향으로 번갈아가며 작용하도록 만들거나, 원운동을 일으키도록 만들 수 있는지를 가르칠 수 있다. 또한 어떻게 작은 힘만으로 큰 저항을 이겨낼 수 있는지, 어떻게 빠른 운동을 통해 느린 운동을 이끌어낼 수 있는지, 어떻게 비정기적인 동력을 이용해서 정기적인 운동을 얻어낼 수 있는지, 어떻게 점점 빨라지거나 느려지는 경향이 있는 힘을 사용하여 일정한 움직임을 만들어낼 수 있는지를 가르칠 수 있다.

우리는 이러한 방법을 몇몇 단순한 방적기들을 검토하는 데까지 확대 적용할 수 있다. 예컨대 한 장의 직물이 어떻게 짜여졌는지를 관찰한 뒤에, 그 직물을 짜낼 수 있는 기계는 무엇인지 찾아내는 식이다. 기계들을 관찰하는 이러한 분석적인 방법은 공부를 더욱 흥미롭고 유용하게 해준다. 학생들은 오늘날 일상에서 사용하는 기계들을 생산해야 하는 이유를 알게 될 것이며, 그 기계들을 개조하거나 사용법을 확장하는 방법을 배운다. 체계적으로 짜여진 이러한 기계 교육을 받음으로써 학생들의 기계 역학적 재능은 자극을 받아 더욱 빨리 성장할 것이며, 덜 헤매게 된다.

일반 교육에서 가르칠 논리학의 일부는 매우 단순한 것이어야 하며, 명제 형식에 관한 몇몇 검토들을 실시하고,[3] 그 검토 결과 판정이 내려질 다양한 확실성과 가능성의 단계[4]들을 가르치는 것으로 만족해야 한다.

### 지리학과 역사 교육의 방법

지리학과 역사를 가르친다고 함은 단지 교사가 한 나라의 지리에 대한 묘사나, 그 나라의 역사적 사건들에 대한 자세한 축약을 읽어 내려가는 일이 아니다. 그러한 지식들이라면 독학으로, 독서를 통해 습득하는 편이 더 낫다. 교사는 시간의 흐름에 따라 각 시대, 각 지역에 어떤 사람들이 어떻게 살아왔으며, 이들 중 행복하게도 후대에 불후의 명성을 남긴 사람

---

3. 한 명제가 진리인지, 거짓인지를 판단하는 데에 사용할 수 있는 형식적 접근 방법을 가르친다는 이야기.
4. 예를 들어 어떤 명제가 1) 완전히 참이다, 2) 참일 수도 있다, 3) 완전히 거짓이다 따위의 '확실성의 등급'에 대해 가르쳐야 한다는 이야기.

들은 누구였는지 전반적인 도표tableau를 제시하고, 설명할 수 있어야 한다. 이렇게 함으로써 학생들은 역사적 사건이나 우리들에게 전해 내려오는 발견들이 어떤 시대, 어떤 공간에 놓여 있었는지 정리하는 법을 배운다. 그럼으로써 그들 사이의 상관관계를 포착하는 데에 익숙해지고, 나아가 자세한 내용을 계속해서 공부한다면 자신만의 역사철학적 견해를 형성하게 된다.

도표는 학생들이 몇몇 추론을 따라가야 할 때나, 숙고를 통해 얻어진 사유들을 조합해야 할 때가 아니라, 수많은 개별 사실들이나 부분적인 진리들을 종합하여 포착해야 할 때 큰 도움을 준다. 종합적인 사고를 해야 할 때 기억력이 지성을 따라가는 사람은 흔치 않으며, 설령 참고 문헌들이 방법적으로 정교하고, 체계적으로 구성되어 있다고 한들, 책들을 통해 그러한 기억력의 결핍을 메우기란 쉽지 않다. 다음 논의를 이어가기 위한 세부적 내용들과 논지 전개를 담고 있는 낱권 책의 서술로부터 취해야 할 필요한 정보들만을 구분해내기란 매우 어렵다. 그 정보들은 여러 페이지에 분산되어 있어 한눈에 파악되지 않으며, 그렇기 때문에 우리는 그 정보들을 머릿속에서 도표로 구성하거나 그려야만 하는 것이다.[5]

도표를 통한 교육에는 또 다른 장점이 있다. 학생들이 수업 시간에 배운 모든 지식을 온전히 자기 것으로 소화하기란 어려운 일이다. 어떤 부분들은 기억 속에서 지워진다. 학생들이 다음 공부 과정에서 지식들을 좀 더 수월하게 받아들일 수 있다는 것 정도가 우리가 첫 교육에서 끌어낼 수 있는 거의 유일한 이득일 정도다. 이러한 관찰은 옳다. 특히나 그 지식들이 우리의 일상적인 삶에서 끊임없이 환기되는 지식이 아닌 경우에, 또 우리의 일상적인 관념들과는 유리된 것일 경우에는 더욱 그러하다. 그런데 잘 구성된 도표들은 이러한 기억의 결함을 메워줄 수 있다. 도

---

5. 도표의 문제는 콩도르세의 인식론을 이해하기 위해 매우 중요한 것이다. 콩도르세에게서, 도표는 기본적인 진리들을 드러내주는 동시에, 그 진리들의 새로운 조합을 가능하게 하는 것이다.

표는 여러 분야에서 자주 사용되고 있다. 도표는 물리학에서, 역사학에서, 연대기에서, 심지어는 정치경제학에서도 사용되는 수단이다. 자연과학science physique의 몇몇 분야들은 그러한 공부에서 요구되는 대단히 깊은 사상체계와 모든 범주의 앎을 포함하고 있다. 뒤퐁Dupont 씨가 그려낸 경제학의 도표[6]는 마땅히 연구되고 숙고되어야 하는 전범으로서 철학 교사들에게 제시될 수 있다. 우리는 아직 도표를 사용하는 방법이 발휘할 유용성을 모두 끌어내지는 않았다. 성인들의 교육을 다룰 때 그중 매우 중요한 유용성들을 지적하도록 하겠다. 일단 여기서는 개별 학문들을 교육하기 위해 각각의 도표를 마련해두는 것이 유용할 것이라는 말만 해두자. 그럼으로써, 학생들은 그가 배워왔던 것들을 한눈에 파악하고 상기할 수 있다. 그리하여 그가 받은 전체 교육의 열매를 취할 수 있겠고, 매 순간마다 그 교육을 되새길 수 있다. 또한 지리교육과 역사교육은 오직 연대기 도표, 그리고 지리 도표를 제시하고 설명하는 것으로 그쳐야 한다는 점을 덧붙인다. 도표를 활용하는 적절한 지도 방법 및 개별 도표를 설명하는 필수 지식을 담은 교사용 지침서가 필수 불가결하다.

### 자신의 생각을 표현하는 기술에 대한 교육

우리는 자신의 생각을 표현하고 전개하는 기술에 관한 교육을 실시해야 한다고 말했다. 기술은 그것이 자아내고자 하는 효과들이 무엇인지에 맞춰 선택되어야 한다. 아직 인쇄술이 발명되지 않았고, 문명화된 국가들의 권력이 여전히 인구 대부분이 거주하는 단 하나의 도시에 집중되어 있던 고대에는 가장 중요한 현안들이 말을 통해 결정되었다. 대량 복사가 불가능했기 때문에 글쓰기가 갖는 장점은 거의 없었다. 로마의 지배 체제가 바뀌었을 때도 공화국을 대체한 통치 체제가 갖는 혼란이 새로운 관

---

6. 피에르-사뮈엘 뒤퐁 드 느무르(Pierre-Samuel Dupont de Nemours)가 쓴 『정치경제학의 원리에 관한 도표(Table raisonnée des principes de l'économie politique)』를 참조하고 있다.

례가 형성되는 것을 허용하지 않았다. 그러므로 고대인들은 그들의 학교에서 오직 잘 말하는 방법을 배우는 데에 몰두했다. 그들이 발전시킨 매우 높은 수준의 말하기 기술은 고대인들에게 말하기의 중요성이 어느 정도로 컸는지에 대한 증거이다. 분명 그들은 말하기 기술을 가르치는 것으로 특별한 재능을 키우려고 하지 않았으며, 재치와 웅변술의 비결을, 또는 기발하거나, 숭고하거나, 격렬하거나, 열정적인 사람이 될 수 있는 비결을 가르칠 생각도 없었다. 다만 그들은 평범한 인간이 그 자리에서 혹은 아주 짧은 시간의 준비 끝에 잘 정돈된 논리 정연한 이야기를 펼칠 수 있도록 도움을 주는 방법들을 가르쳤다. 그들은 어투의 조화를 깨뜨리거나 담화의 인상을 나쁘게 하는 실수들을 지적했다. 그들은 때로는 유려함을 통해 때로는 신랄하고 정열적인 어조를 통해 말하기의 효과를 극대화하는 방법들을 배웠으며, 또한 그러한 방법을 통해 사유의 공허함이나 감정의 부재를 감추는 기술을 배웠다. 그들은 미리 준비된 짤막한 멋진 구절들을 담화에 삽입함으로써 부족한 시간을 어떻게 효과적으로 메울 수 있는지를 보여주었으며, 어떻게 즉석 연설에 인상적인 느낌을 부여하는지, 어떻게 그 순간의 영감에 빚지고 있는 것처럼 보일 수 있는지, 어떻게 한 주제로부터 풍부한 사유와 매혹적인 표현을 갖춘 단상들을 이끌어낸 발화자의 재능과 이성이 최대한 돋보이게 할 수 있는지, 또한 그리하여 어떻게 그의 연설이 대중들에게 미치는 영향력을 늘릴 수 있는지를 보여주었다.

　결론적으로 이러한 교육과정을 이수하고 나면, 그들은 어떤 모임에서도 자신의 관점을 변호할 수 있는, 의뢰인의 주장이나 자기 자신의 주장을 지지할 준비가 되어 있는 썩 괜찮은 연설가가 되었던 것이다. 그들은 달변가들 사이에서도 모욕당하는 일 없이 스스로를 나타낼 수 있었고, 또한 자신의 다른 재능이 가진 영향력을 비루하고 설득력 없는 화술로 잃는 일도 없었다.

반대로, 인쇄기의 발명 이후로는 아주 드문 경우를 제외하면 개인적인 사안의 경우에는 글쓰기가, 공적 사안의 경우에는 인쇄가 대부분의 문제를 해결하는 방안이 되어버렸다. 권력은 다수의 군중, 그러므로 일반 대중에게 있다. 그런데 청중이란 전체 민중이 아니라, 단지 그들을 대표하는 일부 집단일 뿐이므로 유려한 연설을 통해 그들을 굴복시켰다고 할지라도 곧 연설자는 자신의 권위를 잃게 될 수가 있다. 만약 그가 글을 써서 여론을 말이 내린 결론과 같은 방향으로 몰고 가지 않거나, 청중들을 설득한 논리가 인쇄소를 거쳐 독자들의 이성이나 영혼에 그와 같은 힘을 발휘하지 못한다면 말이다. 이렇게 대중이 계몽될수록, 그리고 인쇄 기술의 발전으로 어떤 생각을 재빨리 퍼뜨리는 일이 점점 더 쉬워질수록, 말하기가 갖는 효력은 점점 줄어들고, 거꾸로 인쇄된 저작들을 통해 대중적인 영향을 미치는 일이 점점 더 유용해진다. 논리 정연한 글을 작성하는 기술은 그러므로 진정한 현대의 웅변술이며, 웅변적인 담화란 이젠 재빠른 일독—讀으로도 모든 사람들에게 이해되도록 쓰인 한 권 책의 담화이다.

국가의 이름으로 실시되는 교육과정의 일부로 간주된 이 기술은 무엇으로 이루어지는가, 우리는 그 자체에 대해서는 이야기하지 않았다. 만약 공권력이 웅변으로 이성을 현혹하는 기술을 가르친다면, 공권력은 민중의 신뢰를 배반하는 것이 아닐까? 거꾸로, 공권력의 의무 중 하나는, 교육과정 속에서 그러한 유혹에 맞서 이성을 강화시키는 것, 이성으로 하여금 웅변이 갖는 권위를 흩뜨리고, 함정을 제거할 수 있도록 만드는 것이 아닌가?

그러므로 우리는 만인을 위한 교육과정에서는 명확함과 단순함과 체계성을 갖춘 글을 쓰는 기술을 가르치는 것으로 교육 범위를 제한해야 한다. 우리는 글 속에서 논리 정연하고 정확하게 자신의 논지를 발전시키는 기술을, 마찬가지 정성을 들여 태만과 과장과 나쁜 취향을 피하는 기술을 가르쳐야 한다.

특별 수업 교사는 좀 더 나아가 전체를 표현하는 기술, 관념들을 연합하고 분류하는 기술, 우아함과 기품을 가진 글을 쓰는 기술, 적절한 효과를 준비하는 기술, 무엇보다도 자연이 위대한 정신들에게 심어둔 결점들을 회피하는 기술을 가르칠 수 있다. 그는 예문들을 통해 자신의 학생들이 그 찬란한 상상력 또는 정념의 취기 한가운데서 오류를 구분하도록, 진리를 포착하도록, 그리고 그 진리에 매료되어 있을 때도 그것을 과장하지 않도록 훈련시킬 것이다. 그렇게, 달변가가 될 운명이었던 사람들은 오직 진리만을 위해 달변가가 될 것이며, 또 그러한 재능을 갖지 못한 이들도 오직 진리만으로 즐거워하고, 또한 이성으로 그 진리를 더욱 아름답게 만드는 것을 즐길 수 있다.


### 특정 학문들의 교육에 대해 좀 더 큰 자유를 주어야 하는 이유

공통 수업용 교재는 공권력에 의해 교과서 집필의 임무를 부여받은 자들에 의해 만들어질 것이지만, 그와는 달리 특별 수업 교사들이 사용할 교재는 정반대의 과정을 거쳐 선정된다. 이 특별 교사들은 교육의 소재와 범위에서는 공통적인 규범에 따를 것이나, 그 교육의 기초가 되는 책을 고르는 것은 그들의 재량에 맡겨진다.

공통 수업용 교재는 매우 단순한 내용, 기본적인 원리들만을 수록한다. 그러므로 공권력이 교재 편찬을 주도한다고 해도 어떤 지장도 없을 뿐만 아니라, 이러한 방법은 그 교재들이 최상의 것임에 대한 보증이자 교과서 내용부터 온갖 맹신과 무성의로 점철된 교재가 교육을 왜곡하는 일을 방지하는 방법이기도 하다. 또한 이러한 교재들은 매우 드물게 바뀔 수밖에 없다. 시대마다 한 학문의 근간을 구성하는 것으로 간주되는 진리들이 있는데, 이러한 진리들이 새로운 발견들의 영향을 받아 바뀌려면 오랜 시간이 걸리는 법이다. 그러므로 교과서를 개정하려면 꾸준히 쌓여온 학문적 발전이 인간 정신에 일종의 혁명적 변화를 불러와야만 한다. 그와는 반대로, 특별 수업 교사들은 공식 교재 외 다른 책들을 자유롭게 교재로 선택할 권리가 있는데, 그러한 권리를 부여함으로써 우리는 교사들에게 새로운 경쟁의 동기를 부여할 수 있다. 그들은 학생들에게 각 학문 영역의 최신의 발전상을 제공함으로써 흥미와 유용성을 제공할 수 있다. 또한 그렇게 해서 우리는 자유로운 교육을 유지할 것이며, 공권력이 특정 관점에서 교육을 이끄는 것을 저지할 것이다. 왜냐하면 필연적으로 공권력의 관점이란 것은 좀 더 깨어 있는 인간인 교사들의 관점과 대립될 것이며, 교사들은 인간 정신에서는 권력의 담지자가 갖는 권위보다도 더 큰 권위를 갖기 때문이다.

이렇게 교육을 두 부분으로 나누는 것, 그리고 저마다 다른 방식으로 교재를 선정하는 것은 공권력이 의무이자 권리로 갖고 있는 교육에 대한 영향력과, 개개인의 지적 독립성을 존중해야 한다는 또 다른 현실적 의무를 조화시킬 유일한 방법이다. 또한 이 방법은 교육이 가진 기존의 유용성을 보존하면서도, 다양한 의견을 제시할 자유를 침범하지 않는 유일한 길이다. 이로써 우리는 길 잃을 염려 없이 이성의 발전에 기여할 수 있다. 우리는 인간 정신의 진보에서 결코 걸음을 늦추는 일 없이 오직 발걸음 맞춰 전진할 수 있기를 바랄 뿐이다.

### 공적 자금으로 일부 학생들의 교육비를 충당하는 일의 유용성

만약 공권력이 가난한 가정에서 태어났지만 첫 번째 교육과정에서 재능의 싹을 보이고 있는 아이들을 방치한다면, 평등을 유지하고 모든 자연적 재능을 살려야 한다는 공권력의 의무를 이행하지 못하는 것이다. 그러므로 두 번째 교육과정을 위한 학교가 건립되어 있는 각각의 도시마다 특정 수의 아이들을 국가가 충당하는 교육비로 육성하는 기관이 하나 정도, 아니, 되도록이면 둘은 있어야 한다. 우리는 각각 남학생 반과

여학생 반으로 쓰일 두 채의 건물을 마련해야 한다. 지식을 전수할 때는 남녀 학생들을 합반하더라도 괜찮겠지만, 행동을 지도할 때는 남녀를 한데 모으는 것이 유용하지 않기 때문이다.[7] 또한 이 기관들의 문호는 부모로부터 교육비를 받는 아이들에게도 개방하는 편이 좋다. 기관 운영에 들어가는 비용을 절감할 수 있을 뿐만 아니라, 공권력이 각 가정의 독립성을 침해하지 않으면서 교육에 영향력을 미칠 방법은 공교육뿐이기 때문이다.

우리는 우리가 제시하는 교육의 원칙들과 그것이 이끌어내는 성공이 갖는 권위 외에 다른 어떤 권위도 내세우지 않는다. 또한 아이들을 교육 기관을 망칠 수 있는 온갖 허황되고 과장된 관념들로부터 보호하되, 그들의 자유를 억압하지는 않을 것이다. 그렇지만 어떻게 돈을 지불하는 학생들과 돈을 지불하지 않는 학생들 사이의 굴욕적인 구분이 불러오게 될 어두운 결과들에 아이들을 노출시키는 일 없이, 그들을 모두 포용할 것인가? 옛 시절에는 이러한 문제가 생겨나지 않았지만, 그것은 귀족들이 부유함에서 오는 거만함을 신분으로부터 오는 거만함에 희생시켰기 때문에 가능했던 일일 뿐이다. 이러한 행동은 귀족적 허영심에서 유래한 그들의 행동 규범 중 하나였지, 전혀 인간의 자연적 평등에 대한 존중에서 나오는 행동이 아니었다. 오늘날에는 스스로가 '인간의 자연적 평등에 경의를 표하고 있다'는 자부심을 피력하지만 실은 그렇지 않으며, 그러한 생각을 품기에는 인격이 덜 성숙한 이들이 많다. 그러한 자부심은 그들의 저속한 영혼 속에서 그리 오래가지 못한다. 그러한 자부심은 아직 교육의 결과물일 수가 없으며, 평등한 법에 대한 복종이라는 습관의 결과물일 수도 없다. 따라서 그것은 오직 진리 탐구에 몸 바친 이들이 얻는 가장 달콤한

---

7. 콩도르세는 교육을 지칭하기 위해 instruction과 éducation 두 단어를 혼용하여 사용하고 있지만, 이 문장에서는 남녀를 합반하는 것이 instruction에는 유용할 수 있고, éducation에는 그렇지 않다고 쓰고 있다.

보상물 중 하나인, 진리에 대한 깊은 인식 속에 자리하거나, 개인의 본성 특히 '덕성'에 수반하는 위대한 개인의 감수성에 속할 수밖에 없다. 그런데 부유한 집의 아이들을 가난한 집의 아이들과 섞어놓는 데서 오는 불편함을 피할 또 다른 방법이 있다. 국가가 지출을 부담하면서 가장 큰 목적으로 삼는 것은 장래의 유용성이 기대되는 재능들을 계발하는 일이다. 이것은 어떤 가족에 대한 지원이나 보상이 아니라, 다만 국가를 위해 키우고자 하는 한 개인에 관한 일이다. 그러므로 우리는 빈부를 가리지 않고 평등하게 모든 아이들을 소집할 수 있으며, 교육을 통해 명예의 부여와 경제적 원조를 함께할 수 있다. 이때 국가의 지출로 이루어지는 아이들의 교육은 경쟁, 그러나 결코 해로운 것이 아닌 경쟁의 한 방법이 될 것이다.

우리는 단지 재능을 보여주는 아이들만을 선호할 것이 아니라, 그 나이대의 행복한 특성이자 좋은 자질인 응용 능력을 보여주는 아이들을 선호해야 한다. 이러한 장점들을 통해 사랑받고자 하는 욕망을 자극하는 것은 아이들에게 위험하지 않다. 어떤 거만하고 반항적이며 태만한 아이가 약간의 노력을 들여 쟁취할 수 있는 상賞은 그에게 사람을 망치는 고취가 될 뿐이며, 그가 덕성보다는 재기를, 좋은 평판보다는 박수를, 성공에 합당한 자부심보다는 시끌벅적한 성공을 선호하도록 가르치는 꼴이 된다. 그러나 다른 비자발적인 자질들로 인해서가 아닌, 능력과 지성에서의 약간의 우위 덕분에 보상을 받게 되는 아이들은 호의로 가득하고 평판 좋은 사람이 되는 것이 얼마나 중요한지 일찌감치 깨닫고 앞의 경우와는 다른 결과를 낳을 것이다. 그러므로 우리는 부유한 가정에서 태어난 아이들도 자격을 만족시킨다면 공적 자금으로 교육되기를 바라며, 그들의 부모가 이러한 선택을 명예로운 특전으로 간주하게 되기를 바란다. 금전 소득은 결코 그 자체로 부끄러운 것으로 간주될 수 없다. 잘 생각해보면 가진 자의 오만에 불과한 우스운 오만의 관점이 아니고서야 말이다. 수입이 필요를 초월하는, 나아가 삶을 더욱 윤택하게 만들겠다는 욕망마저 더 이상 가질 일이 없을 정도의 재산가는 결코 재산을 그 자신만을 위해 소비하지 않았다. 그가 개인적인 향유에만 관심을 기울이는 자가 아니고 관대하다면, 그의 부의 일부는 필연적으로 공적 정신에 따른 또는 호의에 따른 소비에 쓰이기 마련이다. 또한 그가 국가로부터 받는 것은 오직 그러한 존중받을 만한 소비 방식을 확장하는 데에 기여할 뿐이다.

학생 선발을 오직 가난한 가정의 학생들로 제한하지 않음으로써, 우리는 우연에 의해 소홀한 취급을 받게 된 소수의 재능들을 고쳐시킬 수 있다. 하지만 같은 조건이라면 언제나 가난한 학생에게 우선권이 돌아가야 하겠고, 그러한 원조 없이도 지낼 수 있는 학생들의 수는 어쨌든 매우 적은 비율로 제한되어야 한다. 우리는 이로써 더 완벽한 평등을 교육 안에서 유지하는 장점을 버리고, 더 많은 아이들을 교육할 수 있다는 장점을 취해야만 한다.


공교육의 세 번째 단계

세 번째 단계의 교육 중 공통 교육은 각 도의 도청소재지에서, 4년간 각각 한 과목의 수업을 이끌어갈 네 명의 교사의 지도를 통해 이루어질 것이며, 이들은 학생들이 이제까지 배워온 지식들을 더 깊이 있고 엄밀하게 가르칠 것이다. 우리는 두 번째 단계의 교육에서와 마찬가지로, 두 가지 원리에 따라 각 과목의 공부에 한계 지점을 설정한다. 1) 교육의 소재는 모든 종류의 공무를 적절히 떠맡을 준비를 하기를 원하는 시민들에게 직접적인 유용함을 지니는 것이어야 한다. 2) 교육의 수준은 평범한 지적 능력을 가진 사람이 이해하고, 기억할 수 있는 한계를 넘어서도 안 되지만, 그 한계에 못 미쳐서도 안 된다.

### 개별 과목에 따른 교육 분담

별도로 교육되어야 할 학문들에 관한 이야기를 해보자면, 그것들의 종류는 두 번째 단계와 동일하되, 조금 더 많은 인원의 교사들에게 더욱 세세하게 구분되어 맡겨질 것이다.

교사 중 한 명은 형이상학, 윤리학과 정치 체제들의 일반 원리에 관한 수업을 담당한다. 다른 한 명은 법학과 정치경제학을 담당한다. 세 번째 교사는 수학과 물리학을 위한 응용 수학을 담당한다. 네 번째 교사는 윤리학과 정치학을 위한 응용 수학을 담당한다. 물리학, 화학, 광물학, 그리고 실용 기술들에 이 학문들이 어떻게 응용되는지에 관한 지식은 다섯 번째 교사가 가르친다. 해부학과 자연사의 나머지 부분들, 농촌 경제에서 그것들의 활용 방안은 여섯 번째 교사가 가르친다. 일곱 번째 교사는 지리학과 역사를 가르친다. 여덟 번째 교사는 문법과 글쓰기 기술을 가르친다. 우리는 여기서 각 학문 영역들 간의 철학적 분류를 추구해야 했다고는 생각하지 않는다. 우리는 다만 각 학문들이 현재 맺고 있는 연관성에 가장 충실한 분류법을 따랐을 뿐이며, 또한 각 학문이 취하고 있는 방법론의 특성, 그 학문들이 학생과 교사에게 요구하는 자질, 그리고 필연적인 수순이지만 그 학문들을 가르칠 수 있는 충분한 인원을 모집하는 데에서의 용이성을 고려하여 분류하였을 뿐이다.

### 고전어 교육

만약 이러한 교육 커리큘럼에 몇몇 고전어 교육, 예컨대 라틴어와 그리스어 교육을 추가한다면, 이들 두 언어의 교사는 한 사람으로 충분하고, 수업 기간은 2년이 될 것이다. 대부분의 시민들을 대상으로 공권력에 의해 시행되는 교육과정 속에서는 학생들을 이들 언어로 쓰인 가장 쉬운 작품들을 이해할 수 있는 상태로 만드는 것으로 만족해야 하며, 또한 학생들 스스로가 원할 경우에 더 심화된 내용을 독학할 수준으로 만드는 것으로 만족해야 한다. 그러나 정신이 권위의 굴레를 거부한다면, 따라서면 옛날 다른 나라의 지식인들이 생각했던 것들을 무비판적으로 받아들이는 것이 아니라 증명된 것만을 믿는 것이라면, 옛사람들의 경구나 전범에 따라서가 아니라 이성에 따라 행동하게 된다면, 공통 이성이 낳은 일반 의지volonté générale의 표현이 된 현대법이 우리와는 다른 생각과 필요를 갖고 있던 옛사람들이 정립한 낡은 법들의 필연적 결과가 아니라면 어째서 고전 언어 교육이 공통 교육에 필수적인 한 부분이 되어야 한단 말인가?[8]

어떤 이들은 고전어들이 지식인들에게 또는 몇몇 특정 직업을 꿈꾸는 이들에게 유용할 것이라고 말할지 모른다. 그렇다면 그러한 교육은 바로 그들에게 이루어지면 될 것이다. 또한 이렇게 덧붙일지 모른다. 좋은 취향은 위대한 전범들을 공부하는 것으로부터 형성된다고 말이다. 그러나 다양한 세기의 다양한 언어로 쓰인 작품들을 비교해야 할 정도로 수준 높은 취향이라는 것이 국가 전체를 위한 교육의 중요한 한 목표가 될 수는 없다. 이어서 우리는 젊은 학생들이 그 위대한 전범들 속에서 약간의 진리들과 섞여 있는 오류들을 구분하기에 충분한 이성을 갖추고 있을지, 고대인의 선입견과 습관에 속하는 것들을 구분할 수 있을 만한, 그리고 그들의 판단을 수용하는 대신 그들 스스로가 판단할 수 있을 만한 충분한 이성을 갖추고 있을지를 묻고 싶다.

또한 우리는 학생들이 고대인들의 뒤를 따라 길을 헤매고, 우리의 이성과도 우리의 제도와 관습과도 부합하지 않는 고대인의 감성을 흡수하지나 않을지, 그러한 위험이 고전의 아름다움을 알지 못하는 데서 오는 지장보다 더 큰 것이 아닌지 묻고 싶다. 그러나 우리가 제안하는 공교육은 배타적이지 않다. 우리는 다른 스승들이 교육 기관에서, 혹은 대중 강좌

---

8. 콩도르세는 이 구절을 통해 예수회의 교육 방침에 대한 암묵적 비판을 하고 있다. 그런데 라틴어와 그리스어 교육을 강조하는 것은 비단 예수회뿐만 아니라 동시대인들의 일반적 경향이었다.

를 통해서, 우리가 제시하는 교육과정에 포함되지 않는 교육을 펼치는 것을 막아설 생각이 없으며, 오히려 그러한 자유 교육에 갈채를 보낸다. 자유 교육은 어쨌든 제도 교육의 악덕을 바로잡을 길이자, 제도 교육의 부족한 점을 보완하는 길이고, 공권력을 식자들의 이성의 검열 아래 두는 길이기도 하다. 마찬가지로 부모들 편에서 행하는 교육도 배제되지 않을 것이며, 공교육은 다만 국가의 비준을 받은 셈인 공교육의 소재를 가장 직접적이고 일반적으로 유용한 지식들에 한정해야 한다.

### 정치 산술의 공부를 강조해야만 하는 이유

우리는 여기서 다양한 학문의 교육이 어떻게 이루어져야 하는지 상세하게 다루지는 않겠다. 각 학문의 교육을 통해 추구하는 목적이 무엇인지를 제시하는 것만으로도 그 학문들을 깊게 연구한 사람들은 우리 목적에 적합한 교육의 내용을 쉽게 찾아낼 수 있다. 그렇지만 정치 산술이라는 과목에 대해서는 상당한 분량을 할애하여 강조하고자 한다. 우리가 공통 교육에 속한다고 부르는 정치 산술이라는 과목은 실은 동시에 공직을 지망하는 이들에게 적합한 특수 교육이기도 하다. 정치 산술 교육이 공통 교육에 포함되는 이유는 다만 모든 시민들은 공직의 부름을 받아야 하며, 또한 그 직책을 수행할 수 있는 능력을 갖춰야 하기 때문이다(첫 번째 논문을 참조할 것).

이제 모든 이가 엄밀한 의미에서의 정치학 교육이 갖는 중요성을 쉽게 이해할 수 있지만, 사람들은 우리가 거의 필수 불가결한 것이라고 생각하는 정치 산술 교육의 유용성에 대해서는 잘 알지 못한다. 왜냐하면 정치 산술은 아직 널리 알려져 있는 학문이 아니며, 매우 드물게 한데 묶이는 두 종류의 지식들을 결합할 것을 요구하기 때문이다. 정치 산술은 전체상을 조망하는 것이 유용한 여러 사항들을 도표로 정리하는 기술, 그로부터 결론을 이끌어내는 방법, 그러므로 조합의 지식이라 부를 것들을 정치

경제학의 부분을 포괄하는 확률 계산의 원리 및 그 다양한 응용에 그리고 윤리학에 결합시킨다. 또한 정치 산술의 주된 가지를 이루는 것은 자본이 남기는 이윤에 관한 이론과 그러한 이윤에 얽혀 있는 모든 종류의 문제들이다. 행정에 관한 논의들에서, 심지어는 법학에 관한 논의들에서도 정치 산술 교육의 필요성이 끊임없이 제기되어왔으나, 안타까운 점은 그 필요성이 가장 현실화된 시점에서 사람들이 정치 산술의 존재를 알지 못한다는 것이다. 어쩌면 사람들은 공무를 수행하는 사람이 본인 스스로 그러한 지식을 알아둘 필요가 없다고 여길지도 모르며, 또한 그러한 지식을 활용해야 하는 문제에 부닥치면, 산술을 특별히 깊이 공부한 전문가들에게 문제의 해결을 맡기면 그만이라고 생각하고 있을지도 모른다. 그러나 그들은 잘못 알고 있다. 산술의 원리와 그것이 초래하게 될 결과의 본질을 알지 못한다는 것은 그러한 산술이 적용되어 제시된 문제의 해결법을 이해하는 데 지장을 겪게 된다는 뜻이며, 나아가 그 해결법을 활용할 수 없다는 뜻이다.

경험에 비추어서, 정치적 산술의 역사를 유심히 따라가볼 때, 우리는 단지 산술 원리에 대한 무지로 인해 얼마나 많은 실수들이 저질러졌는지, 얼마나 조잡한 함정들로 인해 그러한 지식에 문외한인 사람들의 국가가 위태롭게 되었는지, 또한 그러한 종류의 계산에 능하다고 알려진, 얼마나 많은 전문가들이 심지어는 정치 산술의 개념조차도 갖고 있지 않았는지를 알게 될 것이다. 일련의 사건들이 초래한 문제들을 눈여겨본다면, 우리는 외관상으로는 순수하게 정치적인 것으로 보이는 어떤 원리의 진실성을 증명하기 위해서는, 그리고 공공 경제적 산술의 유용성과 가능성을 증명하기 위해서는 정치 산술의 방법에 대한 지식이 필요함을 알게 될 것이다. 반면에 아주 간단한 수학 정리도 이해하지 못하고, 계산하는 습관이 거의 안 되어 있는 사람들의 경우, 그들이 비록 다른 방면에서는 매우 학식 깊은 사람들일지라도 종종 발목을 잡히고 마는 것이다. 이제는 공교육 과정에 왜 정치 산술을 포함해야 하는지 이해할 수 있다.

어쨌든 정치적인 원리를 산술 원리로부터 분리시킬 수 있다고, 산술이 필요할 때면 공직자들은 다른 사람의 도움을 받는 방법을 쓸 수 있을 것이라고 가정하는 사람들이 있다면, 결과적으로 그런 이들에게는 많은 진리들, 또 인간의 행복에 가장 많은 영향을 미치는 온갖 계산들이 일종의 신비로 다가올 수밖에 없다. 그렇기 때문에 그들은 무지로부터 오는 어리석은 불신과 맹목적 확신 사이에서 선택을 강요받게 된다. 그들은 잘 알지 못하는 길을 따라가게 되든, 아니면 아예 길을 따라가는 것 자체를 거부하든, 언제나 속게 될 위험에 노출된 채로 남아 있다. 우리는 여기서 모든 이가 그러한 산술을 직접 할 수 있는 능력을 갖춰야 한다고 주장할 생각이 없으며, 심지어는 그러한 계산 과정의 길잡이가 되는 수학적 방법론들을 알아야 한다고 주장할 생각도 없다. 다만 모든 이들이 적어도 그러한 방법론의 기반이 되는 기본 원리들을 이해할 수는 있어야 한다고 여긴다. 수학적 방법론이 어째서 절대로 거짓말을 하지 않는지, 수학적 방법론이 이끌어내는 결론들이 어느 정도로 정확한지, 그리고 그러한 방법론들을 통해 우리가 얼마나 실제적이고 실용적인 결론들에 다다를 수 있을지는 이해할 수 있어야 한다고 본다.

결론적으로 상업이, 은행이, 자본이, 공채 발행이 마치 신비로운 지식들처럼 느껴지는 이유는 우리가 대부분 산술에 대해 너무나도 무지하기 때문이며, 이런 무지를 틈타 간교한 자들은 그들이 짓밟고 있는 법칙들에 관하여 그리고 그들이 모호함과 무질서를 퍼뜨리고 있는 자본에 관하여 더러운 영향력을 획득한다.

### 자연과학이 갖는 특별한 중요성의 이유

사람들은 우리가 제시하는 공통 교육과정 속에서 자연과학 교육이 지나치게 강조되어 있다고 생각할지도 모른다. 그러나 모든 시민을 상대로 이루어지는 자연과학 교육이야말로 순수한 이성의 빛을 모든 가정과 농촌에 이르기까지 구석구석 퍼뜨릴 수 있는 유일한 방법이며, 사람들을 그들이 다다를 수 있는 최고로 훌륭한 경지까지 지도할 유일한 방법이다. 그런데 이들 학문의 직접적인 유용성과는 별개로, 우리가 놓쳐서는 안 되는 중요한 점이 있다. 법으로는 처벌할 수 없지만, 그럼에도 불구하고 사회에 은근한 악영향을 끼치며, 확산될 경우 치명적인 결과를 야기할 수도 있는 해로운 행동들이 있다. 위대한 국가들의 대중을 감염시키는 저 모든 해로운 악덕들은 일상적인 권태를 제일 원리로 삼는다. 그 권태는 일이 가져다주는 즐거움이 시간의 무게를 느끼는 것을, 힘들고 지친 영혼이 느끼는 공허함을 막아줄 좋은 일이 없다는 사실로부터 온다. 생존을 위해, 혹은 삶의 질적 향상을 위해 일해야 할 필요가 없는 사람들, 그러한 자산가들이 일상에서 커다란 정열이나 강한 흥미를 품기란 불가능하다. 만약 그들이 교육을 통해 얻은 지식이 쉽고 적절하면서도 그들의 평판을 높일 수 있는 어떤 일을 제시하지 않는다면, 그들은 불륜, 놀이, 도박, 방탕 속에서 권태를 해소할 것이다.

그러나 다양한 학문의 기초를 전수하고 또한 스스로 독학할 능력을 심어주는 교육이 이루어진다면, 그 교육은 그들에게 고갈되지 않는 흥미의 샘이 될 것이다. 학문은 언제나 갱신되는 흥미를 제공하는데, 왜냐하면 학문은 언제나 발전 중이며, 그 응용 가능성은 무궁무진하고, 모든 상황과 모든 정신, 모든 성격에 개방되어 있으며, 모든 지성의 수준과 기억력의 수준에 맞게 열려 있기 때문이다. 모든 학문은 정신을 더 엄격하고 정교하게 다듬으며, 생각하는 습관을 길러주고, 진리에 대한 취향을 길러준다는 장점을 갖는다. 학문을 갈고닦는 것을 통해서, 학문이 제공하는 위대한 것들에 대한 명상을 통해서, 덕성스러운 인간은 대중의 정의롭지 못함으로부터 또 악이 거두는 성공으로부터 큰 어려움 없이 어떻게 스스로를 위로할 수 있는지 배우게 될 것이다.

또한 덕성스러운 인간은 관대하면서도 대담한 철학을 습득하며, 사람들을 혐오하지 않으면서 용서하고, 끊임없이 사랑하고, 그들에게 봉사하면서도 그들을 잊는 법을 배우게 된다. 그러므로 우리가 이들 학문에 부여해야 하는 중요성은 그 지식들이 직접적이고 물리적으로 유용한지의 여부뿐만 아니라, 간접적이고 도덕적인 유용성을 갖고 있는지 여부를 기준으로 판단되어야 한다. 또한 우리는 학문을 사회적으로 유용한 자원으로 간주해야 할 뿐만 아니라, 각 개인의 행복을 위한 길로도 간주해야 한다. 동시에 학문에 대한 몰두는 비록 그것이 가장 단순한 취미에 머물지라도 가벼운 의미를 가진 활동일 수 없다. 왜냐하면 대부분의 학문의 경우, 아니 어쩌면 모든 학문의 경우, 그 발전의 일부는 얼마나 많은 사람들이 그 학문을 연구하는지에 달려 있기 때문이다. 백 명의 재능 없는 사람들이 시를 짓고, 문학과 언어를 연구한다고 해도 그로부터 무엇인가 훌륭한 결과가 나오지는 않는다. 그러나 스무 명의 사람들이 실험과 관찰을 즐긴다면, 그들은 적어도 지식의 총체 위에 무엇인가를 덧붙이게 된다. 실제적인 유용함을 향상시킨 공로가 그들의 지혜로운 쾌락을 명예롭게 할 것이다.

## 교사들

### 교직은 항구적인 것이어야 한다

교직은 규칙적이고 변함없는 삶에 대한 습관과 취향을 전제한다. 교직은 부드럽고도 단호하며, 참을성 있고도 정열적이고, 너그러우면서도 일종의 위엄을 가진 성격을 요구한다. 교직은 엄격하고 정교한, 유연하면서도 방법을 따르는 정신을 요구한다. 스승은 약간의 공부와 생각을 통해 떠오르는 모든 것들을 알고 있으며, 그는 다른 사람을 가르치기 위해 그가 알고 있어야만 하는 모든 것을 언제나 염두에 둔다. 스승이 아닌 사람은 그의 정신 속에서 일어난 난관들을 어떻게든 극복하기만 하면 되지만, 스승은 그 난관을 푸는 방법을 알아야 하며, 또한 서로 다른 제자들의 정신 속에서 일어날 수 있는 그 난관들을 미리 예상하고 있어야 한다. 마지막으로, 교육의 기술art d'instruire은 실습을 통해서밖에 얻어지지 않으며, 경험을 통해서만 완성되는 것이므로 초보 교사의 첫 몇 년간의 수업은 그가 그 뒤에 행할 수업들에 비해 모자랄 수밖에 없다. 그러므로 교직이란 한 인간이 그의 전 생애 또는 삶의 대부분을 바쳐야 하는 직업군에 속한다. 교직은 평생직으로 간주되어야 하며, 우리도 교직이 사회 질서와 맺는 관계를 이러한 관점에서 바라보아야 한다.

### 교사들은 단체를 구성해서는 안 된다

저마다 독립적으로 직무를 수행하는 교사들이 단체를 구성해서는 안 된다. 이미 구성되어 있는 교사 단체에게 교육을 맡겨서도 안 되며, 마찬가지로 그 단체의 현역 구성원들에게는 교육의 일부라도 맡겨서는 안 된다. 왜냐하면 그들은 단체의 정신에 젖어 우리가 나누도록 허락해준 것을 독차지하려고 할 것이라서다. 이러한 최소한의 주의로는 아직 부족하다. 우리는 그것이 지역 기반이든 아니면 단 하나의 학교에서든, 교사들이 단체를 형성하는 것을 막아야 한다. 교사들은 어떤 것도 공동으로 운영하는 것이 없어야 하고, 그들 중 공석이 생겨 신입 교사를 채용하는 경우, 기존 교사들이 어떤 영향력도 미쳐서는 안 된다. 그들은 다들 따로 있어야 한다. 이러한 방법만이 교사들 사이에 경쟁심을 유지하는 방편이며, 그 경쟁심이 야망이나 계략으로 타락하는 것을 막는 길이다. 또한 이러한 방법만이 교육이 인습에 젖는 것을 막을 수 있으며, 마지막으로는 학생들을 위해 행해지고 있는 교육이 교사들의 이해관계에 따라 지배되는 것을 막는다.

### 교사의 직무는 또 다른 일상적 직무와 병행 불가능하다

물론 교사도 한 사람의 시민으로서 모든 종류의 공직에 대한 피선출권을 가져야 한다. 그러나 그들에게 맡겨진 교사라는 직무는 본성상 항구적인 것이기 때문에 지속적인 활동을 요구하는 다른 모든 직무와 양립할 수 없으며, 다른 직무를 받아들인 교사는 반드시 후임에게 교편을 넘겨야 한다.

그렇기는 해도 입법 기관의 직책에 대해서는 예외를 두어야 하겠다. 실제로, 입법 기관의 직무를 가장 계몽된 이들에게 맡길 때 생기는 이득을 생각하면, 교사직을 맡고 있는 이들을 입법 기관에서 배제해서는 안 된다. 이 경우 교사에게 2년간의 명예직을 부여하여 그 기간 동안만 교직을 쉬게 할 수 있을 것이다. 이러한 예외 규정은 필수적인데, 다른 명예직과의 겸직을 불허함으로써 명예직들이 갖는 위상을 떨어뜨리지 않기 위해서다.

일부 교육 기관에 2년 동안의 공백이 생긴다고 하더라도, 자만심과 무지, 나쁜 교육 시스템으로 인해 이 직무에 부여되었던 평범한 하급 직위의 인상을 떼어버린다는 이점이 공백으로 인한 불편을 상쇄한다.

종교 기관에 대한 인준이 공권력에 맡겨져 있는 국가들에서 무엇보다도 엄금해야 하는 것은 사제직과 교직의 겸직이다. 우리는 사제직fonctions écclésiastiques이라는 표현을 사용하였다. 왜냐하면 비록 실제적인 기능을 갖지 않는다고 하더라도, 공권력과 분리되고 교황권에 종속되어 있는 특정 계급이 있어서는 안 된다고 생각하기 때문이다.[9] 사제들은 일반 시민들과 어떤 점에서도 구별되어서는 안 된다. 만약 사제들을 다른 개인들과 구별한다면, 만약 법이 그들에 대해서는 별도의 의무를 부과하고, 모종의 특권을 인정한다면, 그때는 단순한 겸직 금지가 아니라 그들의 피선거권

---

9. 사제직(fonction écclésiastique)과 교직(fonction de l'instruction)을 세속 권력의 지배 아래 각각 다른 기능(fonction)을 수행하는, 같은 위상을 가진 직종으로 간주하고 있다.

자체를 금지해야 할 것이다. 그렇게 하지 않는다면 교육 전체가 곧 종교권력의 손아귀에 떨어지고, 자유도 이성도 끝장이다. 우리는 인도인과 이집트인을 그토록 오랜 세월 신음하게 만들었던 쇠사슬로 다시금 우리 몸을 묶는 셈이 된다. 사제들을 교육자로 두고 있는 사람들은 자유롭게 머무를 수 없다. 그들은 자신들도 모르는 사이에 결과적으로 성직자 우두머리라는 단 한 사람의 독재를 따르게 된다. 미신이 배제되어 있고, 관용의 정신을 갖고 있는, 거의 이성과 구분되지 않으며, 인간을 망치거나 탈선시킬 위험 없이 완성시킬 수 있는 순수한 종교적 독트린의 수립을 기대한다면 그것은 잘못된 생각이다. 종교가 지배하는 국가는 법에 의해서건, 임금에 관한 배타적 특권에 의해서건 또는 그 국가의 장관들에게 맡겨진 희한한 직무들에 의해서건, 자정과는 거리가 멀 수밖에 없다. 필연적으로 부패하게 되어 있으며, 나아가 사회 질서의 모든 영역에 그 부패를 확산시킨다.

우리 모두의 눈에 뻔히 보이는, 그러나 연약한 정신들과 왜소한 영혼들을 상처 입히는 일 없이는 차마 여기서 인용할 수 없는 우리 주변의 사례를 들지 않더라도, 그들의 부조리한 맹신 탓에 원시 종교를 그대로 유지하고 있었던 인도와 이집트가 어떻게 되었는지를 관찰하는 것으로 이 논의는 충분하다. 다수의 정주 농경민으로 구성된 사회의 모든 종교들이 그러하듯, 그들의 원시 종교는 처음에는 몇몇 형이상학적 관념과 결부된 순수한 자연신교로 시작하여, 알레고리적 창세 신화로 표명된 투박한 철학으로 인해 공고화되었다. 그런데 이들 국가의 지도자가 된 사제들의 야망은 이러한 믿음을 단지 부조리한 미신들의 저열한 덩어리로 바꿔놓았을 뿐이다. 그 미신들은 사제 계급의 이해관계에 맞춰 계산된 것들이었다. 그러므로 외관상의 체계를 보고 현혹되는 일이 없어야 한다. 우리는 신비를 통한 인간 완성이라는 희망을 접어야 하고, 천사가 아닌 인간을 만드는 것으로 만족해야 할 것이다.

## 교사직의 기간

공적 유용성의 차원에서, 오랜 준비 기간을 필요로 하는 직무들은 일종의 영속성을 띠어야 한다. 교사직의 기간은 어떤 곳에서는 15년으로, 또 다른 곳에서는 20년으로 고정될 수 있다. 이 기간이 지난 뒤에는 후임자들이 그들의 직무를 잇는다. 15년이나 20년이란 세월은 한 사람의 생애에서 상당한 비중을 차지하는 기간이다. 한 개인이 설정할 수 있는 계획이나 기도 중에서, 이 기간 동안 끝나지 않는 것들은 거의 없으며, 또는 끝나지는 않을지라도 충분히 진전되어 있어서 그 일을 그만두어야 한다는 걱정이 그 일을 벌여온 사람을 풀이 죽게 하지는 않는다. 또한 이 기간은 너무 늙지도 그렇다고 너무 젊지도 않은 한 사람이 동일한 힘과 동일한 능력과 동일한 안목을 유지해나갈 기간을 초과하지 않는다. 마지막으로 이 기간이 끝나면, 한 직업에 스스로를 바쳤으며 그 직업이 요구하는 소양을 갈고닦는 데에 힘썼던 사람들에게 그들이 치른 희생을 되갚는 데에 충분한 금전적 보상을 우리는 그리 큰 비용을 들이지 않고 해줄 수 있다. 그러한 것이 우리 필멸자들, 계속해서 변화해가는 가냘픈 존재들에게 어울리는 유일한 영속성이다. 모든 장소에서의 재빠른 세대 전환과 다음 세대에 대한 유산으로 바뀌는 완성, 이들은 비록 이루기 어렵더라도 확실한 길이며, 또한 거의 언제나 계승자나 후임자들이 해내고 있는 일이다.

## 교사들에게 어떻게 보상할 것인가

교사에 대한 보상은 교사 개인에게 한정되어서는 안 된다. 그의 가족들도 보상의 대상이 되어야 한다. 예컨대, 임금의 3분의 1에 해당하는 돈을 교사들의 퇴직 연금으로 적립해두는 방안을 생각해볼 수 있다. 그 돈은 연간 4퍼센트의 이자율로 적립된다. 이 돈의 반은 교사들에게 지급할 종신 연금으로 사용될 것이다. 나머지 반은 적립 기금을 형성한다. 만약 교사가 직무 수행 중에 사망한다면, 이 적립 기금은 그의 자식과 아내에게, 그의 부모가 아직 살아 있다면 그들에게도 돌아갈 것이다. 만약 교사가 임기를 다 마치고 나서든 아니면 중간 사직을 통해서든 은퇴하게 된다면, 그는 우선 적립 기금의 수익을 사용할 수 있고, 그 돈은 그의 사후 직계 가족의 소유가 된다. 다음으로 그는 종신 연금을 수령하겠지만, 어쨌든 그 종신 연금은 현직 교사 생활 때 받았던 임금 수준을 넘지 않는다. 교사가 직계 가족을 남기지 않고 죽는다면, 그의 상속자는 적립 기금의 4분의 1에 대한 권리만을 가지며, 그 기금은 그것이 산출하는 연금이 생전의 임금과 동등한 수준에 이르렀을 때 멈춘다.

교사직의 임명. 교사를 임명하는 기준은 그가 교사직에 필수적인
능력을 갖추고 있는지, 그가 자리에 적절한 사람인지 여부가 되어야 한다.
다만 교사를 임명하는 일은 이러한 두 기준과 관계없이 시행될 수 있다.
또한 교사 임명은 교사의 연임이나 해임과는 구분되어 시행된다

일반적으로 어떤 직책을 맡기려면 다음 세 가지 조건을 겸비한 자를 찾아야 한다. 첫 번째로 충분한 능력을 갖춘 자. 두 번째로 개인적인 사정으로 보나 지역적인 사정으로 보나 그 자리에 적합한 자. 세 번째로 그러한 능력과 적절성을 겸비하고 있는 자들 중 가장 뛰어난 자. 첫 번째와 두 번째 조건은, 둘 중에 하나를 선택하는 것이 아니라 둘 모두 필수적인 기준이다. 또한 한 직책에 적합하다거나 그 직책을 수행할 수 있다고 선언되는 이들의 숫자를 제한해야 한다. 그렇지 않으면 적합 판정을 받은 이들의 명단이 너무나 쉽게 늘어나고, 우리의 판단은 신뢰성을 잃게 된다. 그렇다고 하더라도, 일반적인 경우에 저 두 필수조건을 모두 만족시키고 있는 사람은 누구든 배제되어서는 안 될 것이다.
교사 지망생들에 대해 능력과 적합성이라는 두 가지 판단을 내리고, 교직 임용을 결정하는 권한은 판단과 선택을 내리는 이들의 손에 맡겨야

한다. 다만 그에게 충분히 권리를 부여할 수 있을 정도로 중요한 이득을 가진 자가 있다면, 선택의 능력이란 기준은 얼마쯤은 희생될 수도 있다. 실제로 만약 가장 능력 있고 지혜로운 이가 선호되어야 한다면, 또 다른 특질들은 그의 능력과 적합성을 검증한 판단들 뒤에는 주된 고려 대상이 될 수 없다면, 판단 능력이 결여된 사람들에 의해 자의적으로 임명이 이루어지는 일은 없을 것이다. 적어도 그들이 오직 자신들만을 위한 임용을 하지 않는 한에서는 말이다.

교사의 자격에 대한 판단권자와 교사 임용권자가 꼭 같은 사람들이어야 할 필요는 없다. 도리어 그 역할들은 서로 다른 사람들에게 맡기는 편이 낫다. 그러할 경우에 더 지혜로운 일처리가 보장될 수 있으리라고 기대할 수 있어서다. 우리는 이렇게 함으로써 첫 두 판단이 조금 더 공정해질 것을 기대할 수 있다. 왜냐하면 그 판단들은 결정적인 것이 아니며, 개인적인 선호를 담지 않기 때문이다. 마지막으로, 판단이 세 개로 분리 되었을 때가, 또한 그것들이 동일 인물에게 집중되지 않았을 때가 그렇지 않을 때보다 간계를 부리기 훨씬 어렵다.

근무 기간이 끝난 뒤, 같은 직책의 연임에 대해서는 그 권한을 오직 그 자리가 제대로 계승되었을 때 이득을 보는 이들에게 맡겨야 한다. 그 권한은 임명권과 분리되어야 할 뿐만 아니라, 자기 자신만의 유용성을 위해 임명권이 다른 사람의 손으로 넘어갈 때마다 분리되어야만 한다. 마지막으로, 해임은 정말로 징벌적인 결정이며, 그것은 임명에서의 판단 원칙과 동일한 원칙에 따라야 한다. 이 경우에도 마찬가지로 불편부당함이 보장되어야만 하기 때문이다. 교사 선임에 관한 이 일반 원칙들을 적용하기 전에, 우선은 교사들의 다양한 계급에 관하여 표를 만들어둘 필요가 있으며, 교육의 편의를 위한 필수적인 시설들이 구비되어 있어야 한다.

**교육 시설의 구성 요소에 관하여, 교육 감독관의 필요성과 그의 역할들**

우선 세 단계의 공통 교육에 속하는 교사들이 필요하다. 또한 상위 두 단계의 교육과정에 필요한 특별 교육을 맡을 교사들이 필요하다. 여기에, 국가 장학생들을 위한 교육 시설에 배속될 한 사람의 원장과 한 사람의 회계가 필요하다.

마지막으로, 우리는 각 구역의 중심지마다, 도청 소재지마다 한 사람의 교육 장학관inspecteur d'étude이 필요하다고 본다. 우리는 그에게 도서관의 운영 감독을 맡기고, 그 도서관들에 부속될 자연사 박물관의 운영 감독도 맡긴다. 도서관과 자연사 박물관은 아이들의 교육은 물론 성인들의 교육에도 필수 시설들이며, 공교육에서와 마찬가지로 직업 교육이나 특정 학문들의 연구에도 필수적인 시설이다. 도서관과 박물관의 운영은 함께 묶어서 취급하는 것이 좋다. 그렇게 함으로써 그 시설들이 갖는 중요성이 더욱 커지고, 그럼으로써 그 운영을 감시하는 것이 한 지식인의 임무가 되는 데에 부족함이 없게 되며, 그의 눈에 그 일을 수행하는 것이 영광스럽게, 또 그 자신에게 마땅히 돌아가야 하는 일처럼 보이게 될 것이기 때문이다. 같은 이유로 우리는 그러한 임무에 학생들의 공부를 감독하는 역할을 덧붙이고자 한다. 그렇지 않은 경우에는 교육 감독이라는 업무의 범위가 지나치게 제한되기 때문이다. 이 역할이 없다면, 사실상 그일은 교사의 부재나 병결 시 그들의 빈자리를 임시로 메우는 것에, 교칙들이 잘 지켜지고 있는지 감시하는 것에, 교실이 학생들의 건강을 위협할 정도로 더럽지는 않은지 감시하는 것에, 교실을 손질하는 데에 필요한 조치를 취하는 것에, 그리고 일어날 수 있는 다양한 사건 사고들이 수업을 중단시키지 않도록 필요한 조치를 취하는 것에 그치게 될 것이다. 일반적으로 사람들은 너무나 피곤한 일들을 제대로 수행하지 않으며, 너무나 한가한 일들도 제대로 수행하지 않는다. 지나치게 피곤한 일의 경우 사람들은 태업을 한다. 지나치게 한가한 일의 경우, 사람들이 태만을 부리지 않는다면, 그들은 자신의 업무를 업무 범위를 넘어서는 데까지 늘리려고 한다. 자기 자신에게 중요성을 부여하려고 시간과 노력을 들이는 나머지 그는 스스로를 유용하게 하는 데에 시간과 노력을 쏟지 못한다.

### 지식인 단체를 만들어야 할 필요성

지식의 발전 및 잘 짜여진 교육 체계를 만들려면 한 국가에서 1차적으로 분류되는 지역들마다 하나의 지식인 단체가 꼭 있어야 한다. 예컨대, 프랑스에서라면 적어도 각 도마다 하나의 지식인 단체가 필요하다. 각 지역마다 하나의 단체만으로도 인류의 총체적 지식을 포괄하는 데에 충분하다. 한 단체를 여럿으로 쪼개는 것은 그 힘을 약화시킬 뿐이다. 그렇게 되면, 우리는 곧 가입이 인정되는 것만으로도 명예로운 단체 대신에, 그리고 그 단체에 가입이 권유되는 사람이라면 진실로 그에 마땅한 자격을 갖추었으리라고 기대되는 단체 대신에, 시시한 일들에나 몰두하는 보잘것없는 군소 단체들을 만나게 된다. 또한 이 단체의 구성원들이 꼭 중심지에 거주할 필요는 없다는 사실을 덧붙여야겠다. 사적인 회합이 그들 사이의 충분한 의사소통을 위해서도, 그들이 치러야 할지도 모르는 선거를 위해서도 꼭 필요한 것은 아니기 때문이다. 이미 이탈리아에는 이러한 방식으로 구성원들이 분산되어 있는 조직이 있으며, 그 단체는 성공적으로 몇 년 이상 유지되고 있다. 이러한 방법을 통하면, 중심지에 살고 있는 이들에 한정하여 구성원을 뽑아야 할 필요가 없어진다. 균일하게 가장 널리 퍼져 있는 지식들은 가장 일반적으로 유용한 것들이다. 또한 우리는 이러한 방법을 통해 동시에 지식의 집적과 확산이라는 이득을 취할 수 있다.

아직은 이 단체들에 적합한 정관들이 무엇인지, 이 단체들이 아이들의 교육뿐만 아니라, 성인들의 교육에서 어느 정도로 필수적인지, 지식의 확산과 보전을 위해 어느 정도로 필수적인지를 설명할 때가 아니다. 또한 그 단체들이 언젠가 효용을 다하게 된다 하더라도, 그것이 얼마나 오랜 세월이 흐른 뒤일지, 그리고 그러한 단체들이 천재성의 성장에 도움이 안 될 것이라고, 나아가 천재로부터 자유를 뺏어갈 것이라고 주장하는 것이 얼마나 부조리하고 무의미한 일인지도 여기서 군이 설명할 사항은 아니다. 다만 지식인 단체가 교사 임용에 미치게 될 긍정적 영향에 대하여 설명하기 이전에, 우선은 그 단체들의 본성과 정신에 관하여 몇 가지 세부적인 이야기들을 펼쳐야겠다.

오래전부터 가장 유명한 지식인 단체 중 하나에 속하고 있다는 영광이 필자로 하여금 이 대목에서 과감한 솔직성을 발휘하도록 채근하고 있다.

### 지식인 단체의 구성원들은 그들 자신의 선택에 의해 갱신되어야 한다

지식인 단체의 구성원들이 오직 자신들의 의사에 따라 다른 구성원을 고르는 것은 지극히 자연스러운 일이다. 실제로 그들의 본질적인 목적은 지성의 앙양에 있고, 이미 알려져 있는 진리들에 새로운 진리를 덧붙이는 데에 있는데, 그렇다면 그러한 진보를 가능하게 할 것으로 기대되는 사람들로 그 단체가 구성되어야 함은 명백한 일이 아닌가! 또 기존 구성원들이 아니라면 누가 새로운 구성원의 임명권을 가질 수 있단 말인가? 다른 방식들은 하나같이 부조리하기만 하다.

### 지식인 단체들에 퍼부어진 온갖 비난들에 대한 점검

사람들은 지식인 단체들이 매우 많은 수의 범용한 지식인들과 문학자들을 제 품 안에 받아들였다고 비난한다. 그와는 반대로, 충분한 자격을 갖춘 이들은 뽑히지 않는다고, 다만 그들의 독립적 성격과 독특한 주장이 학위 소지자 및 특권적 지식인의 허영심과 자존심에 상처를 입혔을 뿐인 이들은 뽑히지 않는다고 비난한다. 첫 번째 비판은 다음과 같은 몇 가지 사실에 기반을 두고 있다. 첫 번째로, 지식인 단체의 구성원 수는 어김없이 제한되어 있는데(구성원 수에 제약을 두지 않는다면 그들은 더욱 나쁜 선택의 위험에 노출될 것이고, 결국 특출남이 아니라 범용함을 장려하는 듯한 결과를 초래하기 때문이다), 바로 그렇기 때문에 자연적으로 후보자가 두루 인정되는 자질을 결여했더라도, 개인에 대한 호의가 선택에 영향을 미쳐 그 선택이 거의 자의적으로 되는 경우가 생겨난다. 또한 그와는 반대로 개인적인 고려가 매우 큰 재능을 갖춘 사람을 한두 차례의 선발에서 배제하는 일도 일어날 수 있다. 그러나 이러한 배제가 절대로 오래가는 것은 아니며, 호의 또는 증오가 가끔씩 그의 승인을 늦추는 일은 벌어졌을지언정 그것을 결정적으로 가로막는 일은 일어나지 않았다.

전 유럽의 지식인 단체들 가운데, 재능이 후세의 판단에 의해 인정되었거나 다른 국가들의 판단에 의해 인정된 어떤 사람의 가입을 거부한 예를 찾아볼 수는 없을 것이다. 자연과학에 관련된 학회들은 분명 단호하게 사기꾼들을 내쳤다. 그들은 큰소리치기 좋아하고 환상적인 약속들을 뿌려댐으로써 부당하게 짧은 명성을 얻은 자들인데, 민중에게 했던 것처럼 지식인들을 쉽게 현혹할 수는 없었다. 지식인들은 이미 오래전부터 대중적으로 알려진 진리들이나 이미 잊힌 오류들을 마치 멋진 발견인 것처럼 포장하는 오만한 무식자들을 절대로 받아들인 적이 없다. 지식인들은 또한 지식이 깊지도 않고 재능이 뛰어나지도 않으면서 매혹적인 무지의 철학이 담긴 기발한 문구들과 다양한 학설을 통해 자신들의 부족함을 메울 수 있다고 믿었던 이들에게도 마찬가지로 엄격한 태도를 보였다. 이러한 태도는 잘못과는 거리가 멀며, 그 반대로 이들 지식인 단체의 유용성에 관한 강력한 증명이다.

자연과학 학회의 경우처럼 재능을 측정하기 위한 분명한 기준을 갖고 있지 않은 다른 학회들도 재능 있는 사람들을 배척한다는 비난으로부터 자유롭다. 가장 격렬하게 그러한 비난을 받아온 아카데미 프랑세즈[10]의 예를 살펴보자. 물론, 아카데미 프랑세즈의 회원 명부에 우리의 문학을 영광스럽게 빛낸 모든 사람들의 이름이 들어가 있는 것은 아니다. 그러나 그 명부에서 제명된 사람들이 누구인지 확인해보면, 하나같이 맹목적인 믿음의 소유자란 이유로 배제되었음을 알 수 있다. 맹목적 믿음은 나태하고 부패한 권력의 담지자들에게 불명예스러운 자격 상실을 불러왔으며, 또한 그들에게 위선적인 오만의 어조로 유명하게 만들거나 추방시키고 싶어 하는 이름들을 불러왔던 것이다. 이에 우리는 열 개 남짓 되는 단체들의 역사 속에서 그들이 편파성을 보인 예는 한 세기 내내 한 건 정도인데도, 어떻게 우리가 학회들의 편파성을 두려워해야만 하는지 묻고 싶다.

사람들은 또한 지식인 단체들이 특정한 몇 가지 독트린에 집착하는 것을 비난한다. 그러한 집착은 그들을 잘못된 선택으로 이끌 수도 있으며, 오류를 연장하는 데에 기여할 수도 있다는 것이다. 파리 과학 아카데미의 데카르트주의에 대한 집착이 그 중요성으로 보나 기간으로 보나 우리가 들 수 있는 가장 유명한 예일 것이다. 어쨌든 그들의 데카르트주의는, 학회 안에 뉴턴주의 기하학자들을 인정하고 받아들이는 것을 전혀 막지 않았다. 그리고 유럽 대륙에서 첫 번째로 소리 높여 뉴턴주의를 주장했던 이들은 바로 이 학회의 구성원들이었다. 데카르트주의는 순수하게 기계적인 운동 원리까지 거슬러 올라가려 하지 않고, 다만 실험에 의해 증명된 법칙에만 고요히 집중하는 새로운 철학이 진리에는 위험한 철학이라고 간주하는 것으로 만족했던 것이다. 이러한 형이상학적 이견에도 불구하고, 데카르트주의자들은 어쨌든 그들 자신은 어렵디어려운 옛 와동설tourbillon의 변형을 통해 어떻게든 그것들을 설명해 보느라 시간 낭비를

---

10. 1634년 리슐리외 추기경이 설립한 '프랑스 한림원'을 말한다.

했다지만, 새로운 발견들을 거부하지도 않았으며, 그들이 행여 오용되지나 않을까 그토록 근심스러워했던 새로운 수학적 발견들에 대해서도 감탄을 금하지 않았다.

사람들은 또한 새로운 것들의 발견자가 아카데미 회원이거나, 또는 그들과 친분이 있거나 관점을 공유하는 사람이 아닌 경우에는 지식인 단체들이 새로운 발견이나 유용한 발명을 인정하길 꺼린다고 비판한다. 우리는 여기서도 사실이 정말로 그러한지 검증해볼 수 있다. 지식인 단체들이 창설된 이래로(그중 몇몇 단체들은 한 세기도 더 이전에 창설되었다), 사람들은 그들에 의해 거부된 단 한 건의 진실한 발명의 예도 찾아내지 못할 것이다. 물론 지식인 단체는 검증 없이는 새로운 발견 및 발명을 인정하려 하지 않았다. 그들은 첫인상에 따라 개연성 있는 것으로 인정되는 것들, 그러므로 어떤 이론을 뒷받침하고자 할 때나 실제적으로 활용해보고자 할 때 다시금 확인하여 검증해볼 수 있는 대상으로 남겨두는 것들과 공개적으로 그것은 진리라고 공표할 것들을 조심스럽게 구분해왔다. 그런데 이러한 느린 인정과 조심스러운 엄격함이야말로 그들의 결정이 확실한 것임을 보증하는 가장 큰 증거가 아닌가? 그리고 검증된 진리라는 것은 오직 더 큰 개연성으로 인해서만 단순한 직관과 구분된다는 사실을 알고 있는 철학자들이라면, 과연 그들이 다르게 행동하고, 다른 원리들을 주장할 수 있을까? 이어서, 사람들로 하여금 그토록 잔인하게 거절당한 발견들을 점검해보라고 하자. 사람들은 그 발견들에 대해 내려진 판단들이 오랜 시간이 걸린 공정한 것임을 이해하게 될 것이다. 그 발견들이란 것이 곧 오래전에 인정되었던 반쪽짜리 진리들, 또는 순 헛소리로 환원될 수 있다는 것을 확인하게 될 것이다. 또한 사람들은 그 발견들은 대개 몇 달 동안 부당하게 누렸던 우스꽝스러운 명성에 대한 대가를 치르고서는 곧 잊히고 말았음을 보게 될 것이다.

이 점에서 이성은 경험적인 검증과 결합한다. 한 지식인 단체를 구성하는 구성원들의 평판은 만약 그들이 엄청난 재능을 가진 어떤 사람에 대하여 집요하게 거부 의사를 밝힌다면 제풀에 사라질 것이며, 그 집단의 명성도 당연히 자취를 감춘다. 반면 일부 구성원들의 영광은 다른 구성원들에게도 영향을 미친다. 아카데미의 명단을 장식하는 위대한 이름들은 그들과 함께 기재된, 조금은 덜 유명한 동료들에게도 일종의 빛을 던져주기 때문이다. 이러한 동료 관계가 너무 많이 들춰진 지식인 집단의 결점에 관한 생각을 없애준다.

학회의 목적은 진리를 발견하는 데에 있고, 기존 이론을 보완하는 데에 있으며, 관찰을 늘리는 데에 있고, 방법론을 확장하는 데에 있다. 만약 그들이 이러한 일을 함께 떠맡을 능력에 못 미치는 이들만을 선발한다면, 그러한 목적은 달성될 수 없지 않은가? 또한 잘못된 선택을 거듭하는 것은 곧 그들 자신을 망치는 것 아닌가? 그러므로 학회의 새 구성원 선정에는 서로 균형을 맞추는 열정들의 한가운데서 언제나 공정함을 지향하는 선거가 되도록 만드는 항구적인 동기가 존재한다. 그러한 힘은 오직 정말로 뛰어난 사람에 대한 시샘으로만 정복당한다. 우리는 질투라는 감정이 있음을 부정할 생각이 없다. 그것이 미치는 수치스러운 영향력도 잘 안다. 그러나 아카데미 구성원으로 누군가를 받아들인다는 것의 의미는 이미 아카데미에 속한 영광을 누리고 있는 이들에게 수치를 안겨줄 어떤 우월함을 새 구성원에게 인정한다는 의미가 아니다. 뉴턴의 재능을 가장 시샘했던 사람조차도 감히 볼테르가 학회 안에 한자리를 차지할 자격이 없다고 말하는 광태狂態를 부리지는 않았다. 그리고 감히 『알지르Alzire』의 저자[11]가 아카데미 프랑세즈에 이름을 올릴 자격이 없다고 주장하려면 위선과 결합된 종교적 광신주의가 또 다른 선입견들의 도움을 청해야만 했다. 질투심은 물론 볼테르가 크레비용Crébillon보다 열등하기를 원했다. 그

---

11. 볼테르(Voltaire)를 말한다.

러나 그러한 질투심조차도 볼테르를 마리보Marivaux나 당세Danchet에 못 미친다고는 말할 수 없었다. 결국 만약 두려워해야 하는 것이 저 어마어마한 부당함뿐이라면, 여론의 힘이 그 부당함이 지속되는 것을 막아낼 것이다.

새로운 발견이나 시도에 관한 지식인 단체의 판단에 대해서도 마찬가지다. 그러한 판단을 사회의 일반적인 사업에 관한 판단과 혼동해서는 안 된다. 지식인 단체가 내려야 하는 판단의 경우 불변하고 항구적인 것을 대상으로 삼고 있기 때문이다. 우리는 언제라도 그들의 결정이 갖는 오류를 지적할 수 있다. 또한 판단을 내리는 사람은 편향적이라는 비난과 무지하다는 비난 사이에 놓이게 되는데, 그는 어쨌든 두 비난을 모두 피할 수는 없다. 한 학회원이 그의 단체 안에서 얼마만큼의 신뢰를 얻고 있든, 또한 그가 몸담고 있는 단체가 그 견해에 관하여 어느 정도의 권위를 갖고 있든, 그의 목소리는 곧 모든 국가의 여러 지식인들의 목소리에 묻혀 사라지고 만다. 누구도 현혹할 수 없으며, 매수할 수도 없는 이 재판정이 다른 모든 이들의 불편부당함을 보증하고 있다. 수치와 명예를 배분하는 것은 바로 이 재판정이다. 어떤 이론이나 발명에 관한 자신의 의견을 공포하는 학자는 동료들의 자유로운 판단보다는 덜 공정하게 판단을 내릴 것이다. 그러므로 개인의 자존심과 명예를 잃을지도 모른다는 두려움이 전체 심사위원들의 판단을 보증한다. 심사위원들이 부당한 판단을 내림으로써 얻을 수도 있는 이득은 그들의 학문적 영광을 잃을 수도 있는 위험부담보다 크지 않기 때문이다. 단 한 번의 오류만으로도 그들의 학문적 명성이 빛이 바랠 수 있다. 그들이 잘못해서 내친 새로운 발견이 더욱 위대하고, 빛나고, 유용할수록 그들의 수치도 오래간다. 그러므로 그들은 차라리 지나치게 관대하다는 비난을 받으려 할 것이다. 우리는 이들 학회에서 학문에 대한 박식보다 재능을 더욱 발견하게 되는데, 잊힌 발명들이 그곳에서는 종종 새로운 발명으로 치부되기 때문이다. 학회의 공인이 느리게 이루어지는 것은 용인될 수 있으며, 숙고에 힘쓰는 모든 인간들에게는 그러한 느림이 자연스럽다. 그들은 자신의 생각들로부터 빠져나와 다른 이의 생각을 판단해야만 하기 때문이다.

끝으로, 만약 학회원들 사이에 다른 회원보다 '상급자'가 있게 된다면, 그들은 중립적인 판단을 어렵게 할 것이며, 보잘것없는 것들을 호의적으로 다루는 데에 더 열중할 것이다. 상급자 자신이 누리고 있는 영광에 미치지 못하는, 보잘것없는 영광만을 취하게 될 사소한 발견과 발명들을 다른 것보다 호의적으로 대할 것이라서다. 이러한 이유로 우리는 구성원 간에 평등한 지식인 단체가 스스로 새롭게 되는 것을 기대할 수 있으며, 그들이 어떤 시대에서든 가장 지적이고 재능 있는 자들의 모임일 것임을 의심하지 않을 수 있다. 바로 그렇기 때문에 우리는 그들의 판단이 선입견 없이 몇몇 구성원들의 이론에 좌우되지 않고, 공정하게 이루어졌으리라 신뢰한다.

지식인 단체들이 여론을 장악하고, 새로운 발견들을 통한 진보를 가로막으며, 진리와 영광에 대한 일종의 독점을 행사한다는 그토록 무수히 반복된 비난들은 그러므로 순 헛소리에 가깝다. 이러한 근거 없는 고발의 원인을 추정하는 것은 그리 어렵지 않다. 그 원인은 너무나도 빈번히 일어나는 지나친 오만과 무지의 결합에, 나쁜 머리와 엉터리로 배운 폭넓은 지식의 결합에, 폭주하는 상상력과 보잘것없는 것을 발명해내는 재능의 결합에 있다. 이러한 특징을 찾아볼 수 있는 모든 이들은 그러므로 자연스럽게 지식인 단체의 적이 되며, 지식인 단체 속에서 그들의 호언장담과 오류는 전혀 빛을 보지 못했다. 이들의 정신적 결핍과 집착하는 태도는 사람들이 별 악의 없이 그들의 의견을 채택하기를, 그들의 이른바 발명이란 것들을 우러러보기를, 그들의 재능의 우월성을 인정하기를 거부할 수 있었다는 가능성을 인정할 수 없었다. 그들은 이러한 현상들을 설명할 수 있는 원인으로 오직 자신들에 대한 지식인 단체의 질투심만을 보았다.

오늘날 학계에서 흔히 일어나는 일들을 자세히 알고 있는 사람들이라면 별 어려움 없이 그 예를 떠올릴 수 있다. 다만 한 가지만 강조하자면, 학자를 자칭하는 수많은 사람들의 일부인 학회 중상자들, 그들이 가소롭게도 '문학적 귀족정'이라 칭하는 대상에 대해 갖는 분노와 증오심 중 어느 한 건이라도 이러한 방법으로 쉽게 설명되지 않는 것이 없다는 것이다. 우리는 그들이 어떤 거친 무지, 공상적인 학설, 근거 없는 호언장담에 의해 학회의 준엄한 판단을 받았는지, 심지어는 침묵에 의해 거부되었는지, 그리하여 어떻게 그들이 품은 분노의 은밀한 원인이 바로 자기 자신들에게 있는지 설명해줄 수 있다.

다음과 같은 무리들도 있다. 학문을 기반으로 한 기술에 종사하는 이들, 그러나 지식인들에게 매서운 비판을 받는 헛소리들을 남발하며, 아무리 잘 숨겨놓더라도 결국 자신들의 무지가 지식인 검열관에 의해 감정되고 발견되는 이들 말이다. 이들은 또한 자기 뒤에 그들보다 적지 않은 수의 또 다른 사람들을 끌고 다니는데, 이들도 마찬가지로 학문이 무엇인지 알지 못하는 사람들이며, 단지 누군가가 그들이 모르는 것을 알고 있다는 사실만으로 짜증이 나 있는 사람들이다. 그들은 지식인들이 갖고 있는 명예와 지성의 우위를 증오하며, 학문에서 그 자체만으로는 어떤 우월성도 담보할 수 없는 간단한 응용들만을 인정하고자 한다. 그들은 아무것도 모르면서 새로운 것을 발견했다고 자랑하는 이들에게 호의적이다. 그 이유는 그들이 학자들보다는 자신들에 더 가까이 있다고 느끼기 때문이고, 그들이 자신들의 적의 적이기 때문이며, 마지막으로 그들은 진짜 학자들이 경멸해 마지않는 것에 대해 그들의 찬동을 얻고자 하기 때문이다.

지식인 단체의 결성은 공권력의 도움을 필요로 하지 않는다. 공권력은 다만 지식인 단체들을 인준할 뿐, 창설하지는 않는다. 파리 과학 아카데미는 카르카비Carcavi 집에서 활동했으며, 런던 학회는 올덴부르크 Oldenbourg 집에서 활동했다.[12] 두 학회는 각각 프랑스와 영국의 가장 유명한 학자들의 모임이었으며, 지금도 여전히 그러하다. 국왕들에 의해 승인된 이후로도 그 학회들은 이전과 변함없는 모습을 유지했으며, 국왕들 없이도 줄곧 같은 모습을 유지해갈 것이다. 비록 몇몇 학회에는 자유와 어긋나는 규칙들이 부과되곤 하였으나, 그 규칙들이 그들의 정신을 바꾸지는 않았으며, 그 정신은 그들의 원동력이 달라지지 않는 한 계속 유지될 것이다. 곧 그들의 원동력이 그 어떤 공적 유용성에 달려 있지 않고, 어떤 필수적 기술들의 장려에 있지 않으며, 다만 진리를 위해 태어난 자들의 자연스러운 욕구인, 쉼 없이 자신에게 펼쳐진 길 위에서 전진하고자 하는 욕구에 달려 있는 한, 지식인 단체들의 정신은 변함없이 유지될 것이다.

한 국가에서 가장 계몽된 이들의 모임은 자의에 의해서든 타의에 의해서든 일단 한번 형성되면 그들이 공부하는 학문만큼이나 오래도록 존속할 것이다. 만약 문제 있는 공권력이 그들의 지식을 누리고 활용하는 것을 거부한다고 하더라도 말이다. 그러므로 중요한 것은 학문에 대해 독점적인 권위를 갖고 있는 한 단체를 만들고 유지하는 것이 아니다. 중요한 것은 이미 학문이 그 속에서 활발히 연구되고, 이후로도 그렇게 될 것이 분명한 기존의 학회를 인정하고 장려하는 일이다. 구성원들의 자존심이 그들로 하여금 당대의 가장 훌륭한 재능을 갖고 있는 사람들과 주기적으로 연합하도록 만들기 때문에, 그리고 아직 가입이 인정되지 않은 사람들의 자존심이 그들로 하여금 가장 빛나는 이름들이 올라가 있는 회원 명부에 자신의 이름도 올라가게 되기를 욕망하게 만들기 때문에 학문은 학회 속에서 줄곧 활성화된다.

---

12. 런던 학회는 영국 왕립 학회(Royal society)의 전신에 해당하며, 그 창립자 중의 한 사람인 하인리히 올덴부르크(Heinrich Oldenbourg)는 영국에서는 헨리 올덴버그(Henry Oldenburg)로 알려져 있다.

지식인 단체들이 이러한 장점을 지니고 있는 것은 결코 그들에게 부과된 규칙이나 특정한 정신 때문이 아니며, 구성원들의 지성이나 덕성 때문도 아니다. 지식인 단체들은 바로 그들이 하는 일의 본질적인 특성에 그러한 장점을 빚고 있다. 만약 이들이 좋은 정관, 곧 끊임없이 그들의 목적을 상기시켜주는 정관을 갖고 있다면, 더욱 오래도록, 더욱 완전하게 그들의 정신을 보전할 수 있을 것이다. 우리는 옛 동업조합의 예를 보아 지식인 단체들도 그렇게 되지나 않을까 걱정할 필요는 없다. 단일 직종 종사자로 구성되고, 어떤 법 또는 종교로부터 인정된 특정 독트린의 유지를 위해 활동했던 옛 동업조합들은 자연적으로 그들의 단체 정신을 강화하는 경향이 있을 수밖에 없었지만, 그와는 정반대로, 지식인 단체들은 그러한 단체 정신을 배격하는 경향이 있다.

## 지식인 단체를 교직원 단체로 전환하는 일은 없어야 한다

가르치는 재능은 학문의 진전에 기여하는 재능과는 다르다. 교육은 무엇보다도 명료함과 체계성을 요구하는 한편, 학술 활동은 정신적인 힘과 명민함을 요구한다. 좋은 교사가 되려면 그가 가르치기를 원하는 학문의 다양한 분과들을 거의 같은 정성을 들여 공부해야 하겠지만, 학자는 그중 단 한 가지를 깊이 있게 공부하는 것으로도 큰 성공을 거둘 수 있다. 교사는 긴 기간 동안 지속적으로 쉬운 일을 하지만, 학자는 엄청난 노력을 들여 일하되 사이사이 긴 휴식기를 가질 수 있다. 두 직무를 수행하는 데에 요구되는 습관들도 매우 상이하다. 교사는 동시대에 알려져 있는 지식을 가르치는 데에 익숙해지지만, 학자는 언제나 앞으로 나아가는 일에 익숙해져야 한다. 교사는 주어진 원리들을 분석하고 상술하는 습관을 갖게 되나, 학자는 원리들을 조합하여 새로운 것을 찾아내거나, 새로운 원리를 만들어내야 한다. 교사는 방법론들을 단순화시키는 데에 익숙해지지만, 학자는 방법론들을 한층 일반화하고 확장해야 한다. 그러므로 지식인들이 스스로를 교육자로 인식하는 일이 없어야 하며, 학회가 교육 단체가 되는 일은 없어야 한다. 그렇게 되면 지식인 집단에 활기를 불어넣었던 정신이 죽어버릴 것이며, 그들은 학술 활동을 하는 인간이 기존의 발견을 가르치는 것만으로도, 새로운 것들을 발명하거나 기존 발견을 보완하는 일에 준하는 영광을 얻을 수 있다고 생각하기 시작할 것이다. 이러한 생각으로 인해 교활한 범용성이 천재가 누려야 할 영광을 강탈하는 지경에 이를 것이며, 학술 집단은 그들의 존재가 가진 장점을 잃게 되어, 교육자 집단의 악덕을 공유하게 된다. 그러므로 지식인 단체는 다만 그들의 지성과 작업을 통해, 그들의 판단이 누리는 신뢰를 통해 교육에 영향을 미쳐야 하는 것이다.

　꼭 필요한 여담을 다 마쳤으니, 이제 우리의 본론으로 돌아오자.

### 교사 선발, 승인 및 해임

　우리는 우선 세 단계의 교육과정에서 공통 수업을 담당할 선생님들을 선발해야 한다. 이 직분은 오직 해당 지역의 지식인 단체가 교육자가 되기에 적합하다고 판정한 사람들 중에서 뽑힌 이들이 수행할 수 있으며, 지식인 단체가 선발한 후보들은 일단 각 단계의 교사 대기자 명단에 오른다. 첫 단계 및 두 번째 단계 후보자들에 대해서는 해당 구역의 교육 감독관 주재로, 세 번째 단계 후보자들에 대해서는 해당 도道의 교육 감독관 주재로, 공석을 채우는 데에 적임자로 생각되는 사람들을 한 단계마다 일곱 명씩 2차 선발할 것이다. 이때 후보자의 자질 판단에 가장 적합한 수단은 교육 감독관의 독단적 판단이다. 교육 감독관은 자신이 맡고 있는 일의 본성상 그의 평판과도 직결되는 훌륭한 선택을 내림으로써 명예를 얻고자 할 것이라서다. 마지막으로, 첫 번째 단계의 교사가 필요한 지역에서는 각 가정의 가장들이 모여서, 2차 선발된 후보들 중 해당 지역 교사로 가장 적합한 이들이 누구일지 고르게 될 것이다. 두 번째 단계의 교사가 필요한 지역에서는 이 최종 선발 권한이 구의회에 맡겨질 것이다. 세 번째 단계의 교사가 필요한 지역에서의 선발권은 도의회에 있다.

다음으로는 두 번째와 세 번째 단계에 필요한 특별 수업의 교사들을 선발해야 한다. 특별 교사의 후보 명단도 각 도의 지식인 단체에서 작성할 것이다. 지역 또는 도道 교육 감독관은 그 명단 중에서 다섯 명의 후보를 고를 것이고, 이 다섯 명 중에서 누가 교사가 될 것인지는 지역 지식인 단체가 선별한 일군의 선발 요원들이 결정할 것이다. 선발 요원들은 지식인 단체 회원 중 임용될 교사의 전공과목과 같은 전공을 공부한 이들 중에서 선별될 것이다. 우리가 특별 수업이 모든 학생들을 대상으로 실시되는 것이 아니라는 사실을 떠올린다면, 그리고 특별 수업 없이도 모든 학생들이 필수적인 지식을 습득할 수 있다는 사실을 떠올린다면, 우리는 학생들 자신을 위해서나 공공복리를 위해서나, 시민들의 개인적 이익이 여기서는 사회의 일반적 이익에 순응해야 함을 알 수 있다. 높게 평가할 수 없는 재능들 사이에 선택권을 부여하기에는 시민들 개인의 직접적인 이익이 너무도 미미하기 때문이다.

특별 수업 교사의 선발 문제는 그가 가르치게 될 과목에 대한 심화 지식이 없이도 교육받은 성인이라면 누구나 어느 정도의 판단을 내림직한 교육자 자질의 문제가 아니라, 해당 분야의 학문에 대한 깊은 이해를 요구하는 선택의 문제이다. 따라서 우리는 특별 수업 교사의 선발을 지식인 단체의 모든 구성원들에게 맡길 것이 아니라 그중에서 별도로 구성된 선발위원회에 맡겨야 한다. 또 다른 한 가지 이유로 인해 우리는 이미 다른 공적 기능을 담당하고 있는 행정 기관들에게는 결코 시민 일반의 문제가 될 수 없는 이 선택을 맡겨서는 안 된다고 주장한다. 교육의 일부는 반드시 사회적 권력으로부터 자신의 독립성을 보존해야 하기 때문이다. 이러한 독립성은 이들 권력 사이에서 일어날 수 있는 결탁, 곧 외관상으로는 그럴듯해 보이지만 실은 교육 기관과는 전혀 상관없는 무지한 지배 기관을 들여올 수 있는 권력들 간의 결탁에 대항할 가장 확실한 치료약이다. 이러한 조치는 교육이 사회적 특권 계급의 이해관계에 따라 규제되지 않고, 이성의 점진적 발전에 따라 규제될 것을 보증하는 유일한 방법이며, 또한 특권 계급들로 하여금 법이 금지하는 어떤 선입견을 그들이 취할 수 있으리라는 희망을 제거하는 유일한 방법이기도 하다. 이 방법은 명망가들에게 그토록 소중한 몇몇 독트린이 영속화되는 것을 방지하는 방법이기도 하다. 그들은 특정 의견들이 오래도록 진리로 남아 있을 것이란 확신 아래, 그 관점에 따라 은밀한 월권의 계획을 세운다.

국가에 의해 교육비를 지원받게 될 아이들을 위한 교육 기관의 수장으로 임명될 남교사 혹은 여교사는 우선 지역의 지식인 단체에 의해 적합한 인재로 판정된 이들 중에서 선발된다. 이때의 자격 요건은 적어도 몇 년간은 교사로서의 직무를 수행해본 경험이 있어야 한다는 것이다. 해당 지역의 교육 감독관이 이들 후보 중에서 다섯 명을 골라낼 것이고, 그 다섯 명 중에서 각 구 또는 각 도의 선거인들이 최종 선발을 결정할 것이다. 이때 문제가 되는 것은 일반적인 학교의 교육이 아니라 마치 고해 신부가 그러한 것처럼 아이들의 인성과 도덕에 더 직접 영향을 미치는 특수 기관의 교육이기 때문에, 그리고 일단 성인으로서 갖춰야 하는 능력이 갖춰진 모든 시민은 우수한 도덕적 자질들을 분간할 수 있는 심판관이 될 수 있기 때문에 최종 선발권은 정당하게도 각 가정 가장들의 대표자들 손에 맡겨야 한다. 대표자들에게 선발 권한이 맡겨지는 이유는 모든 가장이 직접 그 선발에 참여할 수는 없기 때문이다. 회계를 담당하는 사람은 교사와 철저하게 분리되어야 한다. 왜냐하면 회계역과 교사역을 한 사람이 맡게 되는 경우에는 자연스럽게 아이들에게서 일종의 경멸감이 생길 것이라서다. 아이들은 자신들의 스승을 양식을 제공하는 자 정도로 바라보는 데에 익숙해질 것이다. 회계사는 각 구 또는 각 도의 회의를 통해 선발될 것이다.

각 구의 교육 감독관은 지역 지식인 단체의 회원들 중에서 선발될 것이다. 구가 속해 있는 도의 교육 감독관이 각 자리마다 다섯 명씩의 후보를 추천하고, 구의회가 그들 중에서 최종 선발을 결정하는 것이다. 각 도의 교육 감독관은 지역 지식인 단체의 구성원 중에서 선발되거나 혹은 수도의 지식인 단체 구성원 중에서 선발될 것이다. 수도에 본부를 두게 될 교육부가 이들 중 다섯 명의 후보를 추천하면, 도의회가 다섯 명의 후보 중에서 최종 선발을 결정한다. 일상적인 디테일이 큰 의미를 차지하지 않고, 일의 본성상 오해 없이 공유될 수 있는 일반적인 업무를 처리하려면 그것을 단 한 명에게 맡기는 것보다는 적은 수의 인원으로 유지되는 한 부서bureau에 맡기는 것이 낫다. 해당 업무에 관점의 일관성과 신속한 결정이 필요하기 때문에 단 한 명의 담당자를 요구하는 것처럼 보이더라도 말이다. 그래서 우리는 각 도마다 한 사람의 교육 감독관을 두되, 수도에는 교육부를 둘 것을 제안한다. 교육부의 각 구성원들은 전문적으로 다섯 분야 또는 크게 나누어 세 개의 분야 중 하나에 관련된 상세 업무를 맡아볼 것이며, 그들은 서로 이론적이고 실천적인 지식들을 공유할 것이다.

정해진 후보들 중에서 투표를 진행할 때는 다음과 같은 방법을 따라 실행한다. 후보가 일곱 명인 경우, 각 유권자는 투표지에 가장 높은 선호도에서 네 번째 선호도까지의 순서로 네 명의 후보를 적는다. 후보가 다섯 명인 경우는 세 명을 적는다. 최우선 선발 대상은 제1선호도에서 절대다수를 점한 자이며, 그런 후보가 없는 경우는 제2선호도에서 가장 많은 표를 얻은 이를 선발한다. 만약 제1선호도까지 포함하여 다수의 후보가 박빙을 이룰 때는 전체 선호도에서 조금 더 많은 지지를 얻은 사람을 우선한다. 제2선호도를 고려하고서도 동수를 이룰 경우는 제3선호도를 고려하고, 제3선호도까지 고려하고서도 결정이 안 날 경우는 제4선호도까지도 고려한다. 여전히 결정을 내릴 수 없을 때는 절대다수를 이루지 못했던 상위 선호도까지도 포함하여 따져야 한다. 예컨대 제3선호도까지 고려했을 때도 우열을 가늠할 수 없을 때는 제1선호도와 제2선호도 면에서 우세인 후보를 선발해야 하며, 그때도 결론을 내릴 수 없다면 제1선호도에서 조금 더 앞선 후보를 선발해야 한다. 그런 일은 거의 일어나지 않겠지만, 여기까지 와서도 선발이 어려울 만큼 박빙이라면, 후보자의 나이를 고려하여 선발한다.

교육 감독관, 국가 기관의 교사, 학교 교사가 그들의 임기를 다 채우고 난 뒤에는 일련의 과정을 거쳐 연임할 수 있다. 첫 단계 교육과정에서 근무하는 이들은 지역 가장들의 모임으로부터 연임 허가를 받고, 다른 이들의 경우에는 각 구 또는 도 차원의 투표를 거쳐 연임 허가를 받는다.

국가 기관 교사 및 학교 교사가 해임되는 경우는 오직 법으로 정해진 중대한 사유에 해당될 때 뿐이어야 한다. 우리는 해임 요청의 권리가 오직 교육 장학관과 시민 대리procureur-syndic[13]에게 맡겨져야 한다고 생각한다. 해임 결정은 해당 지역의 장을 배심원장으로 두고, 지역 지식인 단체의 구성원들과 다른 동료 교사들이 배심원으로 참석한 가운데 열리는 심사위원회에서 선언되어야 한다. 교육 감독관 해임 결정은 위와 마찬가지로 진행될 것이지만, 해임 요청의 권리가 오직 시민 대리에게만 맡겨진다는 차이가 있다.

### 국고로 교육비를 지원해야 할 학생들의 선발

각 구 또는 도의 교육 기관에서 국고 지원을 통해 교육받게 될 아이들의 선발은 다음과 같은 방식으로 이루어진다. 우선, 후보생들의 숫자는 모집 인원의 배수로, 예컨대 8배수로 두어야 한다는 원칙을 들 수 있다. 만

---

13. 프랑스혁명의 영향으로 생겨난 직위로 각 도-군-구의 행정 업무를 담당하였으며, 대개는 각 지역 단체장이 겸임하였다.

약 우리가 남학생 6명을 뽑는다면 후보 인원은 48명이 되고, 여학생 3명을 뽑는다면 후보 인원은 24명이 된다. 기존 학생들의 사망, 은거, 또는 퇴학 등으로 인해 공석이 다양하게 생길 수 있기 때문에, 모집 인원을 언제나 같은 인원으로 고정시키는 것은 불가능하다. 또한, 비록 수업이 4년에 걸쳐 이루어진다고는 하지만, 우리는 상황에 따라 수업 기간을 늘릴 수 있어야 하며, 그 반대의 경우로 단축시킬 수도 있다. 여기서는 학생들의 지성에 맞는 수업을 해야 한다는 원칙이 바로 법이다. 구 교육 기관의 후보생들을 뽑으려면 우선 해당 지역의 교육 감독관이 각 지구마다 거의 비슷한 인원의 학생들이 포함되도록 해당 지역을 8개 구역으로 분할한다. 이 구분은 지역 의회에 제출되어 승인을 얻게 되며, 구분의 불평등함이 느껴질 때에만 10년에 한 번씩 갱신된다. 각 구역에서, 교사들은 저마다 두 명의 학생을 추천한다. 교사의 추천을 받지 못한 경우라도 부모들은 자식을 학생 선발에 참가시킬 수 있는 권리를 갖는다. 그러나 교사의 추천, 그리고 부모의 권리에 의한 추천은, 그들의 개인적인 선택과는 별개로, 학생의 동급생들이나 각 가정의 아버지들에 의해 품행이 단정하고 성품이 올바르기 때문에 국가의 자녀가 될 자격이 있다고 추천받은 학생들에 한정해서 이루어져야 한다. 각 지역의 장과 해당 지역의 교사들은 후보 학생들과 함께 지역 교육 감독관이 제시한 장소와 일자에 한데 모인다. 그곳에서 지역의 장은 다섯 명의 교사를 골라 아이들에게 질문을 하게 하고, 가장 훌륭한 답변을 한 아이들을 2차 선발한다. 이 아이들은 해당 지역의 중심지에서 다시 모여 교육 감독관과 지역장이 중심지 교육 기관의 교사들로부터 선발한 네 사람의 면접관의 검증을 받고, 그들에 의해 최종 선발된다.

동급생들과 교사 한 명의 추천에 의해 높은 도덕적 자질을 갖고 있다고 판단되어 구의 교육 기관으로부터 도의 교육 기관으로 옮겨 가게 될 학생들의 경우, 모든 교사는 자기 학생들 중에서 몇 명의 아이들을 추천할 권리가 있다. 기관 교사, 교육 감독관도 마찬가지의 권리를 갖고 있다. 결과적으로 모든 아이들이 교사에 의해서든, 교육 감독관에 의해서든, 기관 교사에 의해서든 선발될 가능성을 갖고 있으므로, 학생 선발은 결코 편파적으로, 단 한 사람의 선택에 의해 이루어지지 않는다. 다음으로는 구의회가 선정한 네 명의 교사와 구의 교육 감독관이 아이들을 검증하고, 각 구의 인원수가 많은가 적은가에 따라 모집 인원만큼 또는 모집 인원의 2배수에 해당하는 학생들을 선발한다. 마지막으로, 각 도청 소재지에서 앞서와 같은 방식으로 최종 선발이 이루어질 것이다. 이러한 선발을 마치 흥겹고 감동적인 축제처럼 진행하는 것은 어렵지 않다. 학생 선발은 그런 점에서 학생들 간의, 나아가 가장들 간의 경쟁심을 유발하는 데에 적절한 계기일 것이다.

### 교사 선발의 경우 경쟁보다 단순 선거로 선발하는 것이 좋다

교육 집단을 구성하는 데에 우리는 경쟁 선발, 곧 공적으로 대중적인 검증을 받아야 하는 선발보다는 선거를 통해서 교사를 선발해야 한다고 생각한다. 우리의 관점은 계몽된 공법 학자가 법정 증거주의preuves légales[14]를 바라보는 관점과 일치한다. 그들은 법정 증거주의를 배제하고자 하는데, 그 이유는 증거들을 엄격한 규칙 아래 판단하는 것이 그 자체로 나빠서가 아니라, 작금의 지적知的 상황에서는 그로부터 훌륭한 판단을 내리는 것이 불가능함을 알고 있으며, 지혜롭고 불편부당한 법관의 판단이 불확실한 규칙에 의한 판단에 우선되어야 하기 때문이다. 규칙에 의한 판단은 진리를 보증해주지도 않을뿐더러, 오히려 우리를 오류로 이끌 수 있다. 경선에 대해서도 마찬가지다. 누구도 경선이라는 형식이 좋은 선택을 보장한다고 말할 수 없으며, 특히 단 한 가지 자질을 검증하는 자리가

---

14. 증거의 증명력에 관한 법칙이 법률로 정립됨을 말한다. 증거들의 증명력을 법관의 자유로운 판단에 맡기는 자유심증주의와 대조된다.

아니라, 여러 가지의 그것도 서로 독립적인 다양한 자질들의 총체를 심사하는 자리라면 더욱 그러하다. 만약 경선이 매우 지적인 심사위원 앞에서 펼쳐진다고 하더라도, 그것은 불확실성을 그 심사에 떠넘기는 방식이 될 뿐이며, 선발되지 못한 지원자들의 반발과 심사위원들의 판단 사이에 필연적으로 생겨나는 대립에 의해 그 판단의 신뢰성을 깎아먹는 길일 뿐이다. 그 반대로 경쟁 선발이 대중에 의해 이루어진다면, 그 상황은 누구나가 그 사안에 대한 심사위원이 되기에 충분한 지성을 갖추고 있기 때문에 누구나 유용한 검열관이 될 수 있는 그런 사안에 관한 판단의 상황과는 전혀 다르다. 여기서는 그 반대로, 올바른 판단 능력이 없는 대중들이 더 능란하게, 더 뻔뻔하게 말하는 후보자를 선호하게 될 것이다. 대중은 그가 빠질 수 있는 거친 오류들을 알아챌 수 없다. 그가 그 오류들을 부정하거나, 혹은 교활한 몰염치로 자신의 결백을 주장한다면 말이다. 대중의 판단은 거의 언제나 지성인들의 판단과는 반대될 것이며, 그렇게 가장 훌륭한 스승들은 부임하기도 전에 대중적 신뢰를 잃게 될 위험에 놓인다. 이러한 방법의 차용은 부지불식간에 교육의 타락으로 이어질 것이며, 이성을 수다로, 가르침을 주는 지식을 재미있는 지식으로, 진실로 이성을 완성시키는 것들을 한순간 사람을 놀라게 하는 사소한 것들로 대체하고 말 것이다.

학생들의 선발을 공개 검증에 맡긴다는 생각도 이와 마찬가지다. 사실 우리가 학생 선발을 그렇게 했을 때에 학생들에게서 판단할 수 있는 재능이란 단지 말의 유창함뿐이었음을 우리는 쉽게 확인할 수 있다. 또한 그 시험의 입회인들이, 그들이 어떤 선입견을 갖고 있든 간에 학생들이 교사들보다 유능하다고는 생각지 않았다는 것은 분명하며, 따라서 학생들의 무모함이 논쟁에서 깊은 인상을 남기지 않았다는 것도 분명하다. 또 누군가는 교사들을 선발할 때 학생들로 하여금 경쟁을 시키자는 제안도 했었다. 이 방법은 오직 학생들 스스로가 엄청난 지식을 요구하는 직업이나 학자를 희망하고 있을 때, 그리하여 이미 그들 스스로 지식인일 때나 가능한 방법이다. 우리가 지금 다루고 있는 공교육 부문에서는 쓸 수 없는 방법이다.

## 교사의 임금은 국고에서 지급되어야 한다

교사들의 임금은 학생의 수업료로 충당되지 않고, 국고에서 지불된다. 어떤 이들은 학생들로부터 수업료를 받아 교사들의 임금을 지불하는 것이 좀 더 공정하지 않으냐고 주장할 것이다. 그러나 다음과 같은 이유로, 우리는 교사들의 임금이 국고에서 지불되어야 한다고 생각한다.

1) 공교육은 단지 교육의 수혜를 받는 가정들에게만 유익한 것이 아니라 모든 시민에게 유익하다. 이처럼 일반적이고 덜 직접적인 유용성이야말로 모든 아이를 대상으로 하는 교육의 첫 번째 목적이 되어야 한다. 모든 이에게 필수적인 교육이라면 무상으로 제공되어야 하는 것이 적절하다. 그래서 우리는 교사들에게 임금을 지불해야 한다.

2) 더 많은 수입을 얻는 사람이 세금을 더 많이 내야 한다는 원칙은 단지 사회가 유지됨으로써 부자가 더 큰 이득을 보기 때문만은 아니다. 같은 액수의 부담금이라도 실제로는 부자가 느끼는 부담이 더 적기 때문이다.

3) 공익에 입각하여 생각할 때, 우리는 지나치게 불공평하게 부과된 세금을 공평하게 바꿀 필요가 있다. 세금의 공정한 부과를 통해 모두가 이득을 볼 것이며, 오늘날 적절한 세금 분배는 가정마다 그 가장이 벌어오는 수입의 3분의 1이 될 것이다. 또한 다음 세대에 가서는, 어떤 가정에서는 부담금이 그 수입의 30분의 1이 될 것이고, 또 다른 가정에서는 그 반대의 과정이 진행될 것이다.

전체 사회의 관점에서 보면, 어떤 가정에서는 아이들을 전혀 교육시키지 않고 교육비도 내지 않으며, 어떤 가정에서는 열 명의 자식들을 가르치고 그에 해당하는 교육비를 지불하는 것보다는 모든 시민들이 비슷비슷한 재산을 갖고 다들 자녀 두 명씩을 교육시키는 편이 낫다. 일반적으로, 시민 일반을 위해 유용한 모든 지출들 속에서 저마다의 필요에 따른 지출로 인해 비자발적인 불균형이 생겨난다면, 정의와 공공선은 우연히 생겨난 이 불평등을 제거할 것을 요구하게 된다. 어떤 이는 학생 수를 늘리려는 욕망으로 인해 선생들 사이에 붙을 경쟁심을 말하기도 한다. 그러나 금전적 동기에 기반을 둔 이러한 경쟁심은 스승이 품어도 좋은 감정에 속하는가? 당신이 그렇게 하길 원한다면, 우선은 스승들의 영광을 모든 이득 중에서도 가장 저열한 이득인 금전적 이득에 결부시켜야 할 것이고, 스승들의 명성과 성공을 재는 척도를 그들의 수입으로 삼아야 한다. 또한 이러한 경쟁이 일어나려면 우선 학생들 간에 치열한 경쟁이 붙어야 할 것인데, 이러한 경쟁이 일어날 만한 유명 교육 기관이나 교사는 드물다. 마지막으로, 만약 교사들 사이에 진짜 경쟁이 붙는다 하더라도, 우리가 지금 문제 삼고 있는 기초 교육의 견지에서 볼 때, 우리가 얻을 수 있는 결과는 기대할 것이 없고, 철학과 가르치는 재능이 결여되어 있으며, 다만 달변의 재능만을 지닌 이들을 스승으로 모시는 결과만 남을 뿐이다. 이렇게 당신은 스승들에게 단지 약삭빠른 협잡을 부추기고 있을 뿐이며, 그 협잡은 선택권을 가진 부모들을 현혹하기에 알맞다.

그렇게 된다면 교육에 더 큰 불평등이 생길 것이다. 예컨대 하숙집이나, 아버지 친구의 집이나, 부모의 집에 있는 그의 자식에게 고작 식비만을 쥐어줄 수 있을 뿐인 가난한 아버지는 스승들에 대한 수업료까지 지불해야 한다고 하면 더 이상 자식을 교육시킬 수 없을 것이다. 가장 부유한 도시들이 그리고 가장 부유한 나라들이 가장 뛰어난 스승들을 모두 데려갈 것이며, 그러한 장점 이외에도 무수한 장점들을 모두 취할 것이다.

우리는 우리의 계획 속에 자유를 위한 필수적인 독립성을 보존해 두었다

이제 남은 것은 우리의 계획이 독립성의 원칙을 존중했는지, 그들 목적의 본질에 의해 그리고 사물 자체의 힘에 의해 결코 유일할 수 없는 존재인 국가 기관들에게 허용되어야 할 자유로운 경쟁의 가능성을 존중했는지 검토하는 일이다. 공공 기관을 세 종류로 나누어보자.

첫 번째로, 사회 질서에 필수적인 것이어서 공권력에 의해 직접 유지되어야 하는 기관들이 있다. 예컨대 법정, 경찰서, 행정 기관이다.

두 번째로, 원칙적으로는 경쟁에 노출시킬 수도 있겠지만, 현실적으로는 경쟁이 일어날 수 없는 기관들이 있다. 공익을 위한 몇몇 기관들, 예컨대 도시의 조명 유지, 도로 청소, 항만 공사, 도로 공사 따위를 맡아보는 기관들이 이에 해당된다. 만약에, 실제로(그렇게 하는 쪽이 더 공정할 것 같으니) 몇몇 자산가들에게 이러한 기관과 동일한 기관을 설립할 자유를 준다고 치자. 그들이 실제로 그 일을 해낼 경우는 매우 드물 것이다.

마지막으로, 공공 기관으로부터 이득을 취하는 것은 적절치 못하다고 생각하는 이들의 의지에 장애가 되지 않는 선에서 경쟁이 장려되어야 하는 기관들이 있다. 이러한 기관들은 자유와 그리고 더 개인적인 이해와 더 직접적인 관계를 맺고 있고, 그것에 대해 판단을 내리는 것은 오직 개인의 몫으로 남아 있다. 예컨대 경우에 따라서, 공권력이 어떤 도시나 시골에 의료 지원 및 산파의 지원을 약속할 수도 있고, 나아가 지원해야만 하는 경우도 있다. 하지만 그러한 경우를 늘리는 것은 공적 기금을 남용하는 일이 될 뿐만 아니라, 경쟁이 불가능할 정도로 그러한 경우를 늘리는 것은 저마다 자기 자신의 선택에 따라 그러한 용역의 사용을 선택할 자유가 있다는 원칙을 훼손하게 된다. 그러므로 한편으로 공공의 유용성이 공권력으로 하여금 행동하게 만들 때, 다른 한편으로는 자유에 대한 존중이 공권력으로 하여금 행동을 자제하도록 만든다. 이때 공권력은 원하는 사람이 있을 때만 지원을 하도록 제약되며, 스스로 국가적 권위나

힘을 담지하고 있는 것처럼 여겨서는 안 되고, 다만 스스로를 그의 계몽된 호의의 감정이 여러 공적 기관의 계획에 영감을 불어넣는 부유한 개인이라도 된 것처럼, 그러므로 그 기관들에게 설령 간접적이라 할지라도 배타적 영향력을 행사할 권리는 갖지 못한 이가 된 것처럼 여기도록 제약된다.

교육은 이러한 세 번째 분류의 공공 기관에 속해야 한다. 교육 기관은 자식의 교육에 대한 부모의 선택권이라는 자유를 철저히 보장해야만 할 뿐만 아니라, 우리가 이미 언급했던 것처럼, 공권력의 교육에 대한 배타적 영향력은 자유에게도 사회 발전에도 위험천만하기 때문이다. 교육에 대한 호의는 가능한 한 신뢰의 결과에 지나지 않아야 한다. 우리는 '가능한 한'이라고 말하였는데, 어쨌든 교육 기관이 모든 사회적 수요를 충족시켜야 한다는 것도 마찬가지로 필수적이기 때문이다.

이제 우리가 제시한 계획의 세부를 점검하면서, 우리는 우선 첫 단계의 교육에서 가장들에게 부과되는 괴로움은 단지 교사 후보들 중에서 선생님을 고르는 것뿐이라는 사실을 보게 된다. 이 교사들은 그들 스스로 교육의 한 형식에 포함되어 있는 사람들일 뿐이다. 인구가 약간 많은 곳이라면, 그 어떤 것도 또 다른 교사들을 맞이하는 것을 막을 수 없다. 그러나 시골이라면, 국가가 따로 교육 기관을 더 만들지 않는 이상 이들 소속 없는 교사들은 생계를 유지할 수 없을 것이다. 또한 우리는 국가 경비로 아이들을 교육시키는 교육 기관을 제외하면 모든 교육 기관들이 절대적으로 자유롭다는 것을 알게 된다. 모든 이에게 개방된 2단계와 3단계의 교육이, 마찬가지로 이들 자유 교육 기관에 개방되어 있다는 것을 보게 되며, 특수 교사들로부터 받는 수업들에서 원래 학생들이 배제되지만 않는다면 이 수업들은 심지어 외부에도 개방되어 있음을 보게 된다. 마지막으로, 어떤 곳에도 소속되지 않은 독립적인 교육 기관들은 공교육 기관의 교사가 믿음직스럽지 못할 때 다른 교사를 추대할 수 있다. 유용한 학문에 속한다고 여겨지지만, 중앙 교육 행정가의 실수로 교육과정에서 배제된 학문의 교사를 추대할 수도 있다. 가장들이 이로 인해 지불해야 하는 비용은 그다지 큰 장애물로 간주되지 않을 것이다. 왜냐하면 가난한 가정에서는 그들에게 부담이 되지 않을 만큼 적게 지불할 것이고, 부유한 가정에서는 그들이 교육을 원하든 원하지 않든 교육비의 부담을 덜 느낄 것이기 때문이다.

결국 이러한 더 자유로운 교육 기관들과 그와 나란히 놓인 공권력에 의해 운영되는 교육 기관, 그리고 교육 기관이 어떤 영향도 미칠 수 없는 지식인 단체들에 부여된 다양한 임무들은 모두 다 위정자가 교육에 대해 미칠 수 있는 영향력을 줄이는 데에 기여하며, 그 영향력을 계몽 지식인들의 독립적인 관점이 지닌 영향력으로 대체하는 데에 기여한다. 우리는 이성과 과학에 배타적 특권을 부여한다는 추상적인 관념에 빠지지 않고, 어떻게 우리가 이성적 관점을 획득할 수 있을지 제시하였다. 지성인들은 그들로 하여금 자유로운 선택을 하도록 내버려두면 스스로 이성적 관점을 알아보고 수합할 줄 안다. 또한 공권력에 의해 인정된 지식인 단체가 타락할 조짐이 있다고 하더라도, 자신들 옆에 또 다른 자유 학회가 형성되는 광경을 볼 수도 있다는 두려움이 언제나 그들을 다시금 자정自淨할 수 있게 만들어준다. 이렇게 시민들은 권력의 담지자들의 정치적 관점에 따라 교육이 운영될 수도 있다는 걱정을 조금도 할 필요가 없으며, 가족들은 교육의 선택에서 자유롭다. 또한 이렇게 기존의 교육에 또 다른 교육을 대조시키는 것이 쉬워지고, 그럼으로써 기존 교육에 결여되어 있는 부분을 보충하는 것이 가능해진다. 대안 교육은 기존의 교육 기관이 저지를 수 있는 오류들에 맞설 수 있는 일종의 검열관이다.

모든 스승, 모든 학문, 모든 교육 기관, 모든 지식인 단체에 적용되는 이 독립적인 교육의 자유가 있는 한, 자유에 대한 모호한 사랑을 거의 불안감처럼 품고 있는 이들은 가벼운 걱정조차 할 필요가 없다. 공식 교육 기관들이 특별히 열등하다는 증거가 없는 바에야, 경합을 두려워할 이유도 없다. 공권력은 제 권리를 넘어서지 않는 선에서 의무를 다할 것이다. 공권력은 성인을 만들어냈다. 이제 공권력은 그들이 스스로 받은 것을 유지하고, 보완하길 바랄 것이다. 공권력은 자신의 첫 교육이 맺은 열매를 우연 속에 방기하지 않을 것이다. 부모의 자상한 권위의 보살핌에 이어 이제 성인들에게는 공권력의 도움이 주어질 것이며, 그러한 도움은 성인의 독립적인 이성이 열렬히 받아들일 만한 것이 되리라.

# 성인들을 위한
# 공교육에 관하여

# 이 교육의 목적

우리는 이제 교육과정을 완전히 이수한 한 성인을 가정해본다. 그는 교육을 통해 자신이 배운 지식을 응용하는 취향과 습성을 들였으며, 그의 지식은 학문의 다양한 분야에서 충분히 확장되어 있으므로 그는 자신의 선택에 따라 스승 없이도 필요한 지식을 응용할 수 있을 것이고, 흥미에 따라 독학할 수 있다. 그가 가정교육에 힘을 쏟든, 혹은 집안일의 세세한 부분에 힘을 쏟든, 또는 그가 맡을지도 모를 공무에 더 적합한 이가 될 수 있도록 필수적인 작업에 몰두하든, 또는 그가 공익을 위해 세워진 계획들이나 인민에 의해 성립한 다양한 공권력의 사업을 점검하고 따르는 데에 만족하든, 또는 그의 취향이 단지 그가 자신의 이성을 단련하기 위해서만, 곧 생각하는 존재에 걸맞은 쾌락에 따라 그의 삶의 공허함을 달래기 위해서만 공부를 계속하든 간에, 우리는 그가 책들에 둘러싸여 있고, 지식인들을 알고자 하고, 그의 곁에 자신이 살고 있는 지방의 가장 흥미롭고 가장 유용한 생산물들을 두며, 오늘날까지도 우리를 둘러싸고 있는 어둠에 더 평등하고 더 순수한 빛을 던져줄 진리들이 무엇인지 알고자 하고, 어떤 새로운 지식의 응용이 그 작업을 통해 유용성을 높였는지 알고자 하며, 어떤 발명들이 현존하는 기술들을 더 완벽한 것으로 만들었고, 그의 지역에서 그가 누릴 수 있는 이점이 무엇이며, 어떤 정신이 법의 구성에 영향을 미쳤고, 어떤 정신이 정부 방침들의 근거가 되고 있는지, 공권력이 어떤 목적을 향해 나아가고 있는지, 공권력을 어떤 원리들이 지도하고 있으며 또 공권력을 부패시킬 위험성을 가진 이해관계는 어떤 것이 있는지 알고자 하는 것을 살펴본다.

이처럼 우리가 가정했던 바 계몽되고, 적극적이고, 알고자 하는 욕망 내지는 생각하고자 하는 욕구에 사로잡힌 그러한 성인이 저 자신을 위해 할 법한 일들을 모든 이들을 위해 베풀게 하는 것이 성인을 위한 공교육이다. 성인을 위한 공교육은 홀로 나아가기에는 지성이나 힘이 부족한 이들에게 지도와 뒷받침을 제공해야 하며, 불가피하게 독학의 길로부터 멀어진 이들에게 배움의 방법들을 제시해야 하고, 또한 무력함이나 나약한 이성으로 인해 첫 난관들 앞에서 발걸음을 돌린 이들도 용이하게 배움의 길로 나아갈 수 있도록 방법을 제시해야 한다. 다양한 정념들과 이해관계의 충돌 속에서도 재능 있는 자들이 자신의 능력을 펼쳐나가고 산업이 모든 노력을 경주하는 와중에도 공교육은 문명화된 인간의 첫째가는 보물인 저 소중한 평등을 지켜야 할 것이기 때문이다. 성인을 위한 공교육은 지혜롭고도 공정한 손으로, 자연이 아무렇게나 흩뿌려놓은 선물들을 재분배할 것이다.

다른 교육들과 마찬가지로 가장 일반적인 필요에 따라 계획된, 성인들을 위한 공교육은 다음을 주된 교육 소재로 삼을 것이다.

1) 정치에 관한 지식, 2) 윤리학, 3) 가정 경제와 농촌 경제, 4) 일반적인 유용성을 지닌 일부 학문과 기술, 5) 마지막으로, 체육과 도덕 교육.

정치 교육은 이미 성립된 법들에 관한 지식을 가르치는 데에
그쳐서는 안 되며, 새롭게 제안된 법률들의 동기 및 그것들이
근거하고 있는 원리에 관한 교육으로까지 확장되어야 한다

모든 성인들은 입안 중이거나 막 공포된 새로운 법들에 대해 알고 있어야 하며, 행정의 다양한 부문에서 어떤 조치들이 취해지고 있으며 또 준비되고 있는지도 알고 있어야 한다. 그들은 자신들을 지배하고 있는 법제 체제에 대해서도 언제나 알아야 한다. 만약 누군가가 새로운 정치적 문제를 제기할 경우, 또는 누군가가 사회 자체를 새로운 원리들에 따라 재정립하고자 하는 경우, 모든 성인은 그 새로운 문제 제기에 대해 알아야 하며, 새로운 원리들을 둘러싸고 벌어지는 논쟁에 대해서도 귀를 열어야 한다. 사실 그러한 교육이 없다면, 어떻게 우리를 지배하는 이들이 누구인지, 또한 그들로부터 기대해야 하는 것이 무엇인지 알 수 있겠으며, 그들이 우리를 위해 무슨 좋은 일과 나쁜 일을 준비하고 있는지 어떻게 알 수 있겠는가? 그러한 교육이 없다면, 한 나라는 계속해서 두 계급으로 분리된 채 남아 있지 않겠는가? 한쪽 계급은 다른 쪽 계급의 지도자로 행세하며, 그들을 방황하게 만들든 제대로 이끌든 다른 한쪽에게 실로 수동적인 복종을 요구하게 되는데, 이는 그 다른 한쪽이 맹목적이기 때문이지 않은가? 그렇다면 인민은 무엇이 되겠는가? 단지 교활한 자들이 마음대로 살리고 죽이고 이용하기 위해 자신의 것으로 차지하려는 순종적인 도구들에 불과한 것이 아닌가?

우리는 물론 공동의 법 아래에서, 같은 자유를 누리는 2,400만의 시민들을 모두 공법학자로 바꾸어놓겠다고 하는 것이 아니다. 다른 학문에서와 마찬가지로 정치학에서도, 천재들이 몇 년 동안의 숙고 끝에 발견해 낸 것을 이해하는 데는 몇 시간의 집중만으로 충분하다. 다만 이 교육에서는 모든 법적 조치와 모든 행정적 조치를, 또 그것들의 원칙뿐만 아니라 시행 방법을 인간의 권리들과 연관시켜서 생각하게끔 이끌 필요가 있

다. 선언된 권리들은 모든 비교의 준거점이자 모든 판단의 기준점으로 자리 잡게 될 잣대이다. 수많은 상반된 이해관계 아래 숨겨져 있는 공통의 이점을 알아보는 데는 어느 정도 확장된 지식과 깊은 성찰이 필요하지만, 우리가 제안하는 교육에는 그러한 것들이 필요하지 않다. 우리는 사람들에게 그 권리들을 실행하는 데에서 평등을 위배하는 것이 범죄행위인, 모든 사람에게 공통적인 권리만을 이야기할 것이다. 우리는 그들에게 자신의 의무를 알려주고, 자신들이 취할 수 있는 이익을 말해줄 것이다. 모든 정치적 교훈은 그 과정에서 자연스럽게 도출된다.

## 도덕 교육의 목적은 덕성스러운 습성을 강화하는 것, 그리고 덕성스럽지 못한 습성을 예방하거나 뿌리치게 하는 데 있다

도덕 원칙들을 가르쳤다고 해서 도덕 교육이 끝나는 것은 아니다. 우리는 성인들이 스스로의 행동을 반성하는 데에 익숙해지도록, 다시 말해 자기가 배웠던 원칙들에 따라 스스로를 판단하는 데에 익숙해지도록 만들어야 한다. 성인들은 그들이 자연스레 타고났고 교육을 통해 발전되어온 그들의 도덕적 감수성을 더 갈고닦지는 않더라도 최소한 보존은 해야 한다. 그런데 대부분의 사람들은 그들의 공적 생활 속에서 오직 단순하고, 일상적이고, 수행하기 쉬운 의무들만을 갖고 있기 때문에, 만약 그들이 다른 이들의 행동을 바라보며 그 행동들이 그들의 감수성에 미치는 울림에 의해 그리고 그때 내려지는 판단에 의해 그들의 도덕적 감수성을 훈련시키지 않는다면 그 감수성은 약해지고 말 것이다. 도덕적 감수성은 그것을 잘 훈련시켜온 이들에게는 너무나도 즉각적이고도 섬세한 내적 감수성인 반면에, 대부분의 사람들에게는 너무나도 느리고 우둔한 감수성이다. 어쨌든 도덕적 감수성에 의해 지각된 것들은 각각의 도덕 원칙들에 대한 예증으로 기억되며, 그 예증들은 도덕 원칙을 한층 더 분명한 것으로 만들고 그것을 증거하게 된다.

그런데 어떤 단순한 사람들은 비록 일부러 그런 것은 아닐지라도, 행동이 매우 단조롭고도 별 중요성을 갖지 않으며, 거의 반성되지 않기 때문에 악습들을 취하면서도 그것이 자신들이 배웠던 원칙들과 어떻게 어긋나는지 느끼지 못할 수도 있다. 또 소수의 사람들이 모여 자신들의 상궤를 벗어난 행동들을 정당화하기 위한 새로운 규범들을 만들어낸다면, 그것은 갈피를 못 잡고 헤매는 경우보다 더욱 위험한 일 아닌가? 어떻게 그러한 유혹에 맞설 수 있단 말인가? 어떻게 우리는 신과 조국의 이름으로 사람들을 범죄로 이끌고자 하는 이들, 정의의 이름으로 사람들을 강도질에 끌어들이고자 하는 이들, 자유와 평등의 이름으로 사람들을 독재에 끌어들이고자 하는 이들, 인간성의 이름으로 사람들을 야만으로 이끌고자 하는 이들에 저항할 수 있을까?

첫 번째 위험으로부터 벗어나려면 반성을 거의 하지 않는 이들로 하여금 스스로 그들 자신의 행동을 판단하는 습관을 들이도록, 그리고 그 행동들을 도덕 원칙에 맞게 바꾸도록, 스스로 더 나은 사람이 되기 위해 노력하도록 만드는 것만 한 방법이 없다. 그런데 이런 습관을 들이려면 약간의 기술이 필요하다.

수도원 수사들의 도덕 법칙은 비록 순수한 것도 아니고, 공정한 것도 수준 높은 것도 아니지만, 수도원의 많은 수장(首長)들이 차례차례로 도덕 교육에 쏟았던 정성들과 그들이 수도원 수사들의 행동뿐만 아니라 의견과 감수성들을 통제하는 일에 부여했던 중요성은 마침내 수도원으로 하여금 도덕 교육에 적합한 한 방법론을 만들어내게 했다. 우리는 더 넓고 더 공정한 관점 아래 그 방법을 성공적으로 차용할 수 있다. 그것은 덕성의 진보를 촉진시키려는 일상적인 양심 성찰의 방법이며, 스스로 어떠한 진전을 이뤘는지 또는 어떠한 것들이 덕성의 진전을 가로막았는지 성찰하는 방법이다.

양심 성찰의 방법은 또한 어느 정도까지는 한 사회 집단 전체에 적용될 수도 있다. 우리는 이런저런 공통의 상황에 따라 우리가 이끌리게 되는 선행과 악행의 목록들을 도표로 그려볼 수 있다. 하나하나의 행동 옆에는 그 행동을 피하게 하거나 또는 하게 만드는 동기들을 병치하고, 또 그 행동과 관계되는 도덕 원칙이 무엇이며, 그 행동이 초래할 수 있는 결과들은 무엇인지를 제시한다. 이 도표는 도덕 법칙에 대한 매우 중대하고 고의적인 위반 행동은 포함하지 않을 것이며, 다만 사람들이 습관적으로 저지르는 사소한 위반들과 사소한 부주의들만을 담는다. 사람들은 그러한 행동들이 결론적으로 어떠한 원칙을 위반하는지 기억하고 그러한 원칙을 되새기면서 양심의 가책을 느끼게 될 것이다. 왜냐하면 위의 도표는 단번에 두 겹의 목적을 성취하도록 작성될 것이며, 다음의 두 질문에 답하는 것이기 때문이다. 1) 내가 행한 일들 중 비판받아야 하는 일은 없었는가? 있었다면 어떻게 비판함이 적절한가? 2) 실천적인 도덕의 원칙들 중 내가 위반한 것은 없나?

두 번째 위험에서 벗어나기 위해, 곧 무지한 사람들에게 그들을 속이거나 그들 위에 군림할 위험이 없는 지도자를 제공해주기 위해, 우리는 앞서와 마찬가지로 도덕의 원리들로 구성된 분석적 도표를 제시할 수 있다. 사람들은 그 도표 속에서 그들이 읽었거나 들었거나 그 스스로 증인인 이런저런 행동들을 살펴보고, 자신이 그러한 상황 속에 있었다면 어떻게 행동해야 했을지 생각해볼 수 있으며, 그들이 받아들일 수 있는 조언을 기꺼이 취할 수 있고, 그러한 결정이 수반하는 이런저런 문제들의 해결법들을 쉽게 발견할 수 있다. 이 도표도 두 가지 목표를 갖고 있다. 한편으로, 이 도표는 도덕 법칙들의 방법적 체계를 포함하고 있어야 한다. 다른 한편으로, 그러한 원칙들에 관계되는 다양한 층위에 대한 체계를 포함하고 있어야 한다. 이러한 도표들을 통해, 기본적인 공교육을 이수한 한 사람의 성인이라면, 그에게 숙고하는 습관이 있지 않더라도 그의 실천적인 도덕을 향상시킬 수 있을 것이며, 그에게 모자랐던 이성을 보완하고, 나아가 자동적으로 그리고 거의 아무런 노력 없이 새로운 이성을 얻을 수 있다. 이 도표들은 다음과 같은 점에서 서로 구분된다. 한 도표는 무엇보다도 본질적인 도덕 원칙들을 담는 반면에, 다른 도표는 그러한 원칙들의 결과인 행동 규칙들을 담는다. 한 도표에서 다루는 내용이 중대하고 중요한 행동들에 관계된다면, 다른 도표에서 다루는 내용은 일상적이고, 우리 삶의 미세한 부분과 관계된다. 한 도표가 행동과 법규들의 관계를 보여준다면, 다른 도표는 행동과 그것이 행위자의 도덕성에 초래한 결과들 사이의 관계를 보여준다. 한 도표가 행동을 판단하는 법과 서로 상반되는 두 행동 중 한쪽을 분명히 선택하는 법을 가르친다면, 다른 도표는 어떤 습관이 불러오는 결과들을 일러줘서 그러한 결과들을 주의하게끔 하거나 그로부터 득을 보게끔 한다.

## 농촌 경제활동에서 맹목적인 인습을 관찰에 따라 검증된 새로운 실천 양식으로 대체하는 일의 유용성과 어려움

농촌 경제활동이라는 것은 일반적으로 농사짓는 방법과 가축을 기르는 방법에서 경험에 의해 가장 확실하고 유익한 것으로 알려진 것들을 실행하는 것일 뿐이다. 그런데 경험이란 것은 거의 어디서나 무엇을 의미하느냐면, 그것이 최선의 방법이어서가 아니라 다만 기대되는 결과를 확실하게 이끌어낼 수 있는 기존의 방식이기 때문에 차용되는 방식을 가리킨다. 사람들은 일반적인 방법에 따라 다소간의 노력을 들였을 때 농경지에서 어느 정도의 수입이 들어올 것인지에 따라 토지 구매와 임대에 돈을 쓴다. 이렇게 농촌 경제의 구성이라는 것은 그 자체로 기존 방식에 따른 결과일 뿐이며, 그것이 거두는 성공이 꼭 기존 방식의 우수함을 증명하는 것은 아니다. 이웃이 4개 반‡을 거둘 때 5개를 거두는 농부는 농사를 잘하는 셈이다. 또 같은 농지를 경작하여 더 많은 이윤을 남기는 농부도 농사를 잘 짓는 것이다. 그러나 이러한 우위가 좀 더 괜찮은 방법을 이용했다면 그가 이 땅에서 8개를 거두었을 수도 있다는 가능성을 부정하는 것은 아니며, 그가 가능한 한 가장 큰 수입을 올렸음을 증명하는 것도 아니다.

제조업의 경우에 한 제조 공장이 생산 단가는 낮추고 품질은 동일하게 만드는 생산 방식을 개발했다고 한다면, 또는 품질은 올리고 생산 단가는 그대로 두는 새로운 방식을 개발했다고 한다면, 그 공장은 거의 무한하게 자기 작업량을 확장해서 경쟁력이 떨어진 다른 공장들을 모두 파산시킬 수 있다. 그러나 농업에서는 저마다 다다를 수 있는 한계 생산량이 비등비등하며, 특히 초창기에는 더더욱 그러하고, 이전과 별 차이가 없다. 생산량의 증가는 새로운 경작 방식을 도입한 이들의 토지 면적에 비례한다. 그리고 새로운 방식이 일반적인 방식으로 바뀔 때까지 신농법을 무시했던 이들은 거의 감지되지 않는 적은 손실만을 입을 뿐이며, 인습에서 벗어나는 대가로는 아주 약간의 이득을 얻을 뿐이다. 그러므로 어떠한 기술 분야도 농업처럼 보완이 절실하지 않으며, 이에 관하여 관찰 및 잘 계획된 실험이 요청되는 것이다.

흔히 사람들은 맹목적 인습에 따라 행동할 뿐이며, 재산을 늘리고자 하는 생각에 의해 인습으로부터 벗어나기는 어렵고, 생명 유지에 대한 관심마저도 인습의 힘을 이길 수는 없다고 한다. 그 이유는 선입견이나 태만에 있는 것이 아니라, 새롭고 혁신적인 것의 유용성에 대한 무지와 불신에 있다. 아는 것이 별로 없고, 오만한 헛소리와 검증된 진리를 구별하지 못하는 사람에게서 모든 혁신은 마치 우연의 농간이라도 되는 것처럼 보일 것이 틀림없다. 그는 그 농간에 자신의 생존을 거는 일을 원치 않는 것은 물론, 재산의 일부를 내맡기는 일조차 원치 않는다. 이 신중함은 그러므로 전혀 멍청함이 아니다. 왜냐하면, 탐구심에 따라 잉여분의 일부를 실험에 바치는 것이 아니라면, 오직 성공의 높은 개연성만이 새로운 시도들을 정당화시켜주기 때문이다. 그러므로 교육의 결여야말로 농업 발전을 가로막는 진정한 원인이었다. 우리가 농촌의 성인들을 그들이 새로운 것들을 제대로 평가할 수 있도록 교육시키고 나면, 새로운 것들에 대한 농촌 사람들의 만연한 증오심에 대해 왈가왈부할 이유가 없어질 것이다. 하지만 그들이 어둠 속을 걷는 한, 그들은 원위치에 그대로 남아 있기를 원할 것이다.

만약 새로운 발견을 사람들에게 가르치는 일이 유용하다면, 그 발견들을 상세히 설명함으로써 그들 스스로 그 발견들의 효용성과 성공 가능성을 판단하게 만드는 것도 마찬가지로 유용하다. 그들은 스스로 검증해봄으로써 자신들의 지역적 상황에 따라 그러한 발견들의 적용이 힘들거나 의심스럽지는 않은지 판단하는 법을 배우게 된다. 어떤 발견에 대한 설명 방법은 학자에게 설명할 때와 그 기술을 실제로 사용하게 될 기술자에게 설명할 때가 다르다. 기술자는 새로운 발견들을 활용하는 방법과 그 결과만을 알면 되지만, 학자는 무엇보다도 그러한 활용이 어떤 원리로 가능한지, 또 그 결과가 어떻게 산출되는지를 알고 싶어 하기 때문이다. 기술자에게는 그저 유용한 만큼만 정확성이 필요하지만, 학자에게는 되도록 최고의 정확성이 필요하다. 또한 학자에게는 비용 지출에 대한 고려, 시간 문제, 개선해야 하는 불편들에 대한 걱정이 없지만, 투자자에게는 그러한 것들이 전부이다. 더 보편적인 교육이 학자들의 언어와 대중 언어의 거리를 조금 더 좁히지 않는 이상 이러한 차이는 더욱 커질 것이다.

농업에 몸담고 있는 사람들 사이에 신속한 소통의 맥을 세우는 것이 중요하다. 그들 작업의 본성으로 보아, 농업인은 땅에 매여 있으며, 외부 도움 없이는 자신의 활동을 오직 스스로에 대한 관찰을 통해서만 조망할 수 있다. 그런데 계절의 흐름과 자연적인 생산 질서에 의지하고 있는 실험들은 진전 속도도 느리거니와 반복 시행하는 데에 어려움이 있다.

따라서 비슷한 기후대에 속하는 광범위한 지역의 주민들이 서로 각자가 현재 사용하고 있는 농법, 재배하는 작물, 각자의 작물로 가공할 수 있는 상품, 그 가공품들의 용도, 그것들의 판매 경로의 차이가 무엇인지 알아야 한다. 그러한 차이점들 중에서 작물의 특성에 따른 자연스러운 차이와 그렇지 않은 차이를 판별해내기 위해서다. 낭비 없이 또 제약 없이 각자의 땅에 그 땅에서 자랄 수 있는 모든 것들이 차츰 더 효율적으로 재배되게 하려면, 각자의 작물들, 서로 다른 농법들, 그리고 농지 관련 법들을 모두 모아보아야 한다. 농부와 소비자 둘 모두에게 가장 유용한 선택이 있을 것이다. 이따금씩 그들 사이에 명백한 대립이 발견되는 경우, 그 원인은 언제나 지나친 금지법에 있으며, 가깝거나 먼 과거에 다소간 인접해 있는 지역에서 자유가 침해당했기 때문이다. 자유가 보장하는 선은 매우 느리게 제 모습을 드러내는 반면, 지나친 법이 자아내는 악은 매우 빠르게 퍼져나간다. 한쪽은 힘 앞에 굴복하고, 필연적인 억압 아래 조용히 신음하는 실망감의 즉각적인 결과이고, 다른 한쪽은 언제나 느리게 오는 산업의 결실이자 오랜 저축에 따른 늦은 결실이다.

우리는 교육과정에 농촌 경제에 관한 수업 말고도 의학과 수의학의 일부를 덧붙여야 한다. 그러한 조치는 개개인을 보전하는 데에 도움이 되고, 그들이 취해야 하는 생활 태도가 무엇인지, 또 그들이 피해야만 하는 위험들이 무엇인지 밝혀줄 것이다. 그것은 가벼운 불편들을 어떻게 처리해야 하는지, 가벼운 상처들을 어떻게 치료해야 하는지 가르친다. 또한 예상치 못한 사고가 일어났을 때 취해야만 하는 기본 조치들을 알려주는데, 그러한 지식은 사고가 터졌을 때 식자의 도움을 받을 수 있을지가 불분명한 이들에게 필수적인 지식이다. 여기서 철학은 완전한 무지가 갖는 결점들을 메워줘야 하며, 완전한 무지보다도 더 위험한 널리 퍼져 있는 편견들을 바로잡아야 한다. 또 의학 지식의 잘못된 적용이 그들을 죽게 만드는 경우라면 의학적 조언은 그만두어야 하겠으나, 의학 지식의 잘못된 적용보다도 더욱 위험한, 무지에 기반을 둔 사이비 의술 행위를 없애는 데에 조언이 도움이 될 것 같다면 의학적 조언을 해야 한다.

## 과학과 기술의 새로운 발견들이 일반적인 유용성을 지닐 때, 그것들도 공교육에 포함되어야 한다

과학과 기술의 새로운 발견들 중에는 물론 오직 학자와 기술자의 흥미만 끄는 것들도 있다. 그러나 그중에는 좀 더 직접적으로 사회 전체에 영향을 미치는 발견들도 있다. 우리가 날마다 사용하는 제품들이 내구성의 면에서든 효용성의 면에서든 어떤 새로운 발전을 이루었는지 아는 것은 우리 모두에게 중요하다. 생산 공정이 조금 더 단순해졌기 때문에 단가가 내려가야 한다는 것을 아는 일도 마찬가지로 중요하다. 모든 사람들이 자신의 필요에 따라 활용할 수 있는 새로운 상품들을 아는 것은 중요한 일이며, 그 자신의 보전에 도움이 되고 자신의 진정한 관심사를 일깨워줄 수 있는 진리를 습득하는 것, 그리고 진리로부터 정말로 '잘 사는' 방법을 전수받는 것도 중요하다.

## 체육과 도덕 교육에 관하여, 아버지들이 교육받아야 할 필요성

아이들의 체육과 도덕 교육에 관하여, 어른들이 방법적이고 체계적인 지도를 받는 것이 반드시 요청된다. 우리는 인류의 수준을 낮추고, 평균 수명을 줄이며, 무엇보다도 자기 자신을 돌보는 것을 넘어 한 가정과 조국을 위해 시간과 노력을 들이는 기간을 감축하는 주범으로서 무릇 부모들의 무지와 선입견을 탓할 수 있다. 어쩌면 어떤 지방에서도 사람들의 평균 수명은 자연적으로 허락된 천수天壽에 근접해 있지 않으며, 우리는 그 평균 수명을 해당 지역의 육체적·정신적, 그리고 도덕적 자질의 정도를 가늠할 판단 척도로 간주할 수 있다. 또한 비슷한 기후대 안에서, 평균 수명은 법칙의 정당성을 판단하는 척도로 쓰일 수도 있다. 어떤 지방에서는 같은 날에 태어난 신생아들 중 절반이 40년 뒤에도 살아남은 반면, 다른 지방에서는 그들 중 절반 이상이 3년이 채 못 되어, 아니 2년이 채 못 되어 죽어버렸으며, 나머지 지방에서는 이러한 두 극단적 예 사이의 중간쯤 되는 사망률을 보인다고 해보자. 이러한 현상은 기후나 통치의 차이로 설명될 수 없는 것이 명백하며, 다만 무엇보다도 서로 다른 지방 아이들의 도덕성moralité[sic][1]의 차이에 있음을 알게 될 때, 우리는 체육 교육이 수명에 미치는 영향이 얼마나 대단한지 새삼 알게 된다. 인구 증가를 위해서는 인구를 늘리는 것보다 기존 인구를 보전하는 것이 더 중요하다는 사실도 깨닫는다. 전반적인 파급력을 고려해볼 때 너무나도 중요한 이 변화는 개별 가정의 번영과도 무관하지 않다. 가난한 가정에서 죽지 않고 살아남은 아이들은 그들의 부富가 되는 한편, 몇 년 동안 시름시름 앓다가 죽은 아이들은 가정을 황폐하게 만든다. 좋은 교육을 받아 튼튼한 몸을 갖게 된 성인에게 노동이란 곧 자산이다. 쇠약하고 병든 이에게, 노동이란 단지 피로일 뿐이고, 고통스러운 삶을 연장하는 수단에 불과하다. 한 사람은 아무것도 갖지 않고서도 행복하고 자유로울 수 있지만, 다른 사람은 아마도 부유함만이 겨우 해방시켜줄 수 있는 굴종적인 삶을 살아야만 한다.

체육 교육에 관한 내용 말고도, 부모들에게 도덕 교육의 이런저런 원칙들을 교육시켜야 한다. 아이들은 그들이 살아가면서 체득해야 하는 습관을, 행복, 지혜와 덕성으로 나아갈 수 있는 방법을 집안의 가장을 통해 터득한다. 아이들은 어른들과 마찬가지로 우연히 마주치는 대상들, 들리는 이야기, 목격한 행동, 그리고 이런저런 사건들의 영향력에 종속되어 있다. 아이들은 그들보다 오래된 관습들의 영향력과 그들의 사회적 위치로는 아직 누릴 수 없는 이해관계 앞에 적나라하게 노출되어 있다. 그러므로 그들은 어른들보다도 더욱 쉽게 그러한 인상들에 굴복하고 그러한 영향 아래 불가피하게 변화를 겪는다. 만약 아이들을 완벽하게 우연의 손에 맡겨둔다면, 비록 우리가 은근히 아이들의 자연적인 선함과 정의로움

---

1. 원문 그대로. 문맥으로 볼 때, 이 자리에는 본래 도덕성moralité이 아니라 체육 교육l'éducation physique이 들어가야 할 것이다.

의 속성에 기대를 건다 하더라도, 자연법의 필연적인 결과를 기대한다고 하더라도, 우리는 그러한 좋은 속성들이 적어도 순수함과 조화를 잃지나 않을지 두려워해야 마땅한 것이 아닐까? 마치 우리가 어린 시절에 앓았던 질병, 영양 섭취 상태, 강요된 일, 기온의 영향이나 비위생적인 환경 등에 따라 자연이 우리 얼굴에 부여했던 순수함과 조화가 사라져가는 것을 두려워하는 것처럼 말이다. 그 누구도 한 사람이 일생 겪어야 하는 모든 사건을 통제할 수는 없다. 어쩌면 모든 관습들을 우연의 왕국으로부터 독립시키는 것은 불가능할지도 모른다. 하지만 적어도 우리는 그것이 무엇이 되었든 간에 모든 사건들을 이롭게 이용할 수는 있다.

진정으로 인간의 의지에 예속되지 않은 모든 것이 계몽된 이성에 의해 유용하게 사용될 수 있다. 타락한 사람들과의 교류로부터 태어나는 나쁜 원칙들을 제외한다면, 모든 것이 좋은 교육이라는 목적 아래 편입될 수 있다. 물질적인 이익과 마찬가지로 물질적인 궁핍도, 평온함과 건강함과 마찬가지로 슬픔과 고통스러운 감정에 수반되는 지나친 감성도, 여러 사람들의 장점과 마찬가지로 단점도, 이 모든 것이 아이들의 성격과 도덕성을 형성하는 방편을 제공한다. 아이들이 목격하는 행동과 감정 표현은 그것이 아이들의 모범으로 기능하든, 아니면 아이들에게 분노와 경멸을 유발하는 반면교사로 기능하든, 모두 유용한 가르침을 제공할 수 있다. 우리가 마음대로 할 수 없는 일련의 사건들을 교육에 이용하는 이러한 기술은 실천적인 측면에서 봤을 때, 관찰과 본성에 관한 지식에 따라 구축된 소수의 교훈들을 활용하는 것으로 만족해야 한다. 엄선된 예들을 통해 제시된 몇 가지 교훈들은 교육을 덜 받은 성인들에게도 쉽게 이해될 수 있다.

우리는 사람들이 풍기風紀라고 부르는 것을 강조하지 않겠다. 사람들은 풍기를 가르치고 싶은 것인가? 그러나 우리는 풍기라는 순수함에 대한 공상적 관념과 기계적인 외경심을 강화하는 대신에, 오히려 그러한 것으로부터 멀어져야 한다. 그것은 본성의 작업도 아니거니와 이성의 작업도 아니기 때문이다. 우리는 다만 아이들로 하여금, 타인의 고통을 즐기거나 타인의 희생으로 자신의 변덕스러운 욕망을 충족시키는 행복을 누리는 이들은 자신의 범죄를 가벼운 농담거리로 삼는 야박하고 미개한 인간, 그러므로 죄를 가중시키기만 할 뿐 용서를 구하지 않는 인간에 지니지 않는다는 것을 깨닫게 할 것이다. 그러한 행동은 풍조에 따라 아무렇지도 않게 취급될 수 있을는지 모르겠지만, 인간성은 그러한 행동을 용서하지 않는다. 아이들로 하여금, 이른바 인간 같지 않은 행동에 대하여 생리적 거부감을 느끼게 해야 한다. 또한 그들로 하여금 오직 타인의 돈만을 존경하는 저 조잡한 정직성을 갖게 하는 것으로 만족해서는 안 되며, 주어진 여러 의무를 완수하기 위해 필수적으로 들여야 하는 노력도 못지않게 실제적이고, 신성한 것임을 알게끔 도와주어야 한다. 한편으로는 기풍을 행복에 필수적인 행동 습관으로, 개인적인 이득이 되는 것으로 아이들에게 소개하자. 다른 한편으로는, 그들에게 도덕의 위대한 법칙들을 숙지시키자. 뒤이어 아이들이 태만으로부터 멀어지도록 만들고 노동에 대한 취향을 갖게 한다면, 선행의 필요성을 느끼게 만들고 타인에 대한 존중과 자존심을 품게 만든다면, 그때 그들은 도덕성을 갖추게 될 것이 분명하다. 설령 그들에게 도덕성이 결여되어 있다고 할지라도, 아직은 그들의 재능과 덕성에 대해 좌절하지 말아야 한다.

### 성인들을 대상으로 한 교육

성인들을 위한 교육의 여러 소재들은 그들이 받았던 첫 교육에서 그들이 획득한 지식에 기반을 두고 수립되어야 한다. 두 번째 단계와 세 번째 단계의 교육을 받은 성인들, 그리고 본인 의사에 따라 다양한 학문 분야의 스승들로부터 계속해서 공부를 이어나갈 수 있는 이들은 이미 책을 통해 홀로 배울 수 있는 상태에 도달했다. 그러나 유년기의 첫 교육만을 이수한 이들의 경우는 상황이 다르다. 그들에게는 여전히 교육이 필요하다. 그러므로 첫 단계 교육을 맡고 있는 선생님들이 겸사겸사 일요일마다 별도 수업을 실시하는 방식을 생각해볼 수 있다. 이 수업은 학교를 그만둔 아이들과, 남녀 젊은이들과, 아이들의 부모에게 모두 개방되어 있다. 여기서도 남자와 여자를 차별하지 않는 것이 중요하며, 여자라고 해서 남자보다 협소한 교육을 받지 않도록 주의해야 한다. 자연의 이름을 빙자하여, 무지한 선입견과 독재적 힘을 정당화하는 것은 옳지 않다. 만약 여성들이 가정에서 아이들의 선생 노릇을 맡을 수 없다면, 그 나라는 진정한 공교육을 갖추고 있다고 할 수 없다. 또한 교육이란 직무는 필연적으로 엄청난 인원이 요청되는 일이다. 그러한 직무로부터, 가정에 정주하는 사람들, 인류의 절반을 차지하고 있는 사람들, 신체적으로 또 성향이 그 직무를 맡는 데에 아무 문제가 없는 이들을 왜 배제해야 한단 말인가?

육체노동에 종사하는 대다수의 사람들에게 휴일은 곧 공부하는 날이 될 수도 있다. 왜냐하면 진정으로 유익한 휴식이란 완전히 아무 일도 하지 않는 데 있는 것이 아니라, 행동의 변화 속에 있기 때문이다. 한 주 내내 고된 일로 지친 사람은 자신의 정신을 갈고닦을 때 휴식하게 된다. 이는 지나치게 긴 숙고에 지친 학자가 육체노동을 하며 휴식을 취하는 것과 마찬가지다.

만약 여기서 상술할 필요가 없는 갖가지 유용성 때문에, 사람들이 저마다 휴식 시간을 자의적으로 선택하는 대신에 모두 같은 날 쉬기로 합의한다면, 그리고 그것이 일정 기간 동안 고정적이 된다면, 그날은 하루 내내 갖가지 다양한 일들로 채워지거나 위락 활동으로 채워질 것이다. 남들이 쉴 때 일해야 하는 사람들, 자신들의 작업실에 매여 있어야 하는 사람들, 다른 이들이 웃고 즐기는 소리를 들으며 일해야 하는 사람들은 오직 종사자 수가 극히 소수이거나 신속히 처리해야 할 사안을 끌어안고 있는 직종의 일부 인원으로 그친다. 그러므로 이러한 휴일의 일부를 교육적인 목적으로 활용하자. 왜냐하면 일해야 하는 사람들은 아주 소수일 것이기 때문이다. 하루 종일 노는 것은 끝내 권태를 불러오며, 권태는 경제에도, 건강에도, 도덕에도 악영향을 끼치는 위험한 생활습관으로 연결된다. 그렇지만 현명한 인간들에게 일상 업무로부터 해방된 날을 유용한 방식으로 자유로이 활용하게끔 하는 것은 진정으로 사회에 도움이 되는 일이다.

휴일의 수업을 통해 우리는 아직 그러한 지식들을 모르는 아이들을 교육시키기 위해, 그러한 지식들을 아는 성인들에게 복습의 기회를 주기 위해 온갖 법들과 헌법의 주요 양상을 이성적으로 설명할 것이다. 또한 우리는 사람들에게 현재 준비 중인 새로운 법률들과 그 법의 취지에 대해서도 설명할 것이다. 우리는 이 기회를 이용하여, 아직 도덕 교육을 완전히 받지 않은 채 학업을 그만둔 아이들에게 나머지 교육을 완수할 것이다. 그러한 교육은 젊은이들과 성인들에게는 복습의 기회가 될 것이다.

이 수업들이 지루하지는 않을까 걱정하지 말자. 수업을 쉽게 만들자, 그러면 수업은 그들에게 즐거운 게 될 것이다. 지루하고 단조로운 직업 생활 속에서, 신선한 감성이나 새로운 사유에 젖어들 필요성을 느끼지 못하는 이 자연적 인간들을, 들이는 공에 비해 얻을 수 있는 것이 적은 일들이 으레 초래하는 고통스러운 감정에 따라 판단하지 말도록 하자. 단지 유용하기만 할 뿐인 모든 것에 대해 우리가 갖는 경멸감에 따라 그들을 판단하지 않도록 조심하자. 그들이 일반적인 사물들로부터, 덧없는 일상의 귀환이 마모시킬 수 없는 어떤 즐거움을 찾아내는 법을 배울 수 있다고 믿자. 그러한 즐거움은 거듭거듭 맛본다고 해도 진부해지지 않는다. 단지 자연적인 감성만으로도 행복해하며, 거친 양식에 만족하는 그들의 몸, 영혼, 정신은 모두 조화를 이루고 있다. 또한 이 모든 이의 욕망을 만족시키는 데는 아주 단순한 양식만으로도 충분하다.

## 책을 보고 독학할 방법을 가르치는 것이 교육과정의 일부가 되어야 한다

무엇보다도 그들에게 책을 보고 독학하는 방법을 가르쳐야 한다. 몇몇 학문 분야에서는 다른 어떤 형태의 도움을 받지 않고서도 오직 독서만으로도 그 학문의 모든 것을 알기에 충분하다. 그러한 것들이 수학과 관련된 학문이다. 스승들이 그 공부를 더욱 용이하게 만들 수는 있을 것이다. 저명한 학자들과의 대화는 종종 새로운 사유를 탄생하게 하고, 천재의 개화에 도움을 주며, 학문의 첨단에 속하는 몇몇 난점들에 실마리를 던져줄 수 있다. 이러한 유용성은 거의 지각할 수 없을 정도로 미미한 것이다. 하지만 물리학의 경우는 상황이 다르다. 설령 우리가 데생이나 그림을 통해 제공할 수 있는 물리학 지식들을 집성하여 책을 펴낸다고 하더라도, 그로부터 얻을 수 있는 지식은 매우 불완전하고, 언제나 모호하며 종종 그릇된 것이기도 하다.

일반적으로 책은 모든 관념들을 엄격하게 추상화시킬 수 있지만, 실제적 대상들에 관한 지식이라면 책은 그것을 매우 불완전한 방식으로 전달해줄 수밖에 없다. 실제 대상들과 설명이 붙은 도해 사이에 놓여 있는 차이는 오직 실제 대상과 책을 차례차례 비교해가면서 공부하는 습관만이 없앨 수 있는 차이다. 기계의 작동 원리나 식물의 성장에 관한 묘사, 화학 실험에 관한 이야기가 실제로 기계와 식물을 관찰하고, 화학 실험을 해보는 것을 대체할 수는 없으며, 그러한 책을 읽고 자신의 지식을 보완할 수 있는 사람들은 오직 실제로 기계를 다뤄본 경험이 있거나, 자연과학적 탐사를 수행했거나, 화학 실험을 해본 이들뿐이다. 그러므로 오직 그런 이들에게서만, 어떤 기계 장치에 대한 설명 및 도면이 그 기계 자체와 같은 의미를 가질 수 있으며, 실험에 관한 이야기가 물론 잘 서술됐을 때 이야기지만, 그 실험의 전개 과정과 결과를 일목요연하게 요약해준다는 가치를 지니게 된다. 결론적으로 오직 그런 사람들에게만 아직 보지 못한 대상에 대한 관념이 이미 관찰한 대상에 대해 기억 속에 남아 있는 관념과 일치할 수 있다. 그러므로 다양한 학문 분야에서, 실제 대상 자체에 대해 이루어지는 교육이 책을 통해 이루어지는 교육에 앞서야 한다.

다른 학문들의 경우에는 더욱더 제대로 '읽는 법'을 가르쳐야 한다. 아무리 어떤 책이 잘 서술됐다고 할지라도, 읽는 사람이 어떻게 모르는 단어를 사전에서 찾는지, 어떻게 목차를 살피고, 지도에서 모르는 장소를 찾아보고, 연대표에서 한 시대를 찾아보는지를, 어떻게 도판의 묘사를 좇을지를 모른다면, 필요한 경우에 또 다른 책에서 모르는 지식을 보충하는 법을 모른다면 그 책은 반쪽짜리 값어치만 갖게 될 것이다. 그러나 그 것으로 다가 아니다. 한 성인이 평생토록 오직 진리만 수록되어 있는 기초 교재만을 읽어야 한다는 법이 있는가? 우리는 그가 다른 책들도 마찬가지로 읽고 이해할 수 있도록 해야 하며, 이미 알고 있는 추론 원칙 및 도덕 원칙을 새로운 독서 내용에 적용시킬 수 있도록 도와야 한다. 화려한 문체에 사로잡히거나 과장된 사유에 젖어들지 않도록 일러줘야 한다. 형이상학이나 도덕학, 산술, 자연학에 관한 글들이 아닌 경우, 거의 대부분의 문장은 복수의 의미를 갖고 있다. 거의 언제나 그 문장들은 한 가지 명제를 제시하는 것과 함께 읽는 이의 주의를 유지한다는 두 가지 목적을 갖고 있기 때문에, 감성을 자극하고, 심상들을 선보이고, 또 다른 관념들을 상기시키는 표현을 선택하곤 한다.

노련한 독자, 다양한 문체들에 익숙한 독자라면, 이러한 기교들이 때로는 그들을 즐겁게 하고 때로는 거부감과 짜증을 불러일으키는 가운데, 어쨌든 문체의 포장 아래 있는 메시지를 포착하지 못하는 일은 없다. 그러나 읽는 데에 익숙하지 못한 독자들의 경우라면 이야기가 다르다. 이름이 바뀌고, 사건들이 왜곡되어 있고, 상상의 존재들이 등장하며, 공상적인 이야기들이 가정되어 있지만, 어쨌든 어떤 독자들한테는 매우 명백하게 실제적인 이야기를 다루고 있는 순수하게 비유적인 이야기를 만드는 것은 크게 어렵지 않다. 그러나 일부 독자를 제외하면 이런 이야기는 정말이지 비이성적으로 느껴질 것이며, 그런 이들에게는 이것이 콩트 내지는 (경이로운 것들이 절제되어 있지 않다면) 완전히 앞뒤가 맞지 않는 이야기로 비칠 것이다. 그런데 위의 예에서 여실히 느낄 수 있는 이런 이중적 의미의 사용이 대부분의 책에서 실제로 사용되고 있다는 것이 문제다. 정신적으로 훈련이 된 사람과 그렇지 않은 사람 사이에, 곧 비유를 풀 실마리를 쥐고 있는 사람과 그렇지 않은 사람 사이에 독서의 차이가 생기게 된다. 그러니 만약 어떤 사람이 책들을 제대로 이해하는 법을 깨치지 못했다면, 어떻게 책을 통해 독학할 수 있겠는가?

우리가 비평이라고 부르는 영역의 매우 기본적인 요소들도 독서 교육에 필수적이다. 우리는 책의 성격, 저자의 이름, 책의 문체나 어조, 나아가 내용 자체의 성격을 따져보아서, 그 책이 다루고 있는 내용의 신뢰도를 파악하는 법을 익혀야 한다. 또한 서로 상반되는 진술 사이에서 어느 쪽을 선택해야 할지 알아야 하고, 진술들이 일치하여 진리의 징표가 되는 순간을 식별할 줄 알아야 한다.

사람들의 첫 독서 습관은 대부분 자신들이 듣는 모든 것과 마찬가지로 읽는 모든 것을 문자 그대로 받아들이고, 믿어버리는 것이다. 그런 사람이라면 계속해서 더 많은 책을 읽어봐야 더욱 무지해질 뿐이다. 왜냐하면 우리는 진리를 아는 경우에만 '안다'고 말하며, 오류를 아는 경우에는 '무지하다'고 하기 때문이다. 맹목적 불신으로 무장한 사람에게는 독서가 어떤 것도 가르쳐줄 수 없다. 그와는 반대로, 그러한 첫인상에 저항하면서 오직 증명된 것만을 인정하고 나머지 것들에 대해서는 의심의 태도를 유지하는 사람이라면, 책 속에서 진리만을 찾아낼 수 있을 것이다.

# 성인 교육을 위해 필수적인 책들

## 1. 교육의 근간이 되어야 하는 기초적인 책들

이제 성인에 대한 직접적인 교육 및 절대적인 자율 교육을 위해 어떤 책들을 준비하는 것이 좋을지 살펴보자.

우선은 위에서 설명한 바와 같이 다양한 분야의 가르침이 담겨 있는 기본 교재가 필요하다. 이 교재는 다른 누구보다도 오직 첫 단계의 교육만을 마친 성인들을 대상으로 삼아서 집필되어야 한다. 두 번째와 세 번째 단계의 교육 내용을 염두에 두고 집필된 교재들은 먼저 이 교재를 모두 배운 이들을 위해 제공된다. 비록 이러한 교재는 더 일상적인 필요에 따라 집필되는 것이긴 하지만, 가장 계몽된 성인들에게도 유용할 수 있다. 비록 어떤 이가 가장 정확한 기억력과 가장 훌륭한 지성과 가장 자유로운 집중력을 겸비하고 있다고 하더라도, 그는 아직 그가 알고 있는 모든 것, 나아가 그가 행하는 모든 것을 자유롭게 이용하고 통제하는 것과는 거리가 멀기 때문이다.

## 2. 역사책

이러한 기본적인 책과 함께 역사서들을 덧붙여야 한다. 역사서에는 우선 역사상의 주요 사건들이, 다음으로는 역사적으로 유명했던 몇몇 인물들의 전 생애가 포함되어야 한다. 우리는 이러한 종류의 책의 모범으로, 플루타르코스Plutarque의 책을 들 수 있다. 그는 전사戰士들의 일생과 국가적으로 중요한 이들의 일생을 다뤘다. 그가 우리에게 남겨준 소중한 이야기들 속에는 인간들의 성격과 당대 풍속을 묘사하는 데에 모자람이 없는 사실들이 담겨 있으며, 문체도 정교하고, 숭고하고, 감동적인 어휘로 가득하다. 문체의 자연스러움과, 올곧은 감수성에 따라 표현된 어짊과 천진함과 정직에 관한 성찰, 그리고 모든 페이지들을 채우고 있는 저 관대하고 겸손한 덕성에 대한 취향이 바른 정신과 순수하고 예민한 영혼을 가진 이들이 플루타르코스의 작품을 감미롭게 읽을 수 있도록 만들었다. 의견과 풍속이 변한다고 하더라도 그의 작품이 갖는 매력은 사라지지 않을 것이다.

우리는 플루타르코스의 작품에 대한 아미요Amyot의 번역본을 일부 활용할 수 있겠다. 그의 번역을 더욱 정확한 다른 번역보다 선호하게 만든 저 진실성을 손상하지 않고도, 오역은 쉽게 정정할 수 있다. 아미요의 번역보다 더욱 정확한 번역들이 있긴 하지만, 그 번역들에는 삶의 역동성이 결여되어 있다. 우리는 아미요의 문체가 갖는 매력이나, 몽테뉴의 문체가 갖는 우아함과 힘이 그들의 낡은 언어에 달려 있다고는 믿을 수 없다. 물론 간간이 발견할 수 있는 몇몇 사어死語들이나, 오늘날 사용되지 않는 표현으로 쓰인 몇몇 활기찬 문장들이 아미요나 몽테뉴의 글을 읽는 즐거움에 기여하고 있을지도 모른다. 그러나 그러한 단어와 표현들이 희생되어야 한다고 주장할 수는 없다. 순수한 문체의 요건은 일상 언어의 어휘와 표현만을 사용하는 데에 있지 않으며, 다만 잘 사용되지 않는 단어 및 새롭거나 재발굴된, 가능한 구문들을 사용하면서도 문법적 유추와 언어의 정수를 손상시키지 않는 데에 있다. 문체의 순수성은 오직 더욱더 적절하게, 정확하게, 힘차고 우아하게 표현할 필요가 있을 때에 일상적 용법의 위반을 허락한다. 또 그러한 규칙은 이성 자체에 기반을 두고 있다. 실제로 모든 위반적 용법은 읽거나 들어서 이해하는 데에 많은 집중력이 요구되기 때문에, 그러한 노력에 대한 보상도 반드시 요청된다. 그러므로 공교육을 위해 고전 작가들의 작품을 준비하면서, 한편으로는 그들의 어휘를 반드시 수정해야 할 이유도 없고, 다른 한편으로는 그들의 어휘를 그대로 보전해야만 할 이유도 없다. 만약 그러한 어휘 선택이 최선이라면, 옛 단어를 그대로 보전하면 되는 것이고, 그러한 표현을 유지함으로써 갖는 이점이 없을 때는 자유롭게 수정하면 된다. 그보다 더욱 중요한 일은 플루타르코스의 이야기에서 너무나도 자주 발견되는 저 기적들, 콩트들, 잘못된 판단들, 부조리한 의견들을 제거하는 것이다. 플루타르코스가 살았던 시대의 정수를 알고자 하는 사람이라면 그가 남긴 상태 그대로의 작품을 읽으면 된다. 다만 즐겁고 유익한 독서를 원하는 사람들이라면, 위와 같은 이유로 삭제된 구절들 때문에 손해볼 일이 없다.

우리는 플루타르코스를 모방하여 근대[2] 유명인들의 삶에 관한 역사서를 쓸 수도 있다. 사람들은 되도록 동향인同鄕人의 이야기를 선호할 것이며, 바이야르Bayard와 뒤 게클랭Du Guesclin이 살았던 기사로서의 삶에 대하여 철학적인 저술을 집필하는 것은 크게 어렵지 않다. 이성의 왕국 아래에서 평등하게 된 사람들은 즐겁게 그리고 유익하게, 타락한 인간들 사이에서 저 진정으로 고귀한 영혼들이 어떻게 살았는지 관조할 수 있을 것이다. 그들의 고귀한 영혼은 그들이 시대적 한계에 따라 가질 수밖에 없었던 편견들로 인해 격이 떨어지지 않으며, 그들이 근거 없이 높은 지위[3]를 누렸다고 해서 다시 낮아지지는 않는다. 사람들은 용기 있는 이들이 자유를 위해 쏟은 노력들, 그러나 무지로 인해 쓸모없게 되어버린 저 노력들을 흥미롭게 바라볼 것이며, 또한 어디서나 불평등이 우리를 독재로 이끈다는 것도 알게 된다. 그들은 자기 시대의 한계를 넘어서 있는 몇몇 드문 위인들을 동경하게 될 것인데, 위인들은 한때 스스로가 어떤 오류를 갖고 있었다는 사실이 믿기지 않을 정도로 자신들의 오류로부터 철저하게 벗어나곤 했던 것이다.

---

2. 아래 문장에서 콩도르세가 예로 들고 있는 인물들인 바이야르(Bayard)와 뒤 게클랭(Du Guesclin)이 모두 중세 기사라는 점에서 알 수 있듯이, 여기서 근대(moderne)는, 고대(antiquité)가 아니라는 의미에서의 근대를 일컫는 말이다.
3. 바이야르와 뒤 게클랭 모두 귀족 출신이었음을 암시하고 있다.

우리는 아카데미의 칭송을 통해 학자, 철학자, 유명 작가들 중에서 모범이 될 만한 이들을 골라낼 수 있다. 편견의 시대에는 대개, 계몽주의자들이 위정자가 저지르는 악을 줄여주었다. 이성의 시대에 접어들자 모든 새로운 진리들은 곧 선행이 되었다. 철학자들의 역사는 공적 인간들의 행동의 역사 못지않은 인류 역사의 일부이다. 어쨌든 유명한 장군이나 국가 지도자들이 가졌던 공적 덕성보다는 지적이고 자유로운 개인들의 단순한 덕성이 더 쉽고, 일반적으로 모방함직한 대상일 것이다. 모든 사람이 현명한 사람들의 덕성을 갖는 것은 좋은 일이다. 그러나 영웅의 덕성을 함양할 수 있는 이는 극히 일부이다. 많은 이들이 그러한 덕성을 갖추는 것은 바람직한 일도 아니거니와, 그럴 필요도 없다.

어린이들에게는 갓 자라나고 있는 그들의 연약한 정신을 고려할 때 지어낸 이야기가 더 좋은 교육 소재인 반면, 어른들을 대상으로는 역사를 소재로 교육하는 것이 좋다. 역사를 이해할 수 있을 정도의 나이가 들었다면, 역사는 만들어낸 이야기 못지않게 교훈적이면서도 경험에 따른 가르침을 줄 수 있기 때문이다. 역사는 우리가 무엇을 해야만 하는지뿐만 아니라, 무엇을 할 수 있는지도 알려준다.

한편 소설의 경우, 무엇보다 유용하고자 하는 의도를 감추고 있을 때 유용하다. 그러므로 소설은 공권력이 직접적인 교육 소재로 지정하게 될 도서 목록에는 들어가지 않는다.

## 3. 사전, 신문, 연감

우리는 성인 교육을 위한, 앞서 말한 도서 목록에 사전, 연감, 신문을 덧붙여야 한다. 먼저 사전에 대해 설명하자면, 성인들의 교육을 위한 아주 짧고 가벼운 분량의 백과사전 한 권이 필요하다. 이 작은 백과사전은 오직 첫 단계의 교육만을 마친 이들도 이해할 수 있을 난이도의 책이어야 한다. 사람들은 사전을 통해 책을 보며 이해할 수 없었던 단어들에 대한 설명을 찾을 수 있고, 말하자면 각 학문의 요체를 이루는 가장 일반적인 지식을 찾아볼 수 있다. 또한 그들은 백과사전을 통해 더욱 깊은 공부를 하려면 어떤 책들을 더 찾아봐야 할지 알아낸다. 다음으로는 새로운 법, 행정적 조치들, 과학의 새로운 발견, 새로운 기술, 농촌 경제에 관한 흥미로운 사실들을 수록하고 있는 신문이 필요하다. 마지막으로, 그러한 신문들에 담긴 내용 중 가장 재미있고 유용하여 보존 가치가 있는 것들을 모아 매년 발간하는 연감이 필요하다.

우리는 연감을 통해 반드시 알아두어야 하는 몇몇 유용한 지식들의 목록을 기억의 도움 없이도 자기 마음대로 손쉽게 찾아볼 수 있다. 예컨대 역사적인 주요 연대, 변화의 일반적 메커니즘, 무게와 길이의 도량형, 평균 기온, 인구, 여러 지방의 특산품 등과 같은 지식들을, 다시 말해 특정 지역의 정치적 조직도를 연감을 통해 파악할 수 있다. 연감의 일부 내용은 모든 지방에 공통될 것이며, 또 다른 일부는 각 지방마다의 차이를 반영하여 채워질 것이다. 연감은 어떤 목적으로 사용되든, 또 어떤 교육 과정에 사용되든 그 내용을 활용하는 데에 어려움이 없도록 작성되어야 한다. 연감은 단순하지만 무거운 문체로 서술돼야 한다. 비록 『본옴므 리샤르Le bonhomme Richard』[4]가 좋은 평판을 얻고 있기는 하지만, 그러한 종류의 오만이 묻어나는 친근한 문체를 우리는 없애야만 한다. 그러한 문체로 쓰인 연감을 공권력이 채택한다면, 그것은 민중에게 품어야 하는 존경심을 결여하는 꼴이 될 것이다.

### 출판을 장려하는 것으로 그쳐야 하는 책들

여태껏 공권력이 편집을 명령하고 주도해야 하는 성격의 책들에 관해

---

4. 벤저민 프랭클린(Benjamin Franklin)이 리처드 손더스(Richard Saunders)라는 가명으로 1732년부터 출판하기 시작한 연감 『Poor Richard's Almanac』의 프랑스어 번역본이다.

이야기하였다. 그런 책 말고도, 다만 출판을 장려하는 선에서 그쳐야 하는 성격의 책들이 있다. 각 단계의 교육 중심지마다 하나의 도서관이 있어야 한다. 우리는 구립 도서관이나 도립 도서관에 비치되어야 할 책을 선정하는 것으로, 양서의 편집 및 출판을 장려할 수 있고, 그 유용함의 정도에 따라서는 추가적인 지출도 불사할 것이다. 자신의 책이 도서관에 비치될 책으로 선정되었다는 사실은 작가들에게 실제적인 도움이자 명예의 증표가 될 것이다. 어쨌든 이러한 조치를 취하면서도 도서관 운영비의 일부는 담당자가 재량껏 지출할 수 있도록 남겨두어야 한다. 왜냐하면 공권력이 여론의 형성에 지배적인 영향력을 미치는 것은 언제나 위험하기 때문이며, 이는 공권력이 누구의 손에 맡겨지는지와 무관한 진리이기 때문이다. 우리는 여기서도 다른 논변에서와 마찬가지로, 독립성에 대한 존중 없이는 지도하지 않는다는 원칙에 충실할 것이다.

널리 보급을 장려해야 하는 작품들의 일부로서, 우리는 이미 충분한 평판을 얻고 있는 16세기와 17세기, 나아가 18세기 프랑스 작가들의 저서에 대한 축약본을 추천한다. 예를 들면 데카르트Descartes, 라 모트 르 봐이예la Motte le Vayer, 아르노Arnaud, 베일Bayle, 니콜Nicole 등의 저자들이다. 물론 이들의 작품을 모두 읽는 것은 불가능하다. 왜냐하면 옛 저자들은 우리와는 다른 관심사가 있었고, 그들의 저서는 매우 방대하며, 때로는 오늘날의 상식과는 맞지 않는 고루한 이야기들을 포함하고 있기 때문이다. 그렇기는 해도, 축약본으로나마 저 유명한 사람들이 세상을 어떤 방식으로 바라보았는지 알아두는 것은 유용하고도 흥미로운 일이다. 실제로, 오랜 세월 동안 전해져 내려오는 고전의 양이 늘어날수록 그동안 진행되었던 이성의 진보는 한때 영원한 진리로 생각되었던 것들을 부조리한 것으로 바꾸어놓았고, 한때 대단히 중요하다고 생각되었던 질문들을 대수롭지 않게 만들어놓았다. 그들 작품의 일부만이 현대인들에게 호기심과 흥미를 자극한다. 전집을 모두 알고자 원하는 이들은 기껏해야 그들의 후손 정도일 것이다. 오늘날 더 이상 의심받지 않는 것들이 그렇게 되기까지는 오랜 검증의 세월이 필요했다. 나아가 가끔은 어떤 진리를 뒷받침하는 증명 자체의 형식이나 성격이 바뀌기도 했다. 옛날에는 모든 사람들을 만족시킬 수 있었던 증명이 오늘날에는 상식 또는 모호한 가정들의 쓸모없는 집적에 지나지 않을 때도 있다. 그러므로 이성의 진전이 더욱 빨라질수록, 더욱 단시간 내에 책들은 일반적인 독서의 가치를 잃어버리고 만다. 그러니 우리가 해야 할 일은 이미 낡아버린 가치를 지닌 책들을 편집함으로써, 곧 더 이상 맞지 않는 부분들을 삭제함으로써 그 책들을 모든 독자들에게 유용한 것으로 만드는 일이다. 오직 학자들만은 여전히 그 책의 원본을 읽겠지만, 일반인들에게는 나아가 계몽된 이들에게도 역시 잘 만들어진 축약본으로 충분하다.

그런데 여기서는 우리가 앞서 도덕 교육의 일환으로 사용되는 유명인들의 전기에 대해 기술한 것과 같이, 직접 교육과 관련되지 않은 부분을 모두 삭제해서는 안 되며, 해당 작가와 그 작가의 활동 연대가 가진 특징적 요소들을 남겨두어야 한다. 이 책들은 인류의 정신사에 관한 기록이 되어야 하며, 그러므로 인문학, 과학, 철학에서의 성공과 실패 그리고 노력에 관한 기록이 되어야 한다. 오직 자신이 살고 있는 시대만을 아는 사람은 비록 그의 시대가 선행하는 시대에 비해 명백한 우월성을 보이고 있다 하더라도 여전히 앞선 시대의 편견을 공유하고 있다는 사실을 드러내고 있는 셈이다. 왜냐하면 모든 세대는 저마다 자신들의 편견을 갖고 있고, 그중 가장 위험한 편견은 자신들의 이성이 더는 의심할 필요가 없을 정도로 이성 자체의 한계에 가까워져 있다고 믿는 착각이기 때문이다. 수학자, 천문학자, 물리학자와 화학자들의 저서 중 일부가 또한 우리의 권장목록에 들어가야 한다. 아무리 그동안의 수학, 천문학, 물리학, 화학의 발전이 이 학문들을 새로운 방법론으로 이끌었다고 할지라도, 이 학문들의 이전 모습을 배우고, 또한 그 속에서 천재성의 발전 과정을 관찰하며, 지금은 우리가 손쉽게 해결할 수 있는 난제들에 대해 천재가 맞서 싸우는 모습을 보는 일은 여전히 유용하기 때문이다.

권장할 가치가 있는 또 다른 사업은 다양한 유럽 언어로 출판된 과학, 정치, 도덕, 철학, 기술, 역사, 그리고 고대사에 관한 모든 주요 저작들의 프랑스어 번역 사업이다. 번역 사업을 통해 전 세계의 모든 이들이 인류의 정신적 진보의 결실을 누릴 수 있다. 댓바람에 전 세계적인 이성의 교류가 일어날 것이며, 그러한 교류의 중심축으로 우뚝 서게 될 프랑스는 그로부터 가장 많은 이득을 거둘 수 있다. 프랑스의 위대한 작가들은 프랑스어를 유럽의 모든 계몽된 이들의 언어로 바꾸어놓았다. 이미 많은 국가들이 프랑스어 구문의 더 단순하고 체계적인 양식을 차용하여, 단어가 다르다는 점과 동사 변화가 다르다는 점을 제외하면 자국어와 프랑스어 사이에 별 차이가 없도록 애쓰고 있다. 프랑스어를 알게 되어 누릴 수 있는 이점에 프랑스어 걸작을 읽을 수 있는 데서 오는 즐거움을 더하고, 나아가 세계 각국 언어로 집필된 걸작들을 프랑스어 번역을 통해 접할 수 있다는 유용함까지 추가된다면, 프랑스어는 곧 진정으로 보편적인 언어langue universelle라는 명예를 얻을 것이다. 그러한 칭호를 얻게 된다면 우리에게 얼마나 좋을 것인가! 오늘날 다른 어떤 나라도 우리가 그러한 명예를 얻는 것에 이의를 제기하거나 막아설 수 없다. 오직 두 언어만이 화자의 수나 언어권의 넓이, 그리고 기존에 출판된 책의 수나 연간 출판 규모, 마지막으로 유럽 내 각 언어의 모국이 맡고 있는 역할의 중요성에 비춰 보아 우리의 경쟁자라고 할 만한데, 바로 독일어와 영어. 그러나 독일어와 영어는 프랑스어에 비해서는 덜 확산되어 있다. 비록 영국과 독일이 상기 언급한 번역 사업을 따라 한다고 할지라도, 가장 널리 확산되어 있는 언어가 프랑스어라는 그 이유 하나만으로 우리 말은 세계에 결정적인 영향력을 행사하기에 충분하다.

## 교육을 위해 필요한 다양한 교재들을 구성하는 일의 용이함

지금까지 아이들과 성인들의 교육을 위해 필요한 기초 교재들에 관하여 언급하였다. 그들의 교육을 맡을 교사들의 지침서도 이야기했고, 다양한 교육적 필요에 따라 작성될 도표에 관해서도 이야기했다. 이쯤에서 우리가 이미 그러한 교재들의 대강을 세워두었으며, 구체적인 실행 방법도 마련해놓았다는 사실을 밝혀두는 것도 무용하지는 않겠다. 우리는 실행이 불가능하거나 어렵다고 생각되는 어떤 것도 제안한 적이 없다. 이성의 진보에 기여하고 싶다는 희망, 그리고 더 긴급하고 더 평등하게 다음 세대의 아이들에게 그들이 어릴 때부터 자연이 그들을 위해 남긴 진리들을 발견하거나 받아들이는 데에 필요한 원리들을 전해주고 싶다는 희망, 예컨대 그러한 희망이 우리로 하여금 이 일에 몰두할 수 있는 용기를 준 것 같다. 오류들과 그것이 자아내는 악덕이 판치는 가슴 아픈 풍경의 한가운데서, 미래에 희망을 걸 수 있다는 것은 그래도 위로가 되는 일이다.

어떤 시대에나 현실을 미래의 가능성과 비교해보면서, 앞으로 오게 될 선의 실현을 바라볼 수 있었던 사람들이 있었고, 바로 그런 사람들이 이러한 위로를 누렸다. 왜냐하면 이는 자연의 법칙이고, 그 법칙은 예외적 사건들에 따른 덧없는 우연에 종속되지 않기 때문이다. 자연의 법칙은 언제나 이성을 행복보다 앞서게 하고, 각 세대에게 이전 세대의 이성을 활용하는 운명을 부여하고, 그들이 새로운 이성을 준비하도록 만들며, 그 결실을 오직 그 다음 세대만이 누릴 수 있는 것으로 만든다. 자라나는 세대는 우리가 그들에게 마련해주고자 하는 행복에 편견으로도, 정념으로도, 또는 잘못된 개인적 이해관계로도 맞서지 않을 것이다. 그들이 꼭 우리에게 동의할 필요는 없다. 우리가 미리 그들에게 준비해놓는 선은 순수하며, 심지어 악인들의 눈물도 요구하지 않는다. 만약 어떤 영광도 따라오지 않는다 하더라도, 그러한 사업을 위해 경합하는 기쁨이 어찌 매력적이지 않을 것인가? 우리 일의 난점과 고됨을 극복하라고 용기를 주는 것이

어디 영광뿐이던가? 우리가 먼 미래에 누릴 수 있을 것으로 예상하는 유용성의 기쁨은 아직까지 모든 이들의 눈에 감춰져 있는 진리들을 포착하고 따르는 기쁨을 보완할 수 없단 말인가? 이미 다른 이가 이전에 일구어놓았던 선, 어쩌면 더는 존재하지 않을지도 모르는 선을 우리가 즐기고 있다면, 왜 그와 마찬가지로 아직 존재하지 않는 선, 앞으로 오래 살아남게 될 선을 즐기지 않을 것인가? 그러나 우리를 이 계획으로 이끈 것은 어떤 일반적인 유용성에 관한 관념조차 아니었다. 우리 자녀들이 너무나도 우리 곁에 가까이 있고, 그러므로 그들의 행복은 곧 우리 자신의 개인적인 이득이요, 또한 모든 이득 중에서도 첫째가는 이득일진대, 그렇다면 설령 우리의 계획들이 어떤 사람들에게, 심지어는 우리 자신에게 무용할지라도 그것은 만족스러운 것이 아닌가?

### 기계 전시실과 자연사 전시실 등을 활용하여 펼칠 수 있는 교육에 관하여

책을 통한 교육은 각 중심지에 설립될 자연사 전시실이나 기계 전시실 또는 식물원을 통한 교육과 결합된다. 우리는 여러 고장에서 쉽게 마주칠 수 있는 대상들을 우선 전시물로 모을 것이다. 그러한 전시물에 관한 지식은 지역 주민들에게 피부에 한결 와닿는 유용성을 지닌다. 예컨대 우리는 기계 전시실에 전시될 기계의 모델로서 그 지역에서 실제로 사용되는 농기구나, 지역 산업에서 실제로 사용되는 기계, 그 지역에 설치된 공장들에서 사용되는 기계들을 선택한다. 식물원에는 해당 지방에서 자라는 식물 중 약으로 쓸 것들과 가공할 것들, 재배를 장려하는 것이 유용한 식물들, 그리고 독초를 골라 전시한다. 독초를 전시해야 하는 이유는 그것이 사람이나 동물에게 미치는 부작용을 미리 알려 독초 섭취를 예방하기 위해서이다. 이러한 전시관들은 특정한 날에는 일반 시민들에게도 개방되고, 매주 일요일에는 자연학 수업을 담당한 교사들이 그곳에서 수업을 진행하도록, 그들에게 제기되는 질문들에 답할 수 있도록 개방될 것이다.

## 관찰을 통해 스스로 공부하는 방법을 가르치는 것이 필수이며, 특히 기상 관측 기술은 반드시 가르쳐야 한다

만약 우리가 관찰의 기술과 방법을 가르치지 않는다면, 관찰을 통해 공부할 길을 넓혀봐야 충분치 못할 것이다. 베르그만[5]은 광물학의 영역에서 광물 관찰의 기술 및 방법의 모범을 제공하고 있다. 광물 관찰 방법과는 다른 방법인, 식물을 관찰하는 방법은 식물학자들의 저서를 통해 배울 수 있다. 그러한 관찰의 기술에 진정으로 본질적인 원리들을 모든 이들의 지적 능력에 맞게 설명하는 것은 그리 어려운 일이 아니다.

우리는 특히 기상 관측 방법에 관한 교육을 강조하고 싶다. 기상의 여러 변화가 농업 생산량, 건강, 그리고 이런저런 산업에 미치는 영향을 생각해보면, 이러한 관측이 굉장히 중요하다는 것을 알 수 있다. 우리는 조만간에 비록 천문학적 예언이라고 할 만큼 정확한 수준은 아니더라도, 아예 우연에 맡겨버리는 것보다는 나은, 어느 정도 믿고 활용할 수 있을 정도의 정확성을 가진 기상 예측의 수준에 도달할 것이다. 물론 이러한 종류의 기상 예보가 모든 지역에 정확하게 맞지는 않을 것이다. 그러나 자연의 일반적인 법칙을 따라 그러한 예보는 어느 정도 광대한 지역을 포괄하여 타당할 것이다. 그렇게 우리는 같은 수준의 정확도를 갖고, 한 골짜기에서는 날씨가 어떠하고 또 다른 골짜기에서는 어떠할 것인지 예상할 수 있다. 그 두 예상은 같지 않을 것이다. 조수 현상은 더 단순한 법칙에 종속되어 있으며, 여타 변수들의 영향을 덜 받는 편이다. 그렇다고 해서 조수 현상이 다양한 바다에서 정확하게 같은 법칙을 따르는 것은 아니다. 서로 다른 해안에서 차이를 보이고, 심지어는 같은 해안의 서로 다른 지점에서도 같지 않다. 그러나 일반적인 기상 예측 이론은 이러한 편차마저도 이성적으로 설명할 수 있다. 어쨌든 우리가 기상학적 예측에서 최대한

---

5. 베르그만(Bergmann, 1735~1784)은 스웨덴 출신의 화학자이자 자연과학자로, 전자기 유도에 관한 이론과 광물의 화학적 분류 방식 창시로 유명하다.

으로 기대할 수 있는 수준은 이 정도이다.

우리가 기상 관측 교육을 강조하는 데는 또 다른 이유가 있다. 그것은 시골 사람들은 이미, 비록 어떤 의미에서도 진정한 방법론이라고 말하기는 힘들며, 대개 선입견에 의해 이루어지는 것이긴 하지만, 완전히 공상적이라고 할 수는 없는 독특한 기상 예측 방법을 갖고 있다는 사실이다. 시골 사람들에게 그들의 방법을 중지시키는 것은 불가능하다. 그런 만큼, 오히려 이젠 그들에게 그들의 방법론을 보완하는 법을 가르치는 것이 필수다. 그들 예보의 바탕이 되는 자연적 징조들은, 기구들을 사용한 관찰로부터 기인하는 결과들을 설명해주는 근거가 될 수 있다. 반대로 그러한 기구들의 사용은 그들의 예보를 더 분명한 것으로 만드는 법을 가르쳐줄 수 있을 것이다. 우리는 여러 농가에 온도계와 기압계와 습도계가 갖춰져 있기를 희망하며, 또한 몇몇 농가에서는 전위계電位計도 찾아볼 수 있었으면 한다. 마지막으로, 농부가 매번 기상의 변동을 기록해두는 기록장이 있으면 더욱 좋다. 우리는 시골 농부들이 스스로의 이성을 활용하여, 그들이 새로운 관점들을 심판하는 것과 마찬가지로 자신들의 오래된 전통을 점검하기를, 그리고 그들 자신의 이성과 도덕으로 인간의 존엄성을 고양하기를 희망한다.


**지식인 단체들은 여론을 바르게 이끎으로써 교육에 봉사한다**

성인을 위한 교육 방법의 하나로 우리는 지식인 단체의 활용을 들고 싶다. 지금의 논의에서 문제가 되는 것은 지식인 단체가 학예 발전에 미치는 영향이 아니라, 그들이 자신들의 판단과 관점을 통해 대중에게 미칠 수 있는 영향이다. 교육받은 모든 성인이 그 스스로 무엇이 유용한지 판단할 수 있고, 모든 새로운 사상과 발명을 평가할 수 있다고 가정하는 것은 불가능하다. 왜냐하면 새로운 사상, 새로운 발명은 그 사상과 발명이 새롭다는 이유 하나만으로 다음과 같은 결론을 낳기 때문이다. 곧 새로운 것들을 찾아내려면 일정한 천재성과 노고가 필요한 것처럼, 새로운 것들을 판단하려면 그것들의 발명가와 비슷한 수준의 지식이 필요하다. 교육받은 모든 성인들이 그러한 판단을 할 수 있으리라고는 생각하기 어렵다. 그러기에는 개개인의 지적 수준도 다르거니와, 공부하는 데에 들인 시간도 다르며, 지적인 능력을 조금도 활용하지 않거나 활용하더라도 아주 일부 대상에 집중시켜 활용하는 직업이 많다. 그러므로 일반 대중의 이성이 의지할 수 있는 지적 판단자들이 존재한다는 것은 유용하다. 그러한 판단자들은 스스로의 이성의 빛을 발산하거나 스스로를 위해 공부하기보다는 바람직한 교육의 소재를 고르는 일에 참여한다. 일반 대중에게 계몽된 이의 의견이 무엇인지 확인할 수 있는 지표를 갖는 것은 유용한 일이다. 계몽 지식인들의 의견이 만장일치하에 결정적으로 굳어진 경우, 거의 대부분 그 의견은 진리와도 일치하기 때문이다. 바로 이러한 것이 모든 분야의 학문과 예술을 포괄하는 지식인 단체 시스템으로부터 일반 대중이 얻을 수 있는 이점이다.

　지식인 단체들이 계몽된 사람들 중에서도 엘리트들로 이루어져 있는 한, 그들이 인도하는 길이 잘못된 길일 경우는 극히 드물다. 또한 지식인 단체 회원들이 더 이상 엘리트들로 이루어지지 않는 순간, 그들은 그들이 위험해지기 전에 자연스럽게 권위를 잃을 것이다. 공권력이 만약 잘못된 권위를 유지하도록 애쓴다고 해도 소용없을 것이다. 얀선주의Jansénisme를 둘러싼 논쟁이 일어난 뒤로, 사람들은 소르본이 더 이상 신학적 엘리트들로 이루어진 모임이 아님을 알게 되었고, 그렇게 되자 왕정의 권력도, 교계의 비호도 더 이상은 소르본 대학이 신학 연구자들 사이에서 갖고 있던 이전의 권위를 누리게 할 수 없었다.[6] 또 다른 예를 들자면, 아카데미

---

6. Jansénisme은 통칭 '얀선주의'라고 불리며, 신교의 융성에 대항하여 일어난 가톨릭 교회의 자정 운동의 맥락에서, 성 아우구스티누스의 가르침을 극단적으로 발전시킨 신학 사상이었다. 그러나 얀선주의는 당대의 프랑스 교계 및 소르본 대학 신학부로부터 이단 판정을 받았고, 이 사건을 계기로 한 동안 프랑스는 얀선주의의 이단성을 둘러싼 일대 논쟁에 휩싸였다.

가 대중에게 더 빛나고 더 순수한 이성의 빛을 던져주는 화덕이 된 뒤로, 대학이 이전의 지적 권위를 잃게 된 것을 들 수 있다.

아카데미에 맞서 결성되는 단체들은 사람들을 지배하거나 혹은 걸맞지 않은 영광을 찬탈하기 위해 여론을 장악하고자 꾀하는 이들의 무리로 보이며, 그들은 자기들의 계획을 가로막는 벽을 부수고자 하는 것 같다. 이런 상황에서 아카데미들은 아직 먼 얘기이긴 하더라도 언젠가 그 누구도 여론을 그릇되게 이끄는 것이 불가능하게 될 때를 준비하며, 그런 시대를 앞당기는 조직이고, 또 그런 시대가 올 때까지 유용하다. 우리는 공권력이 자신의 힘을 향상시키기 위해 독점해야 하는 대상으로서 아카데미라는 기구를 제안하는 것이 아니었다. 거꾸로, 우리는 공권력이 자기 자신에 대한 검열기구로서 아카데미를 의무적으로 갖추기를 제안한다.

### 연극과 축제는 교육의 간접적 수단이 되어야 한다

우리는 지금까지 직접적인 교육 방식 또는 고유한 의미에서의 교육에 대해 영향을 미치는 직접적인 방법만을 이야기해왔다. 그런데 그러한 직접적인 방법 말고도 교육의 간접적인 방법들이 존재하며, 우리는 그것을 결코 무시할 수 없다. 다만 우리는 그러한 간접적인 수단을 남용해서는 안 되며, 그러한 수단의 중요성을 과장하거나 부정하는 것 둘 다 현명한 태도라고는 볼 수 없다. 또한 그러한 간접적 수단들은 실제로 공권력과는 독립적으로 작동되는 것이기에, 만약 공권력이 그러한 간접적 수단들이 공권력의 관점에 어긋나는 것을 금하기 위해 그것들을 통제할 수 있다면 좋을 것이다. 우리는 이제 연극과 축제에 관하여 이야기하고자 한다.

우리는 민중에게 훌륭한 교육적 효과를 베풀 특정 시대를 강렬하게 상기시킬 수 있는 방법으로 연극과 축제를 활용할 수 있으며, 또한 그러한 수단을 통해 그들의 영혼을 살찌우고, 자유와 독립과 조국에 대한 헌신이라는 고결한 감정들을 거의 열광의 수준으로까지 고무할 수 있다. 마지막으로, 우리는 연극과 축제를 통해 민중의 영혼에 국가의 도덕과 자유인의 정치를 형성하는 몇몇 원칙들을 새겨 넣을 수 있다. 50년 전부터 우리의 여론이 어떻게 발전되어왔는지 관찰해온 사람이라면, 여론의 발전에 볼테르의 비극 작품들이 미친 영향이 얼마나 컸는지 잘 안다. 볼테르의 작품 곳곳에 퍼져 있는 저 비장하고 무시무시한 묘사들을 통해 표현된 무수한 격언들은 젊은이들의 정신이 굴종적인 교육의 쇠사슬로부터 벗어나는 데, 그리고 시류로 인해 경박함으로 내몰린 이들이 마침내 자기 스스로 생각하게 되는 데에 얼마나 많은 공을 세웠단 말인가. 또한 볼테르의 극 작품들은 철학자와 가장 동떨어져 있는 이들에게 얼마나 많은 철학적 관념들을 심어주었단 말인가. 우리는 이렇게 한 나라 전체가 처음으로 생각하는 법을 배웠다고 말할 수 있으며, 오래도록 이중 독재[7]의 멍에 아래 잠들어 있던 프랑스인들이 처음으로 자신의 눈을 뜨자마자, 심지어는 본래 자유인이었던 사람들의 이성보다도 더욱 순수하고, 방대하고, 강력한 이성을 과시하게 되었다고 말할 수 있다. 연극이 갖는 이러한 효과를 부정하고 싶은 사람이 있다면 부디 볼테르의 『브루투스Brutus』를 떠올려보기 바란다. 이 비극은 노예 상태의 민중으로 하여금 자유에 대한 용감한 어조에 익숙해지게 만들었으며, 60년이 흐른 지금 인간 정신이 그 어느 때보다도 빠른 진보를 이룩한 이 시대에도 여전히 프랑스혁명의 높은 정신적 수준에 걸맞은 작품으로 남아 있다.[8]

연극과 축제는 한편으로는 대중의 정신을 완성시키는 수단이 될 수도 있으나, 다른 한편으로는 그것을 타락시키는 수단이 될 수도 있다. 그러

---

7. 절대 권력으로 군림했던 왕권과 교권이라는 이중의 굴레를 일컫는다.
8. 볼테르의 비극 『브루투스』는 1730년에 초연되었으나, 당대에는 큰 성공을 거두지 못하였다. 그러나 1789년 프랑스혁명 이후, 콩도르세가 『공교육에 관한 다섯 논문』을 출판하기 1년 전인 1790년에 상영된 브루투스 공연은 큰 성공을 거두었다고 한다. 브루투스의 초연에서부터 콩도르세가 이 논문을 집필하던 시기까지의 시간적 격차가 대략 60년이다.

므로 연극과 축제에 대한 감시가 필요한데, 이는 어디까지나 연극과 축제에 관계된 이들의 자연적인 독립성에 관한 권리를 침해하지 않는 선에서 그러하다. 극단은 절대로 자유로워야 한다. 우리가 시민의 권리를 침해하는 수단을 만든 적이 있던가? 억압해야 할 것은 다만 범법행위일 뿐이며, 누군가가 자유를 오용할 가능성이 있다고 해서 우리에게 그의 자유를 침해할 수 있는 권리가 주어지는 것은 아니다. 만약 이와는 정반대의 원칙을 채택했다고 가정해보자. 그렇게 되면, 오직 규칙을 정하는 이들의 자의적인 관용을 통해서가 아니라면 어떤 자유도 존속할 수가 없을 것이다. 타락한 이의 손 안에 들어가면 그 어떤 것도 범죄의 도구로 이용될 수 있다. 그러나 공권력은 자신의 관점에 따라, 적절한 대사로 이루어진 연극들은 칭송하고, 그렇지 못한 연극들은 공권력의 입장에서 굳이 언급할 이유조차 없는 보잘것없는 위락의 하나로 남겨두는 방식으로 쉽게 연극들을 통제한다.

또한 우리는 정해진 기간 동안 이루어지는 국가적인 축제들을 제정해야 하고, 그 축제들을 역사적인 순간들에 결부시켜야 한다. 축제는 전국 축제와 지방 축제로 나뉜다. 어떤 도시에 사는 시민들이 공유하는 기념할 만한 특정 사건이 있을 경우, 그 도시는 매년 돌아오는 기념일마다 축제를 통해 그 사건을 기념할 수 있다. 한 국가는 국가 전체가 다 함께 공유하고 기념할 만한 사건들을 기념해야 한다. 또한 그러한 사건들을 선정할 때에는 그 국가가 해방된 해 이전으로 거슬러 올라가는 사건들을 선정해서는 안 된다. 왜냐하면 해방 이전에는 진정으로 국가적이라고 할 만한 사건들이 있을 수 없기 때문이다. 그러나 지방 축제의 경우에는 같은 논리를 적용할 수 없다. 어떤 도시는 그 도시에서 태어난 유명인의 탄생 혹은 그 도시 사람들의 용기 있는 행동들을 기념할 수 있다. 어떤 조직에나 위대한 사람들과 용감한 행동들에 관한 기억이 있다. 적들을 성벽 너머로 격퇴했다거나, 그 고장의 안녕을 위해 헌신했다거나 하는 이야기들은 설령 조국이 없는 사람이라 할지라도 영웅적인 모범으로 받아들일 수 있는 이야기다.

축제에는 또한 시민들을 상대로 상연되는 연극 공연이 수반될 것이다. 비록 우리의 기후가 안정적이지 못하긴 하지만, 어쨌든 가장 큰 도시들에서도 시민을 위한 진정으로 대중적인 공연이 가능할 것이다. 이때의 공연은 민중과 쾌락을 함께 나눈다기보다는 그들로 하여금 자신들이 누리고 있는 쾌락을 부러워하게끔 만드는, 부자들에 의해 일종의 자선으로 베풀어지는 무료 공연과는 다른 것이 된다. 기발한 경구들로 가득 차 있고, 모든 미묘한 뉘앙스의 변화와 정묘한 감정 변화의 추이를 보여주며, 지속적인 집중력과 대사에 쓰인 모든 단어들에 대한 완벽한 이해, 나아가 비록 귀로는 반절밖에 못 들었을지라도 나머지 반을 짐작하여 채울 수 있는 능력을 요구하는, 그런 종류의 복잡하고 어려운 비극은 아마도 이러한 대중적 공연과는 어울리지 않을 것이다. 다만 대사보다는 행동이 더 많고, 분석보다는 장면 묘사가 더 많으며, 뚜렷한 사상을 보여주면서도 적나라한 정념이 드러나 있는 단순한 연극이 대중 공연에는 더 적합하다. 또한 팬터마임과 연극을 결합시킴으로써 새로운 양식의 고귀한 위락을 만들어낼 수도 있다. 중요한 역사적 사실을 재현하기만 한다면 이 작품들이 크게 재미있지 않더라도 상관없다. 다만 단순한 무언극은 그것이 이해되려면 무언극을 관람한 경험이 많아야 한다는 점에서, 일상으로 공연되지 않는 연극에는 어울리지 않는다. 그러므로 단순한 무언극보다는 비극 공연이 더 바람직하다. 이 극작품들은 그것이 담고 있는 경구들이 좀 더 쉽게 포착되도록, 좀 더 많은 관객들에게 대사가 들리도록 운문으로 작성될 것이다. 이러한 시도들은 예술적으로 정복해야 하는 새로운 난점들을 가져올 수도 있을 것이다. 그렇지만 새로운 시도를 통해 새로운 아름다움이 탄생할 것을 기대할 수도 있다.

고대인들의 행사와는 분명 다르면서도, 자신들의 힘을 드러내는 동시에 특정 직업군에 널리 퍼진 해로운 생활 습관에 주의를 주고자 한다는 점에서는 같은 유희들, 곧 장엄한 행진, 군사 퍼레이드, 우리의 풍속에 맞는 체조 공연, 그리고 그 형세와 움직임이 우리가 기념하고자 하는 사건들을 떠올리게 만드는 춤 등의 이 모든 유희들이 적절한 장식과 팻말들로 꾸며진 장소에서 펼쳐질 것이다. 이러한 행사들을 통해 우리는 젊은이와 소년소녀들에게는 위락을, 중년과 노년에게는 볼거리를 제공할 수 있다.

한때 그리스인들의 모든 운동은 전투 기술에 관계되어 있었는데, 그들의 유희에 대한 열광은 그들로 하여금 곧 사람들에게 너무나도 잦은 실수를 저지르게 만들었다. 애초의 목적을 잊어버리고 수단에 대한 열광에 빠지는 실수 말이다. 그리스의 체육관들은 전사戰士를 양성하는 것을 멈추고 운동선수를 키우기 시작했다. 로마인들은 그리스인들과는 달리 훈련이라는 목적에 더 충실했다. 로마 공화정의 말년에 이르기까지, 젊은이들의 놀이란 곧 전쟁 대비 군사 훈련이었다.

우리 시대에는 운동이 지향해야 하는 목표란 무엇보다도 앉아서 일하는 직업군이 인간의 본래적인 힘과 아름다움에 미치는 위험한 영향력을 줄이는 것이고, 사람들의 허리가 휘는 것을 예방하는 것이고, 일로 인해 망가져버린 신체 균형을 되찾고 유지하는 것이다. 고대에는 인간을 전사에 적합하지 못한 존재로 만들어버리는 직업들에 종사한 것은 오직 노예뿐이었다. 고대의 시민들, 곧 노예가 아닌 문화인들은 그들의 진신을 난련했고, 체육관에서 운동을 했다. 자유가 침범당하지 않는 시대에 산다는 것은 얼마나 행복한 일인가. 우리 시대에는 모든 자유인이 어떤 직업이라도 맡을 수 있으며, 모든 종류의 기술을 갈고닦고 있다. 이제 운동을 해야 하는 이들은 몸을 쓰지 않는 직업에 종사하는 사람들이다. 젊은이들은 축제에서 눈에 띄고자 할 것이기 때문에, 우리는 체육 교육에서 젊은이들에게 별도의 동기를 부여할 필요가 없다. 축제 속에서 모든 이들이 자유와 인류애와 조국애를 느끼게 될 것이다. 우리는 축제의 수를 너무 늘리지 않도록 주의를 기울이고, 공공의 축제라는 위엄 있는 이름을 부여하는 데에 까다로운 기준을 채택할 것이다. 우리는 신중하게 어떤 사람, 어떤 행동, 또는 어떤 사건이 공공의 축제에 충분히 적합한지를 판단하고, 수도에서 열리는 축제가 다른 모든 지방에 대해서도 보상이 되게끔 할 것이다. 우리는 축제에서 천재적인 사람들, 덕성 있는 시민들, 조국의 은인들에게 명예가 부여되었음을 선포할 작정이다. 또한 축제를 통해 갖가지 상과 영관榮冠을 수여한다. 그것은 책이나 기계, 약의 발명 등을 통해 공익에 가장 훌륭하게 기여한 이들에게 수여된다. 그러나 어떤 행동이나 행위에 대해 상을 수여해서는 안 될 것이다. 영광이란 모름지기 덕성에 대한 적합한 보상이다. 여기서 허영심이 고귀한 즐거움을 더럽혀서는 안 된다. 덕성스러운 인간이라면 대중으로부터 감사 인사를 받는 것으로, 또 그의 동류들의 호평 속에서 달콤한 기쁨을 느낄 수 있을 것이다. 그러나 그는 자신이 우월하다고 믿는 데서 오는 즐거움은 느끼지 않는다. 상을 수여받는 것은 다른 사람의 머리 위에 오르는 일이 아니다. 그가 스스로의 사유를 갈고닦으며 열심히 노력하는 것은 바로 그 자신을 완성하기 위함이다.

어쨌든 수상자 선정의 우선순위를 결정하려면 분명한 기준이 있어야만 한다. 그런데 '훌륭한 행동'은 분명한 선정 기준이 결여되어 있다. 왜냐하면 행동의 훌륭함이란 무엇보다도 그러한 행동의 동기에 있으며, 그러한 행동을 낳은 감정의 동요에 있기 때문이다.

로마인들은 그 사실을 잘 알았다. 로마인들은 전쟁에서 승리를 거둔 자, 처음으로 적진에 돌격한 자, 또는 시민의 생명을 구한 자에게 영관을 씌웠다. 이때 그들이 치하한 대상은 업적 자체이지 사람이 아니었다. 또한 그렇게 내려진 상은 추한 경쟁을 불러일으키지도 않았고, 위선을 부추기지도 않았으며, 매수나 특정인의 총애에 의해 수여될 수도 없었다.

우리는 또 다른 교육 방식의 하나로, 좋은 취향이 사람들의 도덕성에 미치는 영향력의 이용을 든다. 예술과 문학에서 고상하고 순수한 취향을 지닌 민족들은 풍속과 덕성에서도 부드러움과 고상함을 갖추고 있었다. 때로는 풍속이 취향을 완성시키거나 타락시킬 수도 있고, 또 그 반대로 때로는 취향이 풍속을 정화하거나 타락시킬 수도 있지만, 둘 중 어느 쪽이 다른 쪽에 먼저 영향을 미치는지는 별로 중요하지 않다. 왜냐하면 머지않아 그러한 영향력은 상호적이 되기 때문이며, 정신이나 영혼의 이러한 습성은 결국 일치하기 때문이다.

예술은 다양한 직업 교육에 관해 다루는 장에서 기술하겠다. 여기서는 단지 다음 사실을 말해두는 것으로 그친다. 일반적인 취향을 형성하는 데는 공권력이 축조한 거대한 기념물로 충분하다. 그러한 대건축물은 개별적인 공상이 갖는 괴팍함에 대해 우위를 보인다. 그것들은 실로 모든 이들의 시야에 늘 노출되는 유일한 예술 작품이며, 예술가들의 좋은 취향을 유지시키고 그들에게 경쟁의식을 불어넣는다. 문학적 취향에 관하여 이야기해보자면, 공권력의 주문에 의해 만들어진 문학 작품 속에서 순수하고 건전한 취향이 유지된다면, 그러한 취향이 곧 민중 사이에서도 유지되고 전파된다.

### 새로운 교육 시스템이 갖는 효과는 차츰 드러날 수밖에 없다

설령 가장 잘 계획된 교육 체제라 하더라도 그 열매를 시행 첫 한두 해부터 맛볼 수 있다고 믿는다거나, 가능한 모든 것이 단숨에 완성될 것으로 기대한다면 그것은 착각이다. 우리는 아버지들을 가정교육에 적합한 이로, 어머니들을 교육의 감시자로, 스승들을 새로운 교육 양식에 적합한 이들로, 책들을 공통되고 단일한 목적을 갖고 편집되는 것으로, 박물관과 전시실과 식물원을 모든 교육 중심지에 설치된 것으로 만들어가야만 한다. 이를 이루는 데는 시간이 걸리기 마련이고 지속적이고 오랜 주의가 필요하다. 심지어는 이를 위해 필수적인 공적 자금이 단번에 마련되지 못하는 일도 생길 것이다. 그러나 시행 첫해부터, 아이들은 적어도 무엇을 배우는 것이 중요한지는 깨치게 될 것이며, 성인들은 그들이 어느 정도로 교육받을 준비가 되어 있든 간에 어쨌든 조금은 계몽되어, 자신들의 몇몇 편견을 부술 수는 있을 것이다. 수도원의 장서들은 그것들 자체로, 혹은 교환을 통해서 새로운 도서관을 설립하는 데에 도움이 된다. 해당 지방의 산물들을 모아두는 것이 주된 목적인 박물관과 전시실은 오래 걸리지 않아서 또 큰 경비 지출 없이 충분한 면적의 부지를 얻을 수 있다.

## 교육에 필수적인 경비를 조달하기 위해, 국고뿐만 아니라 개인 기부금도 활용할 수 있다

현재 교육을 위해 마련된 기금에 덧붙여, 교육에 열의를 품은 이들로부터 기부금을 모아 보낼 수 있으리라. 물론 그렇게 모인 기금이 영원히 사적 기금으로 남는 것은 피해야 하겠지만, 우리는 재원 마련에 도움을 준 이들에게 어느 정도는 그 사용처에 개입할 권한을 부여할 수 있다. 이러한 자유는 공권력의 대리인들이 자칫 빠질지도 모르는 오류를 정정할 한 가지 방법이 될 수 있다. 예컨대, 개인들로부터 책과 전시물을 기증받는 방법을 통해 우리는 공권력의 대리인이 자신들의 편견이나 믿음에 따라 배제시켰을지도 모르는 것들을 채워 넣을 수 있다. 공권력은 다만 공적 이성의 실행 기관에 불과하다. 공권력은 확실치 못하고, 분열되어 있으며, 종잡을 수 없는 의견들에 맞설 때는 가능한 한 모든 조치를 취해야 한다. 일반적인 의견을 따르는 자들이라면, 공권력의 제재 없이 독립적으로 행동할 수도 있다. 우리가 제안하는 방식은 그러한 일반적 의견이 없을 때는 매우 미약한 것이지만, 일단 그것이 선명히 드러나게 되었을 때는 충분히 따를 만하다. 서로 비슷비슷한 도서관들이 10년 전부터 운영되었다고 치자. 그 도서관들은 개인으로부터 기증받은 도서도 내치지 않았다. 아마도 정부에서는 도서관에 프랑스사에 관한 저술들과, 베르지에Bergier[9]의 저작들과, 『성에서의 야회les veillées du château』[10]를 보냈을 것이다. 그러나 진리의 열렬한 지지자들은 도서관에 루소와 볼테르의 저작들을 보냈을 것이다. 공권력은 이성의 진보를 늦출 수 없었을 것이다.

같은 논리에 따라 교육의 단일성과 평등성을 해치지 않으면서도, 사설교육 기관 및 무료 교육 시설을 인가할 수 있다. 이러한 자유는 만약 그러한 시설의 사적 소유권이 기관의 성격에 따라 기증자의 사망 시기까지 제한되거나 혹은 일정 시기로 제한된다면, 오직 장점만을 보일 것이다. 일정 기간이 지나면 그 시설들의 모든 사용권한은 공권력으로 귀속된다. 우리는 마찬가지 조건 아래, 기부금 대신 모든 종류의 재화를 기증받을 수도 있는데, 여기서도 언제나 일정 기간이 지나면 국가가 그 기증품들을 마음대로 처분할 수 있어야 한다는 조건이 붙게 될 것이다. 어떠한 지적·물질적 기부도 가리지 않고 받되, 모든 기부에는 그러한 제약 규정이 붙게 된다. 우리는 다만 허영심에 따른 기증만큼은 줄여나갈 생각이다. 인간의 품위를 낮추는 저 결점들 중 하나를 장려하는 것은 인류를 더 완벽하게 만들겠다는 모든 교육의 목적과 정면으로 어긋나는 것이 아닌가? 공적인 유용함을 위해 수도사들이 사용했던 간계를 빌리는 것은 인민의 존엄에 부적절한 행동이 아닌가? 수도사들이 자신들의 수도원을 위해 했던 것처럼 사람들의 편견과 정념을 이용하고, 오만한 이가 몇 뙈기의 땅을 증여했다고 해서 그에게 불멸의 영광을 약속하고, 나아가 천상의 자리를 약속하는 것은 부적절하지 않은가?

---

9. 니콜라스-실베스트르 베르지에(1718~1790)는 프랑스의 신학자로, 계몽주의 철학에 반대하는 많은 저서 등을 발표하였다.

10. 드 장리스 백작 부인(Mme la comptesse de Genlis)이 1784년에 발표한 저서로, 자녀교육에 관한 이야기를 담고 있다.

### 새로운 교육이 지닌 장점들의 발전

새로운 교육의 효과가 비록 처음에는 거의 피부로 느껴지지 않을지라도, 우리는 그 효과가 점점 더 발전되고 커지는 것을 보게 된다. 유년 시절부터 좋은 교육을 받은 젊은이들과 어린이들은 가정에서 행해지는 교육을 조금 더 잘 감시하는 법을 알게 될 것이며, 자신의 자녀들에게는 바른 교육의 정신에 조금 더 잘 부합하는 스승들을 붙여줄 것이다. 그들의 다음 세대에는 교육이 좀 더 완벽해질 것이며, 마지막으로 3세대에 이르면 일종의 교육 혁명이 완수될 것이다. 그 기간 중에도, 조금 더 멀리 갈수록 우리는 더욱 큰 이점을 누릴 것이다. 또한 이렇게 여러 세대가 서로 붙어 있으며, 최대 12년의 교육 기간 동안 그들을 평가할 수 있으므로, 우리가 준비하는 다음 세대는 우리로부터 그리 멀리 떨어져 있는 것이 아니다. 그러니 다음 세대를 위한 철학을 충분히 가질 만하지 않은가.

이와 같은 인류의 점진적 발전에 대해 불신하는 이들이 있다면, 진리의 발전상이 가장 확연히 눈에 들어오면서도 그 의의가 비교적 정확하게 평가될 수 있는, 과학으로부터 취한 한 예를 소개해주고 싶다. 인도와 이집트에서 기하학과 천문학의 기본적 진리는 야심찬 사제들이 자신들의 제국을 건설하는 바탕으로 활용하였던 비의적인 교리였다. 같은 진리가 그리스에서는, 그러니까 아르키메데스와 히파르코스의 시대에는 학교에서 교육되는 대중적 지식이었다. 지난 세기에 와서는 단 몇 년간의 공부만으로도 아르키메데스와 히파르코스가 알아낸 모든 지식을 배우는 데에 충분하였다. 오늘날, 교수로부터 2년 동안 가르침을 받은 이는 라이프니츠와 뉴턴의 지식을 넘어선다. 사람들이 이 예시를 숙고하길 바란다. 멤피스의 사제로부터 오일러로 이어지는 이 연쇄 고리도 포착할 수 있기를 바란다. 시대마다 당대를 뛰어넘는 천재들이 있었다는 것을, 그러나 그다음 시대에는 평범한 사람도 그 천재들이 발견했던 것들에 도달할 수 있었다는 사실을 관찰할 수 있기를 바란다. 그러면 자연은 우리에게 시간과 노력을 절약하는 길을 열어주었다는 것을, 그리고 그 길에는 끝이 있을 수 없음을 알게 될 것이다. 사람들은 서로 독립된 문제들에 대한 주의력의 고갈과 기억력의 소진을 불러일으킬 정도로 해결 방식들이 많아질 때면, 그 분산된 이론들은 하나의 일반적인 방법론 속으로 통합되어 사라진다는 것을, 모든 사실들이 단 하나의 사실로 한데 묶인다는 것을 알게될 것이다. 한편으로는 이렇게 일반화의 대상이 되는 지식들이 무한히 늘어나는 것과 마찬가지로, 이러한 모든 일반화, 거듭 반복되는 통합도 오직 다다를 수 없는 무한이라는 한계만을 지닐 뿐이다.

**철학과 정치의 일치야말로 교육 개혁의 가장 큰 이점 가운데 하나이다**

새로운 교육이 갖는 가장 큰 이점 중의 하나이며, 가장 빠르게 느낄 수 있는 이점은 철학을 정치 속으로 가져가는 것, 아니 차라리 철학과 정치를 합치는 것에서 오는 이점이다.

사실 세상에는 두 종류의 정치밖에 없다. 하나는 자연권과 이성에 기대고 있는 철학자들의 정치이며, 다른 하나는 이해관계를 기반으로 하여, 속아 넘어갈 희생자들을 찾기 위해 사정에 따라 그때그때 달라지는 원칙들에 의해 그리고 유용성의 빙자에 의해 성립하는 모사꾼들의 정치이다.

불평등이라는 재앙에 삼켜진 나라에서, 태어날 때부터 왕도를 따라 걷게 되어 있는 왕손이나, 굵직한 사건들의 회오리바람 속에서도 배가 부른 장성, 그리고 어린 시절부터 세습이나 금전에 의한 지위가 보장되어 있는 자들이 스스로를 다른 이들의 지도자로 여기고, 자신들이 압제를 펼치고 착취하고 있는 세계를 이성을 통해 제어하려고 애쓰는 철학자들에게 오만한 경멸의 시선을 보낸다고 해도, 그들의 광기는 다만 경멸과 측은함의 대상일 뿐이다. 그것은 그들이 받은 교육의 치유 불가능한, 하지만 본의 아닌 결과이기 때문이다. 우리는 그들을 바라보며 시암인들이 사모노 코돔Sammonocodom[11]을 숭배하는 것을 볼 때 놀라는 것보다 더 놀라서는 안 된다. 그러나 만약 자유로운 한 국가에서 누군가가 감히 저 거만하기 그지없는 말을 반복한다고 생각해보자. 몇몇 고관들의 보호를 받아 높은 지위에 오른 이들이, 자신들의 저서로 명성을 얻은 다른 이들이, 사전과 신문의 편집자들이, 우연에 힘입어 학교를 졸업하자마자 요직에 오른 젊은이들이 감히 저 오만한 말투를 흉내 낸다고 생각해보자. 그때라면 우리는 저 오만방자한 태도에 대해 격분할 권리를 갖는다.

정치를 철학에 종속시킨다는 관념은 모사꾼들 이외에도 또 다른 적대 자들을 갖고 있다. 만약 대단한 열의만 갖추고 있다면, 단순한 상식만으로도 모든 일을 행하는 데에 충분하다고 믿는 이들이다. 몇몇 사람들은 그 이론에 단지 내적 계시의 도움을 덧붙일 뿐이다. 그들에게 내적 계시란 후천적으로 습득한 이성을 대체하는 것이고, 그것만 있다면 이성 없이도 살아갈 수 있는 무엇이다.

이러한 견해를 밝히는 사람들의 은밀한 동기는 무엇인가? 그것은 우선, 그들을 평가할 수 없는 사람들을 쉽게 속이기 위하여 그들을 평가할 수 있는 사람들로부터 벗어나고자 하는 욕망이다. 그것은 그들의 행실에 대해 철학이 확실하고 무시무시한 빛을 비추지나 않을까 하는 두려움이며, 철학이 그들 사상의 무의미함과 그들 기획의 얕은 깊이를 비추지나 않을까 하는 두려움이다.

또한 그것은 정의와 이성에 기반을 두고 수립되었으며 오만과 탐욕의 모든 음모들에 맞서 비길 데 없는 완고함을 내비치는 어떤 원칙들에 대한 증오이다. 그것은 마지막으로, 이성의 빛의 우월성을 인정하고 그에 굴복해야 하는 것을 두려워하는 질투심이다. 그들은 자신들이 좇아갈 수 없

---

11. 시암(태국)의 신.

는 다른 이들의 재능을 증오하고, 다른 이들이 선행의 대가로 받는 영광을 증오하며, 자신들이 저지르고자 하는 악을 다른 이들이 가로막는 것을 증오한다.

이러한 사기꾼들의 덫에서 빠져나오고 싶은가? 높은 지위가 오직 이성적인 이들에게 주어지는 대가로서 존재하기를, 그리고 확실하고 분명한 원칙들이 모든 중요 사업들을 이끌기를 바라는가? 그렇다면 젊은 시민들을 대상으로 삼는 공교육 과정 속에서 철학이 정치 교육을 주재하도록 만들라. 정치가 자연권에 대한 경구들에 기반을 두고 성립된 하나의 시스템에 지나지 않도록 만들라.

그렇게 되면, 모든 시민은 한편으로 야심가들의 함정에서 벗어나는 법을 알게 될 것이고, 다른 한편으로는 그들의 이해를 계몽된 사람들에게 의탁해야 할 필요성을 느낄 것이다. 잘못된 교육은 오만을 자아낼 뿐이지만, 합리적인 교육은 학생들에게 자기 자신의 앎을 경계하는 법을 가르친다. 적게 배웠더라도 제대로 배운 사람이라면, 타인이 그에 비해 갖고 있는 우월함을 인정할 줄 알며, 별 어려움 없이 그의 의견에 동의한다. 그러므로 진리의 가치를 느끼는 것에 익숙해지도록 만드는 교육만이, 진리를 발견하거나 진리를 활용할 줄 아는 이들을 높이 평가하는 것에 익숙해지도록 만드는 교육만이 인민의 안녕과 자유를 공고히 하는 유일한 길이다. 그러한 교육이 이루어질 때, 사람들은 알아서 잘 행동하거나, 좋은 인도자를 선택하거나, 자신의 이성에 따라 판단하거나, 자신의 무지로 인해 도움을 청하게 된 다른 이들의 판단을 고맙게 취하여 올바른 선택을 할 수 있다.

# 직업 교육에 관하여

### 직업의 종류를 둘로 나눔

모든 직업은 고용 주체뿐만 아니라 노동 당사자에게도 유용해야 한다.

우리는 직업을 두 종류로 나눈다. 우선 그 제1목적이 사인私人들의 수요를 만족시키는 일, 따라서 그들의 삶의 질을 높이고, 쾌락을 북돋는 것이 목적인 직업군이 있다. 이러한 직업에 종사하는 이들은 오직 고용주에게만 봉사한다.

일반적으로 이러한 직업군에 종사하는 이들은 정도의 차이는 있겠지만 자신의 생존을 위해 일할 뿐이며, 사회 전체에 봉사하는 것이 아니라 오직 노동의 대가를 돈을 통해 혹은 또 다른 종류의 용역을 통해 지불하는 개인에게 봉사한다.

다음으로, 이와는 반대로 노동의 제1목적이 공적 유용성의 증진에 있는 직업군이 있다. 이 직업군에 속한 이들은 사회 전체를 위해 그들의 시간과 노력을 기울이므로, 공적 기능을 수행한다고 하겠다.

기술이 단지 기술로서만 활용되는 경우, 우리는 기계공을 비롯한 모든 직업인을, 심지어는 화가나 조각가마저도, 첫 번째 직업군으로 분류해야 한다.

회화와 조각은 정념과 성격을 표현할 줄 알며, 그로써 사람들의 영혼을 움직이거나 감동시킬 줄 알고, 나아가 자연에 대한 관찰과 훌륭한 모델에 대한 연구를 통해 저 아름다운 이상의 비밀을 알아내고 실현시키는 그런 사람들에 한해서는 예술이라고 볼 수 있다. 그러나 장식과 조각품 따위로 아파트를 치장하는 화가와 조각가들은 실로 자신의 '기술'을 활용하는 것에 지나지 않는다. 예술가들이 계몽되고 감식안 있는 이들을 위한 새로운 즐거움을 창출한다면, 기술자들은 부자들의 취향이나 허영심에 봉사한다.

다양한 직업 교육을 위한 공교육 기관의 설립 목적은 직업군에 따라 달라야 한다. 공적인 것으로 간주할 직업군에 대해서는 그들의 훈련을 가장 계몽된 이들에게 맡겨서 얻을 이점을 우선 고려해야 한다. 한편 다른 직업군에 대해서는 대다수 사인私人들을 위해 이들 직업군이 제공해줄 수 있는 안녕과 쾌락을 향상시키는 것을 목적으로 삼아야 하며, 나아가 그러한 안녕과 쾌락의 일부를 가장 가난한 계층에까지 확산시키는 것을 목적으로 놓아야 한다. 기술이 개화한 나라의 빈자는 그렇지 못한 나라의 빈자보다 더 좋은 환경에서 거주하고, 더 좋은 신발을 신고, 더 좋은 옷을 입는다. 그런데 이러한 쾌락의 증진이 진정한 선일까? 그것은 다만 편한 생활에 익숙해졌을 때 필연적으로 뒤따르는 또 다른 새로운 욕구를 자극하는 것에 불과하지 않을까?

이러한 철학적 질문에 대해서는 더 따지지 말자. 다만 세월에 따라 점점 만족이 무뎌지고 언제나 새로운 발전을 바라게 된다 할지라도, 즐거움의 지속적인 증대는 의심할 여지 없이 선이다. 우리는 가난한 사람들이 창문 없는 집에서 살아야 했던 한 나라를 안다. 40년 전에는 그러했다. 그 나라의 빈자들은 반쪽짜리 햇빛으로나마 채광을 하기 위해 언제나 문을 열어두어야 했다. 우리는 이제 그 나라에 창문이 널리 보급되었음을 안다. 그들의 다음 세대는 아마도 집에 창문이 달렸다는 사실만으로는 행복을 느끼지 못하겠지만, 창문의 도입을 처음으로 받아들인 세대에게는 그러한 변화가 진실로 선하고 좋은 것이었다. 그러므로 잘 짜여진 교육 프로그램의 필연적인 결과로 도출되는 기술 발전으로부터 우리가 기대해야 하는 것은 정확하게 가난한 이들을 위한 쾌락의 점증이다.

직업 교육은 기술 장인들 사이의 관계를 더 평등하게 만드는 데에도 이바지할 것이다. 우리는 가난한 직공의 자녀를, 자식 교육을 위해 약간의 교육비를 투자할 수 있는 더 부유한 노동자의 자녀들과 가깝게 만들 것이다. 교육적 관점에서 볼 때, 이와 같은 방법은 한 나라에서 불행으로 인해 타락하게 되는 불운한 자들의 수를 줄일 수 있는 가장 좋은 방법 중하나다. 누릴 자격이 없는 타락한 자들의 손으로부터 권리를 지켜내는 것이 정의의 역할이다. 자격 없는 자의 권리는 사회제도의 완성에 매우 큰 장애가 되기 때문이다.

**서로 다른 두 직업군에 대한 공교육은 같은 것이 될 수 없다**

두 직업군에 대한 교육을 달리하도록 만드는 또 다른 차이점이 있다. 한쪽 직업군의 사람들은 틀림없이 대단히 많은 시민들의 의뢰를 받을 수밖에 없으므로, 그들에게 시간을 지나치게 많이 뺏는 교육은 시킬 수 없다. 이 직업군에 속한 어린이들의 경우에는 다만 도제 수련을 받는 시간의 일부를 교육 시간으로 얻어낼 수 있을 뿐이며, 어른들의 경우는 작업이 없는 시간에 한하여 그들이 배워서 이득을 볼 수 있는 공부를 가르쳐야 한다. 그와는 반대로 다른 쪽 직업군의 사람들은 매우 적은 수의 시민들한테서만 의뢰를 받는다. 그들 작업의 기초는 더 확장된 교육에 기반을 둬야 한다. 그러한 기초는 그들에게 공적으로 혹은 사적으로 작업을 맡기는 사회나 개인이 충분히 요구할 만한 조건이다.

**기계공을 대상으로 한 공교육의 특성**

공권력이 기계공들을 위해 마련해야 하는 교육의 본질은 기계를 다루는 법을 가르치는 학교를 여는 것에 있지 않다. 기계공을 위한 교육의 목적은 스타킹이나 직물을 짜는 법을 가르치는 것이 아니고, 철이나 목재를 가공하는 법을 가르치는 것도 아니며, 다만 이러한 직업군에 유용하게 쓰일 수 있는데도 도제 수업을 통해서는 배울 수 없는 지식들을 가르치는 데에 있다.

우리는 그러한 지식들을 그 자체로 어떤 기술에나 필수적인 지식과 각각의 기술을 이해하는 데에 꼭 필요한 지식들로 구분하여 선별할 수 있다. 첫 번째 관점에 따른 필요 지식으로는 데생하는 법을 들 수 있겠다. 데생은 장식 기술과 더불어 사치품 생산에 필수적인 기술이며, 다른 장인들을 위한 도구와 공구를 생산하는 데에도 필수로 요청되는 기술이다. 다음으로는 금속, 가죽, 유리를 다듬거나 가공하는 이들 또는 염색공들에게 유용한 화학 지식을 꼽겠다. 여기에 공학의 기본 원리, 물리학의 기초 지식, 상업 산술과 측량의 기초, 입체 측정의 기초, 마지막으로 일반적인 공교육에는 포함되지 않는 약간의 기초 기하학, 예컨대 돌 절단법la coupe des pierres에 관한 이론[1]이나 투시도법 이론이 교육과정에 포함되어야 한다.

물론 기계를 다루는 모든 직업이 위에 서술한 모든 지식을 요구하는 것도 아니거니와, 설령 그렇다고 하더라도 직업에 따라 서로 다른 수준의 지식이 요구되는 법이다. 예컨대 직물 제조공에게 유용한 교육은 철물공이 필요로 하는 교육과는 다르고, 목수의 교육은 염색공의 교육과는 달라야 한다. 물론 우리는 각 직업별로 다른 반을 편성하여, 비슷한 직종들만을 모아놓고 개별 수업을 실시할 수도 있다. 그러나 그렇게 하자니 서로 다른 종류의 지식을 요구하는 직업들이 지나치게 많고, 반면에 서로 겹치는 종류의 지식도 너무 많으며, 이런 교육 시스템을 따라가자면 굉장

---

1. 17세기 프랑스 수학자 제라르 데자르그(Gérard Desargues)의 저서 『건축에서의 돌 절단법La coupe des Pierres en l'architecture』(1640)을 참조하고 있다. 데자르그의 이론은 파스칼 등을 통해 전개되는 근세 기하학의 발전에 큰 영향을 미친 것으로 평가된다.

히 많은 교사들을 고용해야 해서 비용 소모가 많아지고, 그런 사태를 피하자니 교육 시설 수를 줄여야 하므로 평등하게 이성의 빛을 퍼뜨린다는 제일 원칙을 잃어버린다. 그렇다고 비용을 줄이려고 다양한 직종별 교실을 여러 도시에 분산해 설치하는 것도 그리 수긍할 만한 일이 아니다. 모든 종류의 기술이 오로지 필요에 따라 어디로든 확산되는 것과 여러 직종들이 자유롭게 협력하고 분산되는 것은 사회적으로는 이로운 일이다.

어쨌든, 직업 교육은 그 교육과정을 통해 오직 해당 직종에 필수적인 지식을 배울 수 있도록 구성되어야 한다. 만약 그들이 배우는 지식이 그들에게 바로, 또 직접 유용한 어떤 것을 제공해주지 않는다면, 일하느라 정신없는 이들은 교육받기를 거절하고 말 것이다. 그러므로 교사들의 수업은 그들 수업의 일부가 다소간 각 직업군의 요구에 부합할 수 있도록 나뉘어야 한다. 각 구의 중심지에는 두 사람의 교사로 충분할 것이다. 한 사람은 데생의 기초를 가르치고, 다른 한 사람은 각 기술의 과학적 원리를 가르친다. 한편 도 단위의 중심지에서는 네 사람의 교사가 필요할 것이다. 한 사람은 마찬가지로 데생의 기초를 가르치고, 나머지 세 사람이 과학 수업을 분담한다. 어쩌면 이러한 교육 기관들을 조금 더 규모가 큰 노시늘에 한정해 설치하는 것이 더 적절할지도 모르겠다. 직업 교육 기관의 경우는 정치 기관의 설치 원칙을 따르지 않아도 된다는 뜻이다. 실제로 직업 교육의 대상은 우선 젊은 도제들인데, 이들은 상업적 사정에 따라 특정 장소에 집결하곤 하므로, 그 정도에 따라 교육 수준을 차별화하는 것이 유용하겠다. 우리는 직업 교육과정에서 학생들에게 지나치게 오랜 시간 동안 추상적인 개념을 설명해서 그들을 피곤하게 만드는 일을 피할 것이며, 마찬가지로 확실히 주의해서 학생들이 이해하지도 못한 원리들을 주입하거나, 그 원리를 설명하지도 않은 규칙들을 외우게 하는 일도 피할 것이다. 그러려면 직업 교육을 맡은 교사들을 위한 특별한 지침서가 반드시 요청되고, 교사들에게는 교육과정에서 중용을 지킬 수 있도록, 또 학생들의 보잘것없는 열의에도 불구하고 학생들의 이성을 존중하도록 공정한 정신과 폭넓은 지식, 또 철학적인 정신이 필요하다.

이러한 교육은 학생들에게서 작업시간을 되도록 덜 빼앗도록 사려 깊게 계획될 것이다. 어떤 직업에 필수로 요청되는 교육 과목은 일반적으로 둘에서 셋 정도밖에 없으므로, 한 주에 두세 차례의 수업만으로도 한 과정을 이루는 데에 충분하다. 이때, 매주 일요일은 이미 교육과정을 수료한 노동자들 혹은 교사들을 위한 교육의 시간으로 남겨두어야 한다. 이 시간에 그들은 이미 배운 지식들에 대한 요점 정리와 더불어 알아두면 유익한 새로운 공정이나 새로운 관점들을 습득하게 된다.

### 기계공을 위한 교육의 이점

이러한 방법을 통해 우리는 기술 분야에 더욱더 많은 이성의 빛을 전파하며, 일반적으로 더 숙련된 노동자들과 더 많은 좋은 노동자들을 양성할 것이다. 그리하여 같은 시간과 노력을, 또 같은 양의 원료를 들인다 하더라도, 생산품은 이전보다 품질이 더 좋아질 것이며, 따라서 실질적인 부가 커질 것이다. 또한 이렇게 생산된 제품들은 전보다 더 강한 내구성을 띨 것이라서 결과적으로 제품에 들어가는 재료비와 노동자의 임금이 전보다 덜 들어간다. 그리하여 예전과 같은 종류의 건축 공사 또는 생산품이라 하더라도, 더 많은 유용한 사용처를 찾게 될 것이며, 더 많은 만족과 더 큰 기쁨을 안겨줄 것이다. 기계공을 위한 교육은 그들 자신을 위해서도 득이 된다. 우선 선천적으로 재주와 지성이 떨어지는 이들이 그들의 열등함 및 열등함이 자아내는 암울한 결과로 인해 타박받는 일이 없어질 것이다. 교육을 통해 그들 노동의 질은 노력 여하에 따라 적어도 평범한 수준에는 이를 수 있기 때문이다. 또한, 본의 아니게 기계공이 되었으나 실로 천재를 타고난 이들이 있을 수 있는데, 우리는 사회를 위해서나 그들 자신을 위해서나 그들을 잃어버리지 않을 수 있다. 기계공을 위한 교육은 아마 그 천재들이 다른 운명을 타고 태어났더라면 기대해도 좋았을 높은 수준에 이르는 데는 충분치 못하다고 하더라도, 적어도 그들이 실질적이고 영광스러운 경력으로 나아가는 초석이 되어줄 수는 있다. 공학적인 재능의 싹을 지닌 이라면 기술적 발명을 통해 인정받을 것이다. 화학적 재능을 갖춘 이라면, 비록 그가 화학 분야에서 완전히 새로운 발견은 하지 못할지언정 적어도 화학을 응용한 기술들을 보완하고 개량할 수는 있다. 그렇다고 해서 그의 천재성이 격하되는 일은 없다. 나아가 그러한 활동은 더 일반적인 범주에서 인간 정신 진보의 일부로까지 심화될 수도 있다. 몇몇 이들이 천성적으로 위와 같은 응용 분야가 아니라 순수하게 사변적인 재능을 갖추고 있는 경우도, 우리가 제안하는 교육은 그들의 재능을 증명하고 그들에게 미래의 길을 열어주기에 충분하다. 그럼으로써 그들이 자기 운명을 충실히 살아갈 수 있게 격려해줄 것이다.

선천적으로 활발한 지성을 타고난 이들이라면 우리가 제안하는 교육과정을 통해 그 지성을 사용할 대상을 발견할 것이며, 실제 목표를 향해 그 지성을 이끄는 데에 적합한 원칙들을 찾게 될 것이다. 그들은 이미 인류가 알고 있는 것을 탐색하려고 헛수고를 할 필요가 없었을 테고, 더 잦게 일어나는 실수인 탐구될 수 없는 대상에 대한 탐구의 위험으로부터 벗어날 수 있다. 그들은 자신의 힘의 한계를 배울 것이고, 그럼으로써 그 한계를 너무 벗어나려 하지 않는 법을 배우게 될 것이다. 이제 우리는 다음과 같은 괴로운 광경을 보지 않아도 된다. 그동안 얼마나 많은 재능 있는 이들이 제대로 된 교육을 못 받은 탓에, 자신들의 담대함과 지치지 않는 열정이라는 바로 그 자질들 때문에 본의 아니게 헛되거나 잘못된 기도企圖 속에 말려들고 말았는가? 그들은 자기 가족을 위협하는 빈곤의 한가운데에서 자신들의 공상과 가족들의 기대 속에 삼켜지고 말았던 것이며, 결국 그들의 엉망진창인 시도들 때문에, 경력을 이어나가지 못한다는 회한 때문에, 슬픔 때문에, 그리고 바로 자신들의 사상 때문에 고통받았다. 일로든 취미로든 기술의 세계에 몸담고 있는 사람만이 위와 같은 사례가 얼마나 빈번한지 안다. 또한 그러한 이들이라면, 위와 같은 실패까지는 겪지 않았다고 하더라도, 교육받지 못한 기술자에게 얼마나 많은 시간과 자본이 소모되고 있는지 안다. 유용한 방식으로 활용되었다면 같은 재능과 같은 자본이 얼마나 풍요로운 결실을 맺었을 것인가!

마지막으로, 대도시에 집결한 노동자들을 대상으로 한 교육은 거의 지각되지 않는 한 가지 정치적 유용성을 띤다. 일반적으로 기술 수준이 발전할수록 노동자 한 사람이 맡아야 하는 일은 더 단순해지기 마련이다. 그러한 발전은 노동자의 생각을 더 협소하게 만드는 경향이 있으며, 단조로운 작업의 반복은 그들의 지성을 단조롭게 하고 성찰의 대상을 점점 더 좁힌다. 또한 도시 노동자들의 경우 더욱더 큰 위험에 노출된다. 왜냐하면 그들을 유혹하고자 사기꾼들이 도시로 모여들기 때문이다. 노동자들은 차례차례 사기꾼들이 세운 계획의 눈먼 도구가 되고 희생자가 되어버린다.

노동계급의 이익은 겉보기에는 시골 주민의 이익보다도 더욱 사회 전체의 이해관계와 불일치하는 것처럼 보인다. 이익과 이익 사이에 존재하는 필연적인 관련성, 곧 이 모든 이해관계의 일치를 알아보려면 복잡하게 얽힌 구조를 꿰뚫어 볼 혜안과 더 정묘한 사상이 필요하다. 또한 그들이 집결하면 집결할수록, 노동자의 오류는 더욱 뚜렷한 전염성을 띠기 마련이다. 그들의 운동이 더욱 빨리 전파되고, 더욱 거대한 군중을 움직이면, 마침내 더욱 현실적인 위험을 안길 수도 있다. 다수의 노동자들이 살고 있는 대도시에서 진정한 자유를 확립하기란 언제나 힘든 일이었다. 우리는 노동자들을 엄격한 규율에 종속시키는 방법으로 그들의 자유를 훼손해야 했거나, 또는 노동자들의 편견과 이해관계에 나머지 시민들의 자유를 희생시켜야만 했다. 간혹 이 두 가지 상반된 방법을 결합하는 도시도 있었지만, 그러한 방법은 마땅히 그에 대한 보상으로 주어졌어야 할 평화를 유지해줄 수가 없었다. 그런데 진정한 자유를 확립하기 위한 더 온건하고 확실한 비결은 교육에 있는 것이 아닐까? 육체노동이 끝나면 곧바로 온전한 무위의 시간을 보내버리는 이들은 확실히 다른 이들보다 속기 쉽고, 동요하기 쉽고, 타락하기 쉽다. 오류, 근거 없는 공포, 부조리한 경계심 따위는 생각 없는 머릿속에 더욱 쉽게 들어차는 법이다. 공교육을 통해 얻는 앎은 노동자들의 편견을 바로잡고, 이성을 단련하며, 휴식 시간을 차지함으로써 그들이 더 좋은 품행과 공정한 정신을 갖추고 건전한 판단을 내리도록 도울 것이다. 어떤 국가에 비록 신분 차별은 없어졌지만 아직 가난과 무지로 인해 모욕받아야 하는 사람들이 남아 있다고 치자. 만약 그런 이들이 법으로 보장받은 자신의 권리들을 오직 되는 대로, 그것도 잘못된 영향을 받아 행사할 뿐이라면, 또한 실제적인 평등이 정치적인 평등과 결합되지 않는다면 그 사회는 자신의 본래 목적을 이루지 못한 사회다.

스스로 자기 삶을 이끌어가는 자유인은 타인에게 종속된 자인 노예보다 더 많은 이성의 빛을 필요로 하며, 마찬가지로 자신의 인도자를 선택하는 이도 우연에 의해 인도될 수밖에 없는 이보다 더 많은 이성의 빛을 필요로 한다. 자유를 확실한 것으로 만들려면 가능한 한 모든 수단을 궁구해야 한다. 그중 시민들을 계몽시킬 방안이 없다면, 당신의 모든 노력은 헛된 것이 되고 말 것이다. 이러한 과도기야말로 우리에게 진정한 나제들을 던지는 유일한 순간이다. 세상에는 사람들을 지배하기보다는 계몽하는 것을 사랑하고, 오직 진리의 이름으로만 명령하길 원하며, 사람들이 좀 더 잘 교육받을수록 사람들에 대한 그들의 지배력이 는다고 느끼고, 더 뛰어난 자들이 나오는 것을 두려워하지 않으며, 기꺼이 자신과 동등한 이들에게 판단받고 싶어 하는 훌륭한 사람들이 있다. 그러나 이들의 수는 매우 적을 수밖에 없으며, 그중에서 고양된 정신과 순수한 관점,

넓은 정신을 함께 가진 이들을 추려내면 그 수는 더욱 줄어든다. 이들을 제외한 나머지 사람들은 무엇을 원하는가? 그들은 때로는 케케묵은 선입견들의 이름으로, 때로는 그러한 옛 생각들의 도움을 받아 새로운 오류들에 호소하는 방식으로, 인민의 무지를 유지하길 원한다. 그러나 우리가 이 지면을 빌려 저 비난받아 마땅할 위선을 지적할 생각은 없다. 그것은 때로는 사람들의 정념을 자극하고, 때로는 그들에게 근거 없는 두려움을 불어넣어서 사람들을 노예 상태로 전락시키는 저 페이시스트라토스와 디오니시우스[2]의 책략이고, 오늘은 인민들을 법에 대항하여 봉기하게 만들고, 다음 날에는 같은 법의 이름으로 그들을 해산시키는 이들의 책략이며, 적을 앞에 두고서는 연민의 정에 호소하다가도 이내 자신들이 인민으로부터 위탁받은 바로 그 힘을 사용하여 그들을 억누르는 이들의 책략이다.

인민의 타락을 가로막는 길은 그들에게 이성의 빛을 전파하는 일이다. 그리고 인민이 계몽되는 바로 그 순간까지 강한 이성과 용기 있는 영혼을 부여받은 이들의 의무는 인민을 환상으로부터 보호하는 것, 쉽게 속아넘어가는 인민의 순진함을 이용하고자 하는 무수한 함정들이 있음을 그들에게 보여주는 것이다. 폭군들이 자신의 모든 힘을 모아 제거하고자 하는 이들이 바로 앞서 언급한 '강한 이성과 용기 있는 영혼'을 부여받은 이들이다. 폭군들은 결국 자기 손으로 자기 지지대를 파괴하기 위해 그 사람들에게 대항하여 인민이 봉기하게끔 획책한다. 폭군들은 자신의 첩자와 간신배의 용병들이 그 사람들에게 달려들도록 한다. 또한 철학에 대한 증오와 철학의 위험성과 무용함에 관한 웅변은 언제나 독재자들이 보인 가장 확실한 특징의 하나였다.

---

2. 페이시스트라토스(B.C. 600~527)는 고대 아테네의 참주이며, 디오니시우스(B.C. 431-367) 역시 고대 시라쿠사의 참주이다.

## 성인들을 위한 교육 수단

교육 목적으로 설립될 자연사 박물관과 기계 박물관은 기술 분야에서 사용되는 온갖 원료들과 그 가공품의 견본을 전시하고 또 그것들을 생산하는 데에 사용되는 갖가지 기계와 도구, 틀의 견본을 전시하게 될 것이다. 이러한 것들을 전시하는 일은 물론 교육적인 장점도 있지만, 사람들로 하여금 이른바 비밀의 발견자로 자칭하는 사기꾼들의 허황된 말들로부터, 그 사기꾼들을 후원하는 자들의 음모로부터, 그들에게 투자한 국가가 감당해야 하는 무용한 지출로부터, 무지로 인해 사기꾼들에게 특혜를 부여한 해당 산업이 감수해야 할 제약으로부터 등을 돌리게 만든다는 장점도 있다.

이제 우리는 진정한 발명가들에게만 보상을 주면 되는데, 그들의 수는 매우 적을 것이다. 박물관은 거래에서 너무나도 흔한 속임수로부터 사람들을 보호해줄 수도 있다. 왜냐하면 이제 사람들은 박물관을 통해서 너무나 쉽게 순수한 상태의 원료들을, 또 그 원료를 이용한 다양한 완성도의 가공품들을, 다양한 원단들의 속성을, 그 밖의 다양한 것들을 알아보는 법을 배울 것이라서다. 휴일이면 박물관마다 한 사람의 담당 교사가 안내를 맡아, 질문들에 답하고 난점들을 풀어줄 것이다. 전시물은 학문적 관점에 따라 배열되는 것이 아니라, 여러 직종의 관심사에 따라 분류될 것인데, 이로써 저마다 가장 흥미로운 전시물들을 쉽게 찾아볼 수 있다. 우리는 1년에 스무 번은 같은 재료를 사들이는 어떤 노동자로 하여금 박물관을 찾아오도록 하는 일이, 곧 박물관 견학을 통해 물건의 질을 판별하는 방법을 배우고, 물건의 질이나 가격을 두고 하는 흥정에서 속지 않을 수 있는 안목을 기르도록 하는 일이 그리 어렵지는 않으리라고 생각한다. 유용한 것들만을 구입할 수 있다면, 지나친 지출은 두려워하지 않아도 된다. 또한 설령 실수로 정말로 유용한 몇몇 전시물들을 소홀히 하게 되더라도, 수도에 건립될 박물관이나 몇몇 대도시에 세워질 박물관에는 다만 순전한 호기심의 대상에 지나지 않는 전시물들까지도 모두 포함하여 세워질 것이므로 실수는 그저 사소한 불편을 야기하는 데 그칠 것이다. 방적기를 비롯한 기계들의 견본은 낱개로 구입하면 매우 비싸다. 그러나 우리는 그것들을 대량 구매하기 때문에, 주문 대수에 따라 견본의 값은 떨어질 것이며, 그러한 견본들을 생산하는 기관을 따로 설치한다면 또 다른 절약 방법을 찾아낼 수 있다.

### 공적인 것으로 간주할 수 있는 직업들

공공 서비스업 중에서도 공교육을 통해 모든 사람이 그 직업을 수행할 수 있는 능력을 갖춰야만 하는 것은 아닌 직업들이 있다. 그러한 직업으로는 우선 직업 군인과 의사를 들 수 있으리라.

행정 업무의 일부는 정치학이나 산술의 특수한 지식을 요구하기는 하지만, 그러한 것들은 공교육을 통해 배운 지식의 도움을 받아 손쉽게 심화시킬 수 있는 데다가, 개별 과목이 되기에는 그러한 지식을 필요로 하는 이들이 너무 적다.

군인과 의사에 이어, 우리는 건축가를 세 번째 예로 들고 싶다. 건축업은 건축가가 개인으로부터 의뢰를 받았을 때는 사적인 직업이지만, 모든 이의 이름으로, 또 모든 이의 돈으로 공공의 유용성을 위해 계획된 공사를 맡을 때는 공적인 직업이 된다.

### 군사 교육

군사 교육은 두 부분으로 이루어져 있다. 첫 번째보다 일반적인 교육의 범주로는 지휘를 맡게 될 모든 장교에게 필요한 지식을 다루는 부분이 있다. 결론을 말하자면, 이러한 교육은 군인이 되기를 원하는 모든 이들을 위한 교육으로 확대되는 것이 바람직하다. 자식들에게 충분히 교육을 시킬 수 있는 재력을 가진 집안 출신이라면, 이미 입대하기 전에 위의 교육이 선행되었을 것이므로, 군사 교육은 그렇지 않은 이들을 위해 진행될 것이다. 우리는 군사 교육을 통해, 더 많은 가정의 아이들에게 장교의 꿈을 허락해주고, 그들의 임관 일자를 앞당길 것이며, 그러면서도 군사적인 발전에 필수적인 계급 구분을 유지하되, 그러한 구분이 실제적으로 시민의 평등을 침해하지는 못하도록 한다. 대규모 부대가 주둔하고 있는 도시에서는 임관된 장교들을 대상으로 조금 더 확장된 교육이 실시될 것이다. 이들은 정기적으로 실시되는 공교육을 통해 그들이 잊어버렸을지도 모르는 지식들을 상기하고, 그들에게 필수적인 새로운 지식을 습득하게 될 것이다.

포병과 공병을 위해서는 별도의 교육과정이 필요하다. 이들은 자신들의 병과에 알맞은 교육을 제공하는 학교를 요구한다.

이성과 정의에 충실한 한 국가가 정복 전쟁이라는 생각을 던져버리면 던져버릴수록, 무역에 대한 잘못된 관점으로 인해 촉발되는 저 전쟁들의 무용함을 인지하면 할수록, 또한 끊임없이 전쟁을 준비하고 꾀하는 정책을 폐기할수록, 이웃 나라의 팽창을 저지한다는 명목 아래 끊임없이 국력을 황폐하게 하고 약화시키는 정책을, 미래의 안정을 다지기 위해 현재의 안정을 위태롭게 하는 저 혼란스러운 정책을 금하면 금할수록, 그 국가는 군사학을 장려해야만 하며, 그중에서도 특히 포술을, 또 요새를 강화하고 사수하는 기술을 장려해야만 한다. 훌륭한 이론으로 무장한 사람은 단 1년간의 실습만으로도 구태의연한 방식으로 이루어지는 10년간의 실습으로 얻을 수 있는 것보다 더 많은 것들을 얻게 된다. 비록 한 국가가 오래도록 전쟁을 치르지 않았고, 따라서 숙련된 포병들을 잃었다고 할지라도, 잘 교육받은 공병들이 있다면 방위에 문제가 없을 것이다. 유사시에는 그들이 훈련된 장교로 하여금 병사들을 양성하고, 군대를 조직할 시간적 여유를 보장해줄 수 있을 테니까 말이다.

해군의 교육에 관하여

해군에서도 마찬가지로 첫 단계의 교육이 자신의 성향에 따라 그러했든, 혹은 일할 마음이 없거나 집안이 가난해서 그러했든, 어떤 이유에서든, 유년기가 끝나자마자 바다로 나오게 된 이들에게 필수적인 지식을 전수하게 될 것이다. 또 다른 교육은 항구에서 이루어질 것이다. 그 목적은 이 기초 교육을 더 완전하게 다잡는 데에 있다. 항구에서의 교육은 해군의 특징인 체류의 불규칙성과 짧은 체류 기간에 맞게 진행된다. 따라서 어딜 가든 그들은 같은 교육을 다시 받을 것이다. 그러나 지원자에 한하여 더 심화된 교육 단계를 남겨두어야만 할 것이다. 이 두 번째 단계의 교육을 받는 이들은 몇 년 동안은 공부하는 것으로 선상 복무를 대체한다. 두 번째 단계의 교육에서는 공적 자금을 들여 첫 단계에서 가장 우수한 재능을 보인 젊은이들을 육성할 수 있다.

오직 이론적인 우월함만이 프랑스 해군에게 영국 해군과 동등해질 수 있다는 희망을 준다. 프랑스와 영국 사이에는 해안 면적 대비 내륙 면적 및 인구수, 그리고 해양 수송 물자의 규모 대비 총 소비량의 차이가 너무나도 커서 프랑스는 영국처럼 거의 완전한 해양 국가가 될 수 없다. 프랑스의 무역을 영국의 무역과 비교해보면, 프랑스의 무역이 거의 자국 상품의 수출과 국내에서 소비되는 해외 상품의 수입에 국한되어 있다는 사실을, 그리고 전체 거래량의 규모에 비춰 볼 때 해외 상사의 무역이 차지하는 비중은 보잘것없다는 것을 알게 된다. 영국은 해외 상사의 무역이 차지하는 비중이 크다. 이러한 차이는 분명 줄어들 것이다. 그리고 저 덧없는 부가 잇달아 파괴될 때, 영국 국력의 약화로 귀결된다. 세계의 국가들 사이에 산업과 활력이 갖는 힘의 격차가 줄어들 때, 이미 네덜란드와 베네치아가 경험했던 일이 벌어진다.[3] 자국의 번영과 힘의 원천을 영토 밖에

---

3. 두 나라 모두 해상 무역에만 의존하다가 국력이 쇠퇴하였다.

두고 있는 모든 나라들이 경험하게 될 일이! 베네치아 사람들이 자랑스럽게 그들의 보물을 꺼내 보였을 때 에스파냐의 한 사신이 이렇게 대답하였다. "그런데 여기 원료는 안 보이는군요." 이 말은 베네치아에 큰 가르침을 주었고, 어쩌면 에스파냐도 그 가르침을 활용할 수 있었을 것이다.

분명 언젠가는 해군력이 지금만큼 중요성을 띠지 않을 때가 온다. 여러 국가들은 자국에서 멀리 떨어진 곳에 소유물을 두는 일이 득보다 실이 많다는 것을, 압제를 통해 얻을 수 있는 이득을 포기하면 더 이상 어떤 나라와 통상하기 위해 그 나라의 주인이 될 필요가 없다는 것을, 그리고 압제로 인해 얻게 되는 이득은 언제나 그에 수반하는 위험에 의해 그리고 그러한 일의 필연적인 결말이자 피할 수 없는 처벌인 갖가지 악에 의해 너무나도 비싼 대가를 치르게 된다는 사실을 깨닫고 있다. 사람들의 정신 속에 서서히 자연적 정의라는 사상이 스며들고 있다. 그 사상은 우리가 더 이상 육상 전투를 치러서는 안 된다는 사실을, 또 해상 전투는 육상 전투보다도 더욱 치러서는 안 된다는 사실을 알려주고 있다. 육상 전투에서라면 적어도 약탈행위가 군율로 금지될 수 있다. 또한 육상전은 해상전보다 더욱 확실한 결과를 가져오고, 비용 소모도 덜하다. 그러나 만약 우리가 해전에서도 강도질을 금하고, 약탈자들에게 면책권을 부여하는 부끄러운 짓을 멈춘다면, 이제 밝혀지는 것은 해전이 가진 유일하고, 거의 성공할 일이 없는 목적이 침략이라는 사실이다.

이러한 변화는 매우 오랜 시간이 흐른 뒤에야 일어날 것이므로, 우리는 항해술에 관한 심화 이론을 소홀히 다룰 수 없다. 항해술이 가진 국방 수단으로서의 가치가 떨어지는 날이 언젠가는 온다 하더라도, 어쨌든 그것은 계속해서 번영의 수단으로, 인간성의 보전과 완성에 중요한 요소로 남을 것이다. 항해술은 인간 정신이 가진 힘을 가장 잘 보여주는 것들 중 하나다. 항해술은 모든 면에서 대단히 심오한 이론들에 기대고 있어서 결코 그것을 타성에 젖도록 맡겨둘 수 없다. 수학적 분석과 역학의 가장 까다로운 난제들, 세상의 구조에 관한 어렵고 까다로운 질문들, 관찰 기술과 공학의 섬세한 연구들, 식품에 관한 폭넓은 연구들, 기상 변동에 따른 결과들, 기후의 영향 따위가 배를 건조하고, 진수하고, 조종하는 데에, 배의 승무원들을 돌보는 데에 활용된다. 배의 건조, 조종, 관리에 유용하지 않은 공학적·과학적 지식을 들기란 매우 어렵다.

## 의학 교육에 관하여

의술은 남녀 모두에게 교육되어야 하는 기술 중 하나다. 모든 국가의 의료 현황을 살펴보자면 심지어 몇몇 일은 오로지 여성에게만 주어지는 것 같다. 어느 곳에서나 여성은 거의 모든 가정의 산파역과 병자 간호를 맡고 있다. 그러한 활동 말고도 여성들은 가벼운 질병을 치료하거나 가장 단순한 외과 수술을 맡기도 한다. 질투나 미신에 의한 선입견 때문에 여성이 남성을 돌보는 것이 금지되어 있는 나라에서도 산파의 일이나 여성을 돌보는 일은 오직 여성의 일로 남아 있다. 사람들은 여자 간호사가 무지한 편이 더 낫다고 우긴다. 왜냐하면 그녀가 무지해야 의사의 명령을 기계적으로 실행하기 때문이다. 그러나 무지한 사람이 꼭 주제넘지 않으리란 법은 없다. 그러한 정책, 곧 어떤 일의 집행자를 좀 더 고분고분한 도구로 삼으려고 무지 속에 가두는 정책은 동료가 아니라 노예를 원하고, 이성을 발휘하기보다는 자의적인 명령을 내리길 바라는 모든 압제자들이 공통적으로 채택하는 정책이다. 이성적인 교육의 수혜를 받은 여자 간호사라면, 타성에 젖은 의술만을 습득해서 기존의 선입견으로부터 자유롭지 못한 여자 간호사보다 스스로를 덜 유능하게 생각할 것이다. 그녀가 이성의 빛이 지닌 실제적인 우월성을 더욱더 잘 느낄수록 그녀는 그 이성의 빛에 복종하는 일을 덜 꺼리게 된다. 또한 무지한 여자 간호사라고 해서 환자들의 신뢰를 얻지 못하는 것은 아니라는 점도 덧붙이자. 우리는 이성의 빛을 통하는 길보다 더욱 확실하게 자상한 배려를 통해 신뢰를 얻을 수 있다. 환자들은 여자 간호사에게서 판단권을 앗아가는 조치가 환자를 위한 것이기보다는 의사의 자만심을 위한 것이라고 생각할 것이다. 그들이 완전히 잘못 생각하고 있다고는 단언할 수 없다.

어쨌든, 설령 지혜로운 여성들이 교육을 받고, 그리하여 이런저런 통속적인 선입견으로부터 자유로워지며, 무지몽매함 및 바보스러움에 기대어 대대로 전해져온 민간요법에서 벗어난다고 한들, 종으로서의 인류가 가진 육체 보전이나 육체적 완성에는 별 도움이 안 된다. 그러나 적어도 그렇게 됨으로써 그녀들은 아이들의 병세에 대해 처방을 내릴 수 있고, 외과 수술을 할 수도 있으며, 나아가 여성만 걸리는 병들, 곧 여인으로서의 정숙함이 자신의 병을 감추게 만드는 그러한 병들을 치료할 수 있지 않겠는가? 그럼으로써 1) 가난한 가정의 여성에게 먹고살 만한 일거리를 제공할 수 있을 것이다. 그녀들 대부분은 수입원의 부재로 인해 독립적으로 삶을 꾸려갈 수 없었다. 2) 더 많은 아이들을 사고와 질병에서 구할 수 있다. 비록 목숨을 앗아가지는 않더라도 후유증으로 인해 아이들을 기형으로 만들거나 병약하게 만드는 유년기의 질병으로부터 그들을 보호할 수 있다. 3) 병든 하층민들은 오직 이 방법을 통해서만 돌볼 수 있다. 하층민들에게 여성은 자신들의 부드러움, 감수성, 인내력을 통해 적어도 훌륭하게 교육받은 남성이 줄 수 있는 도움과 동등한 정도의 도움을 제공해줄 수 있다. 시골에 거주하는 대부분의 주민에게 고등 교육을 받은 남자들은 가까이하기에는 너무 희귀한 존재일 것이다.

비록 현재의 의학에 유용한 짐보다는 위험한 점이 많다고 생각하지만, 그렇다고 해서 의술을 가르치는 교육 기관의 설립이 필수 불가결하다는 사실을 부정할 생각은 없다. 우리가 요구하는 의사는 당연히 편견에 휩싸여 있고, 거짓된 이성의 빛에 따라 행동하고, 무지로 인해 말도 안 되는 실수를 저지르고, 자기가 공부한 이론을 잘못 적용하여 부른 폐해보다도 그가 받아들인 이론 자체의 오류로 인한 폐해가 더 큰, 그런 의사가 아니기 때문이다. 그러한 의사보다는 차라리 지식을 유용하게 활용할 필요성과 가능성에 따라 조절된 범위를 배워 한정적이지만 올바른 교육을 받은 사람이 덜 위험하다. 그가 지혜로운 철학을 통해 자신이 모르는 것을 의심하는 법을 배웠다면, 그리고 섣불리 행동에 옮기지는 않는 법을 배웠다면, 그가 교육을 통해 스스로에 대한 불신을 배우고, 이성의 빛에 대한 존경심을 배우고, 자신의 이성이 충분치 못하다고 느낄 때는 기꺼이 다른 이의 이성에 도움을 청하는 겸손을 일종의 엄격한 의무로 간주하는 엄정성을 배웠다면 말이다. 오늘날 자연사와 화학, 해부학의 공부를 통해, 모든 세기의 의사들에 관한 관찰과 임상 견학을 통해 배울 수 있는 모든 지식을 습득한 의사가 편견과 특정 학파의 학설 속에서 성장한 의사 혹은 임상 수련의 경험이라고는 자신의 실수로 인해 병상에 누운 환자들 곁에서 얻은 경험뿐인 의사보다 더 유능하지 않겠는가? 설령 의학이 아직까지는 진정한 의미에서의 학문이라 불릴 수 없더라도, 언젠가는 그러한 학문이 될 것이라는 사실을 의심할 이유는 없다. 그러므로 이 기술이 되도록 유용하게 쓰일 수 있도록, 또 변화의 시대가 더 빨리 다가오도록 의학 교육을 설계하자. 변화의 시대는 자연학과 관찰 기술 발전의 상세를 따라오지 못한 사람들이 생각하는 것보다 더 가까이 와 있다.

우리는 사람들의 필요와 행복에 따른 물리학적·화학적 응용의 영역에서 일종의 거대한 혁명에 도달하고 있다. 아직은 몇몇 넘어야 할 산이 있지만, 그것들을 넘어가면 광대한 수평선이 우리 앞에 펼쳐진다. 모든 정황이 행복한 한 시대를 예고하고 있다. 행복한 다른 시대가 그러했듯이, 우리는 고통스러운 추구의 암흑 속에서 단번에 반짝이고 순수한 빛으로 나아갈 것이다. 그것은 우리 노고의 위대한 결과이며, 그 시대가 오면 인간 정신은 빛 속에서 여러 세대가 쌓아올린 업적들을 즐기게 되리라.

가벼운 질환에 시달리는 수많은 시민들을 돌보아야 하지만 공부할 시간을 그리 많이 낼 수는 없는 많은 사람들을 대상으로 교육의 제1목적을 이루기 위해 우리는 그들에게 적절한 행동 방침을 가르치는 것보다도 오히려 그들의 잘못된 지식을 분쇄하고 위험한 처방을 내리는 것을 방지하는 데에 중점을 두어야 한다. 사실 적절한 행동 방침이라고 하더라도 너무나 자주 그 효과가 불분명하며, 적용이 불확실하다. 그러나 희귀한 병에 걸린 환자를 돌보아야 하는 사람들, 달리 말하자면 이제까지 알려진 모든 의학적 지식을 배워야만 하며, 무엇보다도 자기 자신의 이성의 빛을 가늠하는 방법을 배워야 하는 이들을 가르칠 때는 무엇보다도 자연과학의 방법론과 사상事象을 관찰하는 정밀한 시각, 그리고 사고를 지도하며 진보를 보장하는 철학을 가르쳐야 한다. 그렇게 되었을 때 비로소 하나의 유용한 교육과정이 성립되었다고 자부할 만하다. 사실, 사람들로 하여금 위험한 의술에 매달리는 것을 말리기보다 의학을 진정한 과학으로 만드는 편이 빠르다고 단정 지을 수야 없지 않은가? 사기꾼의 위협이 제거되기 전에, 지혜롭고 계몽된 의사가 생겨나리라 단언할 수 있겠는가? 마지막으로, 사람들에게는 아플 때면 정신이 나약해지고, 무엇이든 쉽게 믿어버리는 경향이 있는데, 그들이 이런 경향으로부터 벗어나기 전에, 고통받는 이들이 거짓 희망에 위안 받을 일이 없어지기 전에, 확실치는 않지만 적어도 신뢰할 만한 치료법들이 등장하리라 단언할 수 있겠는가?

우리는 여태껏 내복약과 외과 수술을 전혀 구분하지 않았다. 대중적 금언은 외과 수술이 내복약보다 효과가 확실하다고 단언하고 있다. 물론 외과 수술은 확실한 발전을 거듭하였다. 만약 우리가 수술 기술의 발전만을 두고 이야기한다면 말이다. 내복약이 발전했다는 것도 마찬가지로 확실하다. 만약 우리가 약의 조제 방법의 다양화나 약의 즉효성만을 두고 이야기한다면 말이다. 하지만 우리가 이런저런 수술 뒤의 회복 경과에 대해 이야기한다면, 우리는 외과 수술에서도 내복약의 불확실한 효능과 마찬가지의 불확실성을 발견하고 말 것이다.

## 건축학 교육에 관하여

건축학 교육은 공교육의 중요한 한 축을 차지해야 한다. 왜냐하면 건축이 계몽된 이들의 손으로 이루어지는 것이 사람들의 안녕과 번성을 위해 중요하기 때문이고, 공공 서비스 영역에 고용되는 건축가를 훌륭하게 양성하는 것은 공권력의 의무 중 하나이기 때문이다. 건축학 교육 기관은 각 도마다 하나로 충분하고, 각 학교마다 세 사람의 전문가가 저마다 데생, 이론, 실기를 맡을 것이다. 좀 더 상급의 교육 기관은 수도와 몇몇 대도시에 설치된다.

첫 단계 교육 기관에서는 이미 어딘가에 고용되었거나 고용될 준비가 된 졸업한 이들을 대상으로 삼는 교육이 일주일에 한 번씩 실시되어야 한다. 해당 과정에서는 다만 수강생의 기술을 보완하는 데에 도움이 될 새로운 방법론과 발견들을 가르치는 것으로 충분하다. 수도에서는 위와 같은 졸업생 대상 교육이 조금 더 큰 규모로 진행될 것이다.

우리 이야기는 물론 어떤 건축가 단체의 구성과도 무관하다. 건축가 단체의 창설만큼 건축술이라는 중요한 기술의 발전에 해가 되는 것은 없다. 그것은 다만 타성에 젖은 기술을 영속화시키고, 잘못된 원칙들을 보전하는 데나 기여할 것이다. 건축학을 가르치는 공교육이 필요한 이유는 바로 더 이상은 어떤 건축 유파도 생겨나지 않도록 하기 위해서이고, 그러한 풍조를 영원히 없애버리기 위해서다.

건축 교육은 다양한 이점을 갖고 있다. 우선, 이 교육을 통해 양성된 유능한 건축기사들을 사인私人에게 제공할 수 있다. 예를 들면 농촌 경제에 필수적인 건물들이지만 현재는 거의 어디서나 위생성과 안전성 및 보존성이 무시된 채 너무도 야만적으로 세워지고 있는 건물들을 제대로 된 건축 교육을 통해 양성된 기술자들이 맡아 바로 세울 수 있다. 광산 개발, 공장 건축, 수공업 작업장 건축, 관개 수로 건설, 수도관 건설, 수력을 이용한 기계 건설 등의 일도 마찬가지다. 그뿐만 아니라 그들은 공공시설의 건축에도 활용될 수 있다. 예를 들면 공공건물, 도로 건설, 교량 건설, 운하 건설, 대규모 관개 시설 건설, 수도교 건설 등의 공사 말이다. 정해진 형식의 자격증을 취득한 사람이라면 누구든지 자유롭게 이와 같은 일들을 위해 정부로부터 고용될 것이다.

## 데생 기술에 관하여

데생 교육을 위해서는 수도 및 대도시에 세워져 있는 학교들로 충분하다. 왜냐하면 데생은 이미 공교육의 커리큘럼에도, 기술직을 위한 일반 과목에도 포함되어 있기 때문이다. 중세의 편견이 데생이라는 고귀한 작업의 가치를 떨어뜨려놓았다. 놀랍게도 당시에는 명령을 지시하거나 사람을 죽이는 일 이외의 목적으로 손을 사용하는 것이 불명예로 간주되었던 것 같다.

중세를 제외한 다른 시대들에 관하여 말해보자면, 추정컨대 한편에서는 데생 기술에 대한 열광이 그것의 중요성을 과장했고, 다른 한편에서는 엄격한 철학이 데생을 타락의 근원으로 간주하여 금하고자 했다.

감각을 통해 위대함과 아름다움에 대한 관념을 전달하는 모든 것, 사상을 고양시키고 감정을 기품 있게 하며 풍속을 순화할 수 있는 모든 것, 의무를 잊게 하지 않고, 의무를 수행할 능력과 수행하고자 하는 열정에 해를 입히지 않으면서도 평온한 몰두와 즐거움을 가져다줄 수 있는 모든 것은 국민 교육 속에 편입될 자격이 있다. 그러한 것들의 타락을 방지하는 일은 공권력에 달려 있다. 왜냐하면 모든 이의 눈앞에 노출되는 기념물들의 건립을 지시하고, 예술가들에게 그들이 얻게 될 가장 영광스러운 격려를 보낼 수 있는 것은 바로 공권력이기 때문이다. 회화의 재능을 갖고 태어난 이 중에 과연 어떤 사람이 자신의 재능을 타락한 예술을 위해 바치겠는가. 만약 그러한 재능의 오용이, 후대에 남길 만하다는 공적 인정을 받고 있는 행동들을 그려낸다면 불후의 것이 될 수도 있을 자신의 명성을 앗아간다는 사실을 그가 알고 있다면 말이다. 그런데 품위에 실제로 손상을 입히는 어떤 회화도 결코 위대한 재능과 상관없었고, 더군다나 예술의 완성과는 전혀 거리가 멀었다. 야만의 시대에는 그러한 종류의 그림이 우리의 신실한 조상들의 기도서마저 장식하곤 했지만, 그런 조잡한 그림들보다는 차라리 천재들이 간혹 그려낸 관능적인 작품들이 덜 위험하다.

마지막으로, 우리는 자연이 빚어낸 아름다움의 모상인 아름다운 조상 彫像을 바라보는 습관이 상상력의 타락을 막는 데에 유용하다는 것을 쉽게 증명할 수 있다. 사람들의 상상력을 자극하는 것은 상상력의 대상을 익숙하게 만듦으로써가 아니라 그 대상을 신비의 베일로 덮음으로써 가능하다. 신비로운 의식 없는 종교는 열성 신자를 거느리지 못한다. 아름다움을 알게 된 이라면, 아름다움에 적합한 순수한 경배를 올릴 것이다. 데생 기술을 배움으로써 우리는 외부 형상의 아름다움을 알 수 있으며, 감정과 정열의 표현에 대하여, 또 영혼의 움직임, 태도, 정신과 성격의 질이 표정 변화, 신체의 움직임, 태도, 특징적인 형태 따위와 맺는 관계에 대하여 알 수 있다. 데생 기술은 그러므로 우리의 앎의 연쇄 고리 중 하나이며, 반드시 인간을 도야하는 방법 중의 하나로 꼽혀야 한다.

데생 기술을 타락으로 간주하여 금지시키려는 이들은 모든 평화로운 사회가 온건한 풍속을 지향하였으며, 예술이 제공해줄 수 있는 즐거움을 지향했다는 사실을 잊고 있다. 그리하여 사람들이 저 달콤한 취미를 포기하길 바라는 이들은 틀림없이 사람들을 자유에 반하는 법의 굴레 아래 묶고, 노예적인 상태로 만들지 않겠는가? 공정하고 지혜로운 입법자에게 남은 길이란 자연의 질서에 따라 어김없이 생겨난 것들을 지도하는 길, 그리고 부당함 없이는 금지시킬 수 없는 것들을 유용하게 만드는 길뿐이다.

## 음악에 관하여

우리는 앞서 이야기했던 기술들에 음악을 더해야 한다. 일정한 간격에 따라 음들이 이어질 때, 서로 이어지는 음들 혹은 동시에 울려 퍼지는 음들이 서로 뒤섞이는 일 없이 "코르 소노르corps sonore"[4] 속에서 단순하고 정기적인 운동의 체계에 부합할 때, 음들은 자연스럽게 청각 기관에 쾌감을 남기고, 그 영향은 전체 기관으로 퍼진다. 이러한 쾌감의 제1원인은 우리의 모든 움직임이 자연의 일반 법칙에 힘입어 그와 합치되려고 하는 진동의 일정함이다. 또한 음들은 음의 본성에 의해서나 혹은 음들의 배치 및 연속에 의해서나 우리 가슴속에 감정과 정념을 불러일으킨다. 비록 음악이 우리를 이끌어주는 것도 아니고, 우리 영혼 속에 그것이 마땅히 실행해야 하는 움직임을 남겨주는 것도 아니지만, 음악은 우리의 긴장을 풀어주고, 우리를 우리 자신으로부터 벗어나 달콤한 몽상으로 나아가게 한다. 마지막으로, 음악의 영향력은 사람이 혼자 있을 때보다 모여 있을 때 더욱 강력하다는 것을 언급해두자. 음악은 모여 있는 사람들로 하여금 같은 방식으로 느끼게 하고, 같은 인상을 공유하게 한다. 그러므로 음악은 공권력에 의해 교육 대상으로 지정되어야 하는 기술 중 하나이다. 우리는 음악이라는 풍속 순화의 수단, 어둡고 증오 어린 정념의 완화 수단, 사람들을 공통의 즐거움 속에서 하나로 묶어줄 수단을 소홀히 해서는 안 된다.

## 예술 교육이 가진 정치적 이점

예술 교육은 또한 언급하지 않고 넘어갈 수 없는 정치적 이점을 갖고 있다. 더 많은 재능과 노력이 요청된 작품은 그렇지 않은 작품보다 더 비싸게 팔려야 하기 때문에, 그것은 부유하게 태어난 자와 가난하게 태어난

---

4. 18세기 프랑스 음악가 장 필립 라모(Jean-Philippe Rameau)의 음악 이론에서 상정된, 모든 진동계에 대해 고유한 화성적 배음렬을 말한다.

자 사이에 더 평등한 관계를 설정하는 한 방법이다. 세습 재산과 재능 사이에 설정되는 이러한 균형은 정치적이고 시민적인 법률에도 불구하고 영속되거나 새로이 자리 잡을지 모를 불평등을 방지하는 장치이다. 어떤 이는 이러한 평등이 예술을 파괴할 것이라고, 막대한 부를 가진 이들이 없는 나라에서 예술은 꽃필 수 없다고 말할 테지만, 그것은 잘못된 생각이다. 예술을 오직 허영심 때문에 사랑하는 이들은 의심의 여지 없이 고독한 쾌락을 바라는 것이다. 그들에게 한 점의 그림은 오직 그 그림이 자신의 방에 걸려 있기 때문에 즐거움을 준다. 만약 그들이 자기가 개최한 콘서트에서 어떤 음악을 듣는 것이 아니라면, 유명한 연주가가 가진 재주도 그들을 즐겁게 할 수 없다. 그러나 예술에 대한 취향이 단지 자신이 품은 감수성의 결과인 이들에게서는 이야기가 다르다. 그들은 예술을 즐기기 위해 어떤 특권이나 소유가 필요하지 않다. 그러므로 만약 위대한 예술을 후원할 만큼 부유한 특정인이 없더라도, 국가 예산으로 건축하는 공공기념물이 모자라더라도, 예술 애호가들의 자유로운 모임은 열심히 그 부족분을 보충하려 할 것이다.

서로가 서로에게 평등하여, 조각가가 자기 손으로 빚은 신에게 무릎 꿇는 것처럼 상상의 지위를 갖춘 어떤 이에게 다른 이가 무릎 꿇는 일이 없는 나라에서는 이러한 애호가들의 사회가 예술의 발전에 기여할 것이다. 그 수준은 왕이나 귀족들의 보호 아래에서 기대할 수 있는 예술의 수준보다 더 높을 것이다. 공공 정신에서 비롯되고, 계몽된 이들에 의해 지도되는 이러한 사회가 장려하는 예술계에서라면, 더 이상 음모와 변덕이 존재하지 않을 것이다. 이러한 사람들의 예술 장려는 예술로부터 자연적인 품위를 앗아가지도 않고, 예술가로부터 그들의 독립성을 앗아가지도 않는다.

기술 발전을 위한 학회

만약 다양한 기술의 발전을 위해 절치부심하는 학회들이, 그로부터 우리가 이성을 찾을 수 있고, 무엇보다도 오류에 대항하는 확실한 예방책을 찾을 수 있는 그러한 학회들이 없다면, 농촌 경제, 군사학, 해양 기술, 의술, 건축술, 그리고 데생 기술의 교육은 불완전한 것이 되고 말 것이다.

수도에 설립될 이러한 학회들은 엄밀한 의미에서의 지식인 단체와는 분리되어야만 한다. 비록 농촌 경제가 실제로 식물학과 동물학의 일부를 이루고 있으며 의술이 해부학과 화학, 그리고 식물학에 기반을 두고 있다고 하더라도, 또 건축술과 군사학, 해양 기술이 수학을 기반으로 두고 있다 하더라도 지식인 단체와 기술의 향상을 목표로 두고 있는 단체들은 같은 대상을 두고 같은 진리를 달리 활용해야만 한다. 만약 우리가 지식인 단체 속에 당장 실용화할 수 있는 지식들을 선호하고, 곧바로 유용함을 띨 수 없는 이론들을 멀리하는 기조를 들이게 된다면, 지식인 단체의 힘은 약해질 것이고, 아직 우리 시야에 보이지 않는 수많은 진리들로 나아갈 수 있는 길을 가로막는 꼴이 된다.

그와는 반대로 지식인 단체가 실용 기술을 지나치게 사색적으로 바라본다면, 이론과 실기 사이에는 오로지 시간만이 해결해줄 수 있는 격차가 생겨버릴 것이다. 이론적 발견은 오래도록 무용한 것으로 남게 되고 실기는 상황의 도움에 힘입어 아주 느리게 발전할 것이다. 이러한 시간차를 최소한으로 줄이는 것이 우리가 상정한 기술 학회의 사명이다. 기술 학회는 학자의 발견과 장인의 관찰을 동시에 활용하고, 추상적 진리와 실기 규칙들 사이에 언제든지 대화 창구를 열 것이다. 기술 학회는 이론을 유용한 것으로, 실기를 계몽된 것으로 만들 것이다. 학자는 기술 학회로부터 실험을 통해서는 알 수 없었던 상세한 관찰 결과를 얻고, 기술 장인은 기술 학회로부터 자신의 탐구로는 알 수 없었던 어떤 원리들을 길어낼 수 있다. 인간적 활동의 연쇄는 천재의 가장 숭고한 명상으로부터 기계공의 가장 평범한 작업에 이르기까지 단절 없이 이어질 것이다.

기술 학회는 자신의 이성을 훈련하기를 사랑하는 사람들, 자기 자신의 성공보다도 해당 기술의 실제적인 완성에 더 마음을 쓰는 사람들을 장려한다는 또 다른 장점도 갖고 있다. 무엇보다도 기술 학회는 타성에 젖은 방식이나 시스템에 갇힌 방식, 학교에서 배운 방식이 기술의 실기 분야를 지배하는 것을 막아줄 수 있다. 이러한 장점은 만약 기술 학회가 중세 길드의 이념을 폐기하지 않는다면, 곧 기능과 계급에 관하여 스스로에게 부여한 모든 불평등을 폐기하지 않는다면, 그리하여 완전한 평등과 선택의 자유를 보장하지 않는다면 성립할 수 없다. 기술 학회는 오직 해당 기술 분야에서 가장 계몽된 인물로 뽑힌 이들의 모임이 되어야 한다. 우리는 다른 논문[5]에서, 명예를 잃을지 모른다는 두려움이 어떻게 지식인 단체들로 하여금 잘못된 선택들을 하는 것을 막아주는지 알아보았다. 기술 학회의 경우 예방책은 한층 더 확실하다. 그 구성원이 어떤 환자로부터도 호출받지 못하는 의술 학회, 구성원에게 어떤 그림 주문도 들어오지 않는 회화 학회, 구성원들 중 누구도 전사로 평가받지 못하는 군사 학회는 금세 평가절하를 당하고, 머지않아 조롱거리가 될 것이다.

지금까지 우리는 공권력이 교육 커리큘럼 안에 포함해야 하는 학문들 가운데 신학과 법률학[6]을 언급하지 않았다.

자신의 종교를 선택할 자유를 갖지 못한 이에게 다른 종교를 가르치도록 하는 것도 부조리한 일이며, 자신의 믿음에 반하는 논증들을 감내하게 하는 것 역시 부조리한 일이다.

다른 모든 학문들의 가르침은 애매하지 않다. 공권력은 그 학문들이 무엇을 가르쳐야 하는지 취사선택할 이유가 전혀 없다. 공권력은 단지 계몽된 이들이 유용한 진리로 판단한 것들을 가르치면 된다. 그러나 대체

---

5. 두 번째 논문을 말한다.
6. 법률학(jurisprudence)이란 판례를 기반으로 법률을 해석하는 학문을 말한다.

누구의 말에 따라 어떤 신학이 참이라고 결정내릴 것인가? 그리고 공권력이 무슨 권리로 혹시 거짓일지도 모르는 신학을 가르칠 수 있겠는가? 우리는 어느 정도까지는 종교를 위해 우리 의무를 다할 수 있다. 적어도 아주 한정된 시기 내에서는 대중의 안녕이 그것을 요구할 수 있기 때문이다. 그러나 과연 누가 신학 교육이 평화를 유지하는 한 방법이 될 수 있다고 감히 주장할 수 있겠는가?

법률학에 관해서는 다음과 같이 언급하고자 한다. 입법가의 가장 큰 의무 중 하나는 법률학이 이젠 불필요한 것이 될 수 있도록 충분히 명확한 법을 제정하는 것이다. 법률학은 자연권으로부터 연역되는 일반 원칙에 한정되어, 오직 철학의 일부분으로 남아야 한다. 그런데 법률학을 가르친다는 것은 설령 당분간은 그러한 교육이 유용할지언정, 법률 체계의 완성에 가장 큰 걸림돌이 될 것이다. 왜냐하면 법률학의 교육은 법의 맹점을 영속화시키는 데에 관심을 둔 사람들을 영구히 양산할 것이며, 그런 이들에게 법률 개정을 피하는 방법을 일깨워줄 것이기 때문이다.

어쨌든 명확하게 개정될 필요가 있는 법률은 명확하게 해석되어야 한다. 또한 그 의미는 학교가 아닌 의회에서 확정되어야 한다.

# 학자 양성을 위한
# 교육에 관하여[1]

## 이 교육의 목적

일반 교육은 모든 시민을 대상으로 실시될 것이다. 그들은 교육을 통해 자기 권리를 온전히 행사하려면 알아두어야 하는 지식, 사적인 행동 속에서 다른 이로부터 독립적으로 자신의 의지를 행사하려면 알아두어야 하는 지식, 그리고 사회 공동체를 구성하는 모든 종류의 공적 기능을 수행하는 데 필요한 지식을 배우게 된다. 일반 교육은 개인들이 투자할 시간에 따라, 그리고 그들의 타고난 자질의 차이에 따라 다양한 등급으로 나뉘어 실시된다. 가난하여 자기 천성을 계발하는 데에 들일 재산이 조금도 없는 이들도 막대한 지원을 받을 것이다. 교육은 평생토록 이루어질 것이며, 사회는 자발적으로 무지에 머무르려는 사람을 제외하면 누구도 무지한 상태에 머무르게 버려두지 않는다. 마지막으로, 모든 종류의 실용 기술직 종사자들은 그들의 기술을 발전시키는 데에 도움이 되는 교육을 받을 것이다.

이제 우리가 다뤄야 할 마지막 주제는 학자들의 교육이 어떻게 이루어

---

1. 원제는 단순히 '학문 교육에 관하여(Sur l'instruction relative aux sciences)'이지만, 다른 논문에서도 다루어진 바 있는 시민으로서 기본적으로 갖추어야 하는 소양으로서의 학문이 아닌, 이른바 '본격' 학문의 교육과 관계된 논문이기에 '학자 양성을 위한 교육'으로 옮겼다.

져야 하느냐다. 공교육의 마지막 부분을 차지하는 학자 양성 교육은 관찰이나 발견을 통해 진리의 규모를 늘려가도록, 그리고 미래 세대의 행복을 멀리서 준비하도록 사명을 부여받은 이들을 대상으로 삼는 교육이다. 학자 양성 교육은 직업 교육을 수행하는 교육 기관의 교사 양성을 위해서도 반드시 필요하다. 직업 교육 기관은 공교육이 완성되는 장이며, 그곳의 학생들은 확장된 이성의 빛을 필요로 하기 때문이다. 이를 위해서는 수도에 좋은 교육 기관을 하나 설치하는 것으로 충분할 것이다. 거기서 공교육을 이수한 젊은이들을 받아들여, 아직은 기본 개념들과 성찰의 습관만을 지닌 그들을 학문의 성역으로 이끌고, 학문의 첨단까지 이끌게 될 것이다. 만약 학생들이 그곳에서 배운 것 이상으로 나아간다면, 그들은 전에 없던 새로운 발견을 하게 될 것이다.

**교수법에 관하여**

학자들을 위한 교육과정 속에서 우리는 정말로 중요한 이론들 말고는 상세 내용으로 들어가지 않을 것이다. 우리는 무엇보다도 사람들을 새로운 진리의 발견으로 이끌었던 다양한 방법들의 정수를 느끼게 할 것이며, 작업의 결실이 어떤 것이었는지 서술하고, 그들 천재天才의 작업이란 것이 정확하게 어떤 것이었는지를 보여줄 것이다. 실제로 모든 발견에는 우리가 예상할 수 있는 별것 아닌 원리와 조작이 있는데, 바로 그것이 각각의 방법론 및 이론으로부터 순서상 그에 앞서는 것들을 구분해주는 무엇이다.

교육과정에서 발명가들이 밟은 길을 그대로 반복해야 한다고 생각해서는 안 된다. 역사적으로 그들의 방법론은 당대 과학계 전체가 밟아야 했던 길에 종속되어 있고, 당대의 여론과 취향, 그리고 그 세기의 필요에 종속적이다. 그러므로 그러한 역사적 방법론의 재현은 교육의 기반이 되기에는 너무도 체계적이지 않고, 합리적이지도 않다. 어떤 문제에 관해 가장 처음으로 제시된 해결책은 대개 직접적이지 못한 것이거나 불완전한 것이었다. 또한, 어떤 학문에서 제기된 문제가 다른 학문의 영역에서 중요한 발견의 계기가 되는 일이 종종 있다. 심지어 가끔은 전혀 다른 학문의 원칙들을 통해 자기 분야에서 새로운 발견을 이루는 경우도 있다. 어쨌든 정말로 중요한 것은 실제적인 방법론과 그로부터 도출되는 갖가지 결실들을 알지 못했던, 우리와 시간적으로 멀리 떨어져 있는 사람들의 발명기술을 보여주는 것이 아니라, 학생들로 하여금 새로운 방법론들을 관찰하게끔 하는 것이다. 이것이 유능한 교사가 할 수 있는 일이다. 그는 학생들에게 이러저러한 난제들을 해결한 이들이 어떻게 해서 그에게 주어진 여러 실타래 중 그를 확실하게 이끌어줄 단 하나의 실가닥을 잡았는지 알려줄 수 있다.

학자들을 위한 교육에 사용될 교재는 교사에 의해 직접 집필되거나 선택되어야 하며, 다른 교재들과 따로 선정되어야 한다. 이 교재들은 공교육의 기초 교재로 사용되는 것들과는 달리, 널리 합의된 내용만을 담지 않는다. 또한 특정 직업에 유용하다고 판단된 것들만을 가르치는 것으로 교육 범위가 제한되는 일도 없을 것이다. 교재 선정 작업에 공권력의 영향력이 조금이라도 미친다면, 그것은 자유에 대한 위협이 된다. 또한 교재 선정에 여러 학회들이 자기 입김을 불어넣으려 한다면 그것도 이성 발전의 걸림돌이다. 개개인의 진보는 사회의 진보 속도보다 더 빠르다. 만약 우리가 기존 독트린의 총체를 개개인에게 강요한다면, 그것은 곧 사회적 진보마저 위협하게 될 위험성이 있다.

수학과 물리학 교육에 대해서는 언급하지 않겠다. 기껏해야 우리는 이들 학문으로부터 약간의 실수와 그릇된 철학의 잔재를 파헤칠 수 있을 뿐이며, 그마저도 곧 사라지게 될 것이라서다.

### 도덕과학의 교육에 관하여

형이상학과 논리학, 그리고 정치학의 다양한 분과학문에 대한 교육은 완전히 새로운 것으로 간주되어야 한다. 우선 그러한 교육을 모든 권위의 굴레로부터, 그리고 모든 종교적이고 정치적인 속박에서 벗어나게 해야 한다. 모든 것을 과감하게 검증하고, 토론하고, 다시 가르쳐야 한다. 훈육과 관계된 문제라면, 공권력이 훈육 관계자들을 규제하지 않는 것이 오히려 부조리하다. 그리고 교육이 한 학문 분야의 모든 길을 끌어안아야 할 때라면, 사정은 훈육의 문제와 같은 것이 된다. 교육에 약간의 시간밖에 투자할 수 없는 이들을 위해 교육 주제인 몇몇 이론들 속에서 가르칠 것을 취사선택하는 것은 좋은 일이며, 그것은 교육을 지도하는 해당 국가의 의지에 달려 있다. 그러나 인간 지식의 일반적 총체가 제기하는 몇몇 문제들을 배제하거나, 또는 그 문제들의 해결 방법을 고착화시키는 것은 생각의 자유와 이성의 독립성을 침해하는 일이다.

만약 어떤 교사가 잘못된 독트린을 가르친다고 가정하자. 계몽된 사람들이 이구동성으로 그에 반대한다면, 그 교사의 수업이 가진 신뢰도는 곧장 하락하지 않겠는가?

또한 도덕과학sciences morales[2]에 속한 학문을 자연과학이 그러한 것처럼 실증적 진리로, 근거에 의해 뒷받침되는 진리로, 일반적인 사실과 엄격한 추론에 기반을 둔 진리로 만드는 데에 힘써야 한다. 우리는 영혼이나 상상력에 호소하면서 이성을 유혹하거나 어지럽히는 모든 것들을 배격해야 하며, 학생들로 하여금 진리를 사랑하게 만들겠다는 야망을 품기 이전에 먼저 그 진리들을 증명해야 한다.

이와 같은 주의 사항들에 한 가지를 덧붙이자면, 어떤 단어를 사용하고자 할 때, 오직 문맥을 통해서만 단어에 부여될 수 있는 모호한 의미를

---

2. 심리학, 사회학, 윤리학, 역사학 등을 아우르는 옛 명칭이다.

덧붙여서는 안 되며, 대신 분석적이고 정확한 언어를 사용해야 한다. 왜냐하면 애매한 언어의 사용은 종종 둘 다 참으로 보이는 두 명제로부터 잘못된 결론을 연역하기 때문이다. 이러한 일은 삼단논법으로 보였던 것이 실은 네 개의 항을 갖고 있었을 때 일어난다.

자유의 문제나 정신과 물질의 구분 따위의 거대한 문제들이, 혼란된 상상력을 이토록 괴롭히고, 그렇게나 많은 공허한 뉘앙스들을 생산해온 것은 우리가 정확하지 않은 언어를 사용해왔기 때문이며, 분석이 필요한 자리에 정의定義를 내려왔기 때문이고, 관찰이 필요한 자리에서 추론을 벌였기 때문이다.


## 역사 교육에 관하여

역사 교육에는 각별한 주의가 필요하다. 역사는 거대하게 펼쳐진 정신적 관찰의 장이며, 사람은 물론 이로부터 진리의 수확물을 풍성히 거두어들일 수 있다. 그러나 역사의 거의 모든 구성 요소는 인간 정신을 일깨우기보다는 현혹하기가 쉽다.

왕을 두지 않고, 왕위 찬탈자에게 의존하지도 않는다는 자유를 사랑하는 현대 역사가들의 모델은 고대 역사가들이다. 그러나 그들은 자연적 정의의 법을 거의 알지 못했으며, 인간의 권리와 평등의 원칙도 거의 알지 못했다. 거의 모든 고대 역사가는 심지어 더 안정적이고 지혜롭고 평화로운 정권을 설립한다는 명분 아래 권력을 부자들의 수중에 집중시키기를 원하는 이들의 편에 기울어져 있는 것 같다. 거의 모든 고대 역사가는 평등을 수호한 이들, 인민의 독립성을 지지한 이들, 자신의 영향력을 높이려고 기도한 이들에게 폭도 내지는 반란자라는 이름을 붙였다.

질리스Gillies[3]는 고대 그리스 역사 연구를 통해, 가난한 시민들을 정권으로부터 멀어지게 했으며 그들을 자신들의 신민臣民처럼 부리려 했던 부자들의 야망이야말로 자유 상실의 진정한 원인이었음을 밝혀냈다. 그는 그리스의 도시들을 분열시켰던 내전의 거의 대부분이 권력을 차지하고자 또는 유지하고자 했던 교활한 부자들과 자유를 쟁취하고 싶지만 그 방법을 알지 못했던 무지한 대중 사이의 전투였다는 것도 밝혀냈다.

로마의 역사는 또한 원로원의 야망이야말로 민중의 불행과 공화국 타락의 유일한 원인이었음을 증명해줄 것이며, 우리 현대 작가들이 그렇게도 그 덕을 칭송하던 로마라는 나라가 실은 위선적이고 잔인한 참주들의 군대에 지나지 않았다는 것을, 그리고 우리의 책들이 여러 세기 동안 저주를 퍼부어온 저 선동적 호민관들이야말로 거의 언제나 정의로운 명분을 지지했음을 증명해줄 것이다. 사람들은 너무나 오랜 시간 동안, 가난한 시민들로부터 얻은 자신의 신망을 국가를 뒤흔드는 데에 사용해왔다는 누명을 쓴 저 그라쿠스Gracques나 드루수스Drusus와 같은 사람들이, 실은 그와는 반대로, 로마 군중이 국가 중대사에 대해 발휘하는 영향력을 분쇄하고자 노력했다는 사실을 알게 될 것이다. 그라쿠스나 드루수스와 같은 이들은 로마 군중이 국가 중대사에 영향력을 갖게 될 때 원로원이 더 크게 성장하기 쉬움을, 그리하여 로마 군중의 영향력이 원로원 스스로 참주의 지위까지 오르겠다는 야망에 길을 터주게 됨을 얼마나 잘 감지하고 있었는가. 그들은 억압된 민중 계급이 타락하는 것을 막고자 했으며, 마리우스Marius나 카이사르César 같은 이들의 위선에 속지 않길 원했으며, 나아가 민중이 마리우스나 카이사르 같은 이들의 광기의 도구가 되지 않기를 바랐다. 그들은 공화국 로마가 원로원의 보호를 받는 종속적 평민의 무리와 집정관이 고용한 용병 부대로 가득 차는 것을 막기 위해 독립적인 시민들의 수가 늘어나기를 원했다.

현대사는 지금까지 줄곧 타락한 역사이다. 때로는 기존의 전제권력 앞에 몸을 사려야 하는 필요에 의해서, 또 때로는 당파심에 의해서, 신학자

---

3. 스코틀랜드의 역사가였던 존 질리스(John Gillies,1747-1836)를 말한다.

들을 통해 도입된 태도인, 모든 문제들을 지난 시대의 권위와 관습에 의존하여 해결하려는 습관이 인간 지식의 모든 영역에 스며들었다. 다들 자신의 관점과 이익에 맞는 역사상의 예를 하나라도 더 찾고자 절치부심했다.

자유의 벗인 누군가는 샤를마뉴Charlemagne 대제의 모습 속에서 자유로운 인민의 수장首長을 보았다. 그러나 역사편찬자는 그러한 샤를마뉴를 절대 권력으로 만들어버렸다. 프랑스사는 그것이 고등법원에서 쓰였느냐, 혹은 성직자에 의해서, 혹은 궁정의 연금수령자에 의해 쓰였느냐에 따라 다른 사람들의 이야기인 것처럼 보인다. 사건들과 풍속, 그리고 성격의 차이보다도 위와 같은 두 가지 원인이 우리 역사를 더욱 무미건조하게 만든다. 현대 역사가의 시초라 할 수 있는 볼테르조차도 정신적인 영역에서는 그렇게도 위대했건만, 정치적인 영역에서는 마음껏 자기 재능을 펼치지 못했다. 안전하게 인류의 한 적을 공격할 권리를 얻기 위해 그는 어쩔 수 없이 또 다른 적의 눈치를 봐야 했다. 그는 미신을 분쇄했으나, 전제권력에 대해서는 오직 인간적인 외침과 개인적 정의의 법칙을 맞세웠을 뿐이었다. 그는 전제권력이 저지르는 범죄들은 비판했지만, 그 범죄들을 가능하게 만드는 권력은 여전히 권력자들의 손에 남겨두었다.

그러므로 우리에게는 완전히 새로운 역사가 필요하다. 새로운 역사는 무엇보다도 인간 권리의 역사가 되어야 할 것이며, 그러한 권리에 대한 지식 및 향유가, 도처에서 인간이 겪을 수밖에 없었던 성쇠의 역사가 되어야 한다. 그러한 역사를 읽는 이는 여러 나라의 번영과 지혜로움을 위와 같은 단 하나의 원칙에 따라 평가하면서, 문명인에게 선과 악의 거의 유일한 원천이 되는 사회적 불평등의 점증과 감소의 역사를 따라가게 될 것이다.


교사 임용

어떤 지식이 어떤 과목을 통해 교수되어야 하는지, 또 교사 임용은 어떻게 이루어져야 하는지, 더 이상 상세히 언급하지 않겠다. 우리가 두 번째 논문에서 밝힌 원칙은 모든 등급의, 모든 종류의 교육에 적용될 수 있다. 경쟁을 통해 이루어지는 교사 임용 방식은 가장 훌륭한 스승을 뽑는 데에 도움이 되기보다는 오히려 교사 지원자들을 저 고독하고 깊은 공부의 길로부터 떨어뜨려놓는다. 지원자들은 심사위원들을 현혹하거나, 학생들을 현혹하는 데에 적합한 잔재주들을 습득하려고 고독하고 깊은 연구를 멀리할 것이다. 그러나 어떤 의미에서 더욱 중요한 점은 학문의 진보를 목표로 삼는 교육을 행하는 교육자의 임용이 공권력으로부터 독립적이어야 한다는 사실이다. 이는 공권력에 해를 끼칠 수도 있는 진리들을 그 초기 상태에서부터 억압해버릴 길을 공권력으로부터 제거하기 위해서다. 일반적으로 모든 권력은 그 권력의 본질이 무엇인지, 누구에게 주어졌는지, 그리고 어떤 방식으로 그 손에 주어졌는지와 상관없이 자연적으로 이성의 빛의 적이다. 우리는 가끔 재능 있는 이들이 권력자들의 계획 또는 허영심의 도구가 되려고 자신을 낮추는 경우, 권력에 의해 아첨을 받는 것도 목격할 수 있다. 그러나 진리를 탐구하고 또 그것을 선포하는 일을 직업으로 삼는 모든 이는 언제나 권위를 행사하는 이에게 가증스러운 존재로 비치기 십상이다.

권력이 약하고 분산되어 있을수록, 권력자들이 무지하고 타락한 자들일수록 그러한 증오는 더욱 격렬하다. 우리가 만약 위와 같은 사실이 적용되지 않는 예외를 들어본다면, 기껏해야 20세기 중 한 번 일어날까 말까 하는 기적적인 우연에 의해 권력이 순수하고 높은 덕을 가진 천재의 손에 놓이게 되었을 때 정도일 것이다. 왜냐하면 설령 중용에 이를 만한 덕을 갖춘 사람일지라도, 약함과 교만에서 태어나는 그 병으로부터 자유롭지 못하기 때문이다.

이러한 슬픈 진실을 확증하기 위해 고문헌을 뒤질 필요는 없다. 어떤 시대, 어떤 나라에 살고 있든 간에 그저 자기 주위를 살펴보면 된다. 실제로 그러한 것이 자연의 질서이리라. 좀 더 많은 사람들이 계몽될수록 권력자들이 권력을 남용할 여지는 줄어들고, 사회적 권력에 규모와 힘을 부여할 필요성도 점차 줄어들 것이다. 그러므로 진리는 권력과 그 권력을 행사하는 이들의 적이다. 진리가 확산될수록 권력자는 사람들을 속일 수 있다는 희망을 점점 잃어버린다. 진리가 힘을 얻을수록 사회가 누군가에게 지배될 필요도 점점 줄어들 것이다.

### 교사에게 질문에 답해야 하는 의무를 지워서는 안 된다

교사들은 그들에게 제기된 어려운 질문들에 대하여 반드시 대답을 해야 하는가? 우리는 그렇게 생각하지 않는다. 물론 제기된 난제에 대하여 기꺼이 해결책을 제시하지 않는 교사는 없다. 그러나 만약 우리가 그것을 의무로 만들어버린다면, 그는 어느 정도까지 그러한 의무를 수행해야 하는가? 교사는 구두 질문과 마찬가지로 글로 적힌 질문들에도 대답해야 하는가? 교사가 질문에 답하는 시간을 따로 마련해야 하는가? 모든 이들이 동일하게 같은 법의 지배를 받는 나라라면, 법으로 규정될 수 없는 의무를 다른 이에게 강요해서는 안 된다. 우리는 부여할 수도 없는 권리를 요구할 자격이 있다고 시민들을 속여서는 안 된다. 명성을 높이고 학생들의 신망과 존경을 얻고자 하는 교사라면 누구나 자연스럽게 갖게 되는 욕망에 맡겨두면 어떨까?

### 복수의 학회 제도가 성인 교육에 미치는 결과

학자들을 위한 교육은 우선 젊은이를 대상으로 실시되지만, 그렇지 않은 다른 성인들도 비록 학자의 길을 걷지 않을지라도 학문의 다양한 부분을 공부하고 그 진보를 좇는 이점을 얻을 수 있다. 여기에 모든 이들이 복수의 학회로부터 기대할 수 있는 교육을 덧붙여야 된다. 우리는 이미 여러 학회가 사람들을 오류로부터 보호하고, 헛소리와 선입견으로 나아가는 길을 차단함으로써 교육에 간접적으로 기여하고 있음을 살펴보았다. 다양한 학회의 존재는 또한 진리의 폭과 규모를 늘리는 길이기도 하다.

### 학회는 천재적인 성인들에게도 유용한 격려가 된다

비록 학회의 구성원이 자체 선거에 의해 채워진다고 하더라도, 그리고 그 구성원의 수가 고정되어 있다고 하더라도, 학회 명부 안에 이름을 올리고 싶다는 욕망은 학문에 대한 일종의 격려가 된다. 그러한 격려는 또한 천재에게도 유용하며, 제한된 재능을 갖고 있기에 지루하고 반복적인 작업을 통해 아주 약간의 명성만을 누리게 되는 이들에게는 더욱 유용하다. 사람들이 일에 몰두하기 위해 영광을 필요로 하는 한, 학문을 한다는 것이 더 이상의 재물을 필요로 하지 않는 재산가들의 한적한 취미생활이 아니라 일종의 직업으로 있는 한, 그리고 좋지 못한 정부가 모든 사안들에 대해 불안하고 피곤한 활동을 펼치며, 공무원을 여럿 뽑음으로써 학자들로부터 평화롭게 몰두하는 삶을 앗아가는 한, 학회는 계속해서 이성 발전에 필수적이다. 학회 구성원들은 학회 활동으로부터 유래하는 조용한 명성에 만족한다. 그 명성은 그것을 얻기 위해 이곳저곳의 산발적 찬동을 얻어야 한다면 얻는 것에 비해 너무 지나친 노력이 드는 셈인 데다가 그마저도 종종 얻지 못하는 그러한 명성이다. 오로지 학회만이 심사위원을 만나지 못한 재능 있는 이들을 고무하고 격려할 수 있으며, 마땅히 호평과 찬동을 받아야 하는 작업을 해낸 이들을 격려할 수 있다. 수준 낮은 사람들의 사회에서는 이런 사람들이 자기가 마땅히 받아야 할 것을 받기 위해 오랜 침묵의 시간을 거쳐야 한다. 심지어 평생을 기다려야 할 때도 있다.

### 학회는 이성의 빛 사이의 교류를 촉진한다

또 다른 중요한 관점에서 볼 때, 이러한 학회들은 오래도록 유용하게 남을 것이다. 모든 발견, 관찰, 실험, 나아가 단순한 견해 및 연구 계획에 이르기까지, 이 모든 것이 한곳에 모여 유포되고 보존될 수 있는 것은 학회가 정기적으로 발간하는 논문집 덕분이다.

만약 어떤 저자가 그것들을 한 권의 대저에 담아야만 했다면, 아마도 오랜 시간 동안 알려지지 않은 채 있었을 독립적인 진리들, 그리고 만약 저자가 집필 중에 요절이라도 한다면 그의 관과 함께 묻히게 될 독립적인 진리들이 논문 모음집 안에 포함되는 것이다. 한 개인의 발견은 그러한 것들을 기반으로 하는, 완성된 한 권의 책이 나오기 아주 오래전에 논문집 속에서 읽히고, 고찰되고, 적용되고, 보완된다. 오일러를 천재로 만든 것은 학회들이 아니었다. 하지만 학회가 없었더라면, 오일러는 결코 그의 지칠 줄 모르고 경이로운 연구를 계속해나갈 수 없었다. 뉴턴은 사실 책 출판을 통해 세계의 일반 법칙을 발표하기 20년 전에 그 법칙을 발견하였다. 몇 년 동안, 그는 정확하지 못한 도표에 속아 자신의 이론이 실제 현상에 부합하지 않는다고 생각했던 것이다. 파리, 런던, 베를린, 페테르부르크, 스웨덴, 그리고 이탈리아의 학회지들을 알고 있는 사람이라면, 그것들이 새로운 수학적 발견과 화학적 분석, 동식물의 관찰 기록과, 물리학 및 기술의 모든 분야에 걸친 중요한 관찰을 얼마나 널리 또 많이 퍼뜨렸는지 알 것이다.

### 학회는 학문의 특정 분야가 소홀히 취급당하지 않도록 막아준다

학회들은 학문의 특정 영역이 소홀히 취급당하지 않도록 하는 데에 필수다. 이를 위해 학회를 다수의 구성원을 포함하는 여러 부로 나누는 것이 유용하다. 우리는 이와 같은 관점에 따라 부를 나누되, 각 부 사이에 비슷한 학문 분야를 연구하는 이들이 모이도록 신경 써야 한다. 만약 순전히 철학적 기준으로 각 부를 구분하고자 한다면, 우리가 바라는 바에서 벗어나지 않기 위해 다음의 것들을 기반으로 삼아야 한다. 연구 대상의 차이에 따라서가 아니라 방법론의 차이에 따라 구분할 것. 각 학문의 본질에 따라 구분하지 말고, 그 학문의 연구자들에게 요구되는 자질에 따라 구분할 것.

한 학문의 진전을 관찰하고 평가하고자 한다면, 무엇보다도 그 학문이 진리를 탐구하는 방법론을 살펴보아야 한다. 그러나 각각의 방법론에는 고유한 한계가 있다. 한 방법론은 언젠가 광맥이 마른 광산처럼 한계에 부딪치게 될 것인데, 그렇게 되면 그 방법론은 가끔가다 몇 가지 진리를 얻는 데나 도움을 줄 뿐이다. 개별 학문에서 활용되는 방법론도 그 가능성과 적용범위와 발전에 한계를 갖고 있다. 분류 기술이나 렌즈 제작 기술이 발전하지 않는다면 한 세기 뒤의 천문학은 반드시 침체될 것이다. 한 방법론으로 해결할 수 있는 모든 문제들은 그 방법론이 등장하고 나서 곧바로, 지나치게 길거나 지루한 계산 없이도 해결되는 법이다. 그 뒤에 나타난 새로운 문제들을 해결하기 위해 너무도 복잡한 계산이 필요하다면, 우리는 어쩔 수 없이 또 다른 방법론이 더 손쉬운 길을 열어 놓기까지 기다려야 한다. 인체에 대한 해부학적 묘사는 언젠가 더 이상 자세하게 묘사할 수 없을 만큼 자세히 정리될 것이다. 또한 대부분의 동식물과 광물에 대한 탐색이 완수될 것이고, 이후로는 기존 학설로 설명되지 않는 새로운 현상을 일으키거나 놀라운 결과를 야기하는 미지의 대상은 등장하지 않을 것이다.

물론 어떤 학문도 침체와 망각의 시기를 거치지 않을 수 없다. 그렇다고 해서 그것을 소홀히 여기거나, 보완하지 않거나, 방법론을 발전시키지 않는다면, 그리하여 이미 그 학문이 일구어놓은 성과와 그 기억을 잃어버린다면, 언젠가 새로운 필요와 새로운 발견에 따라 옛 성과들에 다시 의지해야 하는 일이 생길 때 잊힌 길을 다시 개척하는 수고를 해야 한다. 그와 반대로, 학회들이 그러한 학문의 연구 성과를 보전한다면, 새로운 갱신의 시기가 도래할 때 옛 성과는 새로운 찬란함을 띠고 다시 드러난다.

### 학회는 관찰 결과를 모아둠으로써 새로운 발견을 예비한다

학회가 새로운 발견을 하는 것은 아니다. 발견은 천재가 홀로 한다. 천재는 외부의 힘에 의해 도움을 받기보다는 방해를 받는 편이다. 그러나 자연과학 분야에서 새로운 발견이란 대개 서로 다른 상황에서 행해진 관찰, 동시에 여러 장소에서 행해진 관찰, 그리고 오랜 세월에 걸쳐 축적된 관찰의 결과이다.

여러 분과 학문들에서, 예를 들면 기상학, 농학, 자연과학, 역사학, 천문학의 일부 분야에서 개별 연구자들의 관점에 따라 시행된 어떤 독립적인 관찰도, 학문 영역이 포괄하는 넓은 영역에 걸쳐 개인의 평생에 걸친 노력뿐만 아니라 여러 세대에 걸친 노력이 집적되어 있는 연구의 체계를 대체할 수 없다.

그러므로 학회는 그러한 관찰들을 집적하고, 지도하는 데에 유용하다. 이와 같은 중요한 역할은 또한 자연과학 학회에 한정되어 주어지는 것이 아니며, 역사 학회와 고대 연구 학회에도 마찬가지로 적용된다. 정신과학 학회도 그러한 역할을 맡게 되는데, 왜냐하면 갖가지 법령의 효과, 다양한 제도들의 효과, 행정 규칙들의 효과, 재정과 상업관련 규칙들의 효과는 오직 오랜 관찰을 통해서만 알 수 있는 것이라서다.

관찰자들의 이성의 빛에 의해 사실성과 정확성이 보장되는, 열정적으로 수집된 저 수많은 사실들로부터 천재는 언젠가 위대한 진리들을 추출해 낼 것이다. 그리고 진리는 종종 무지와 연약함에 괴로워하는 인간 정신을 위로해준다.

## 전체 지식 도표의 유용성

마지막으로 우리는 이성의 빛과 요즘 사회 상황에 비추어 볼 때 오직 학회만이 할 수 있는 매우 중요한 한 가지 사업을 제안하고자 한다. 전례를 찾기 힘든 그 사업은 지금까지 발견된 모든 실증적 진리에 관한 전체적이고 완벽한 도표를 작성하는 일이다. 이 도표는 수학 지식의 예를 들자면 기하학자들이 그동안 해결한 모든 문제, 그들이 증명한 모든 진리, 그들이 수립한 모든 방법론을 포함한다. 우리는 여기에, 이 이론의 철학에 대한 응용, 정치학에 대한 응용, 천문학, 물리학, 기계학과 기술에 대한 모든 응용을 싣고, 또 지금까지 알려진 모든 기계와 방적기와 기구에 관한 언급을 담는다. 이와 같은 도표를 자연과학 분야에 대해서 어떻게 만들어야 할지는 쉽게 알 수 있다. 또한 그것이 각 분과 학문의 풍성함과 빈약함을 드러내는 데에 어떤 도움을 주는지도 쉽게 알 수 있을 것이다.

같은 작업이 정신과학에 대해서도 진행될 것이다. 예컨대 고대 연구와 역사학에 대해서도 말이다. 그러나 우리가 순수하게 수학적인 단순한 진리로부터 멀어지면 멀어질수록, 지식의 도표를 그리는 작업은 점점 더 어려워진다. 그 도표는 점차 애매하고 불확실한 지식을, 덜 확고부동한 지식을 담게 될 것이다. 수학적 지식은 일단 한번 지식의 도표에 기입되게 되면, 영원히 그대로 머물러 있다. 혹은 도표에서 사라진다 하더라도, 그 진리를 포함하고 있는 더욱 일반적인 진리가 기입되기 위해 사라지는 것이다. 하지만 다른 지식의 경우, 때로는 우리가 가장 잘 알고 있다고 믿었던 진리들을 삭제해야 할 필요가 있다. 왜냐하면 그러한 진리는 대개 그동안 알려져왔던 사실들에서 유추된 것이므로, 새로운 사실들의 발견에 의해 수정되기 때문이다. 현존하는 대상에 대한 관찰로부터 가장 훌륭히 이끌어낸 결론들은 오직 그러한 관찰에 기반을 둔 이론에 대해서만 진리이다. 그러므로 시간이 지나 같은 대상에 대하여 기존 이론보다 좀 더 완전한 이론이 나오게 되면, 그러한 관찰은 더 이상 진리가 아닐 수도 있으며, 철학의 발전 또는 학술 용어의 발전에 따라 우리의 도표도 다소간에 낡은 것이 될 수 있다. 그러므로 모든 자연과학과 정신과학의 도표는 단지 확장되어야 할 뿐만 아니라, 어떤 점에서 볼 때 각 세대마다 바뀌어야 한다. 그러한 작업은 끊임없이 보완되어야 하며, 이는 끝없이 계속되어야 할 작업 가운데 하나다.

지식의 도표는 완전한 논문 모음집이 되어서도 안 되고, 상세한 과학사가 되어서도 안 되며, 일종의 사전이 되어서도 안 되고, 다만 체계적으로 정리된 설명이 되어야 한다. 지식의 도표 속에서 자세한 증명이나 직접적인 결론은 지양되어야 한다. 다만 도표 속에 소개된 개별 진리가 어떤 저술에서 발견되고 논증되었는지 알아볼 수 있게끔 해야 한다. 또 지식의 도표는, 그 도표를 통해 사람들이 이 광대한 지식의 영역에서 각 부분은 어떤 풍부함을 갖고 있으며, 또 인간 정신에 어떠한 것들이 더 필요할지, 우리의 지적 발전이 어느 지점에서 멈춰 있는지, 그래서 우리가 걸어나가야 할 길은 무엇인지를 한눈에 알아볼 수 있게끔 만들어져야 한다.

지식의 도표는 그저 단순한 지식의 일람표가 아니라 지난 세기가 우리에게 마련해준 모든 무기들이 잠들어 있는 일종의 무기고이다. 지식의 도표는 발견 그 자체뿐만 아니라 발견을 위한 방법론을 담아야 하며, 결과뿐만 아니라 그러한 결과에 이르는 길을 담아야 하기 때문이다.

이러한 작업을 할 수 있는 이들은 철학적 정신에 과학의 모든 분과에 대한 깊은 지식을 결합시킨 사람들뿐이다. 그리고 어쩌면 그 어떤 학문에서도 타인의 도움 없이 홀로 그러한 작업을 해낼 사람은 아무도 없을지 모른다. 하지만 한 사람의 학자는 같은 길을 밟아온 동료들에게 자신의 작업을 검증받음으로써, 그가 미처 신경 쓰지 못했던 어떤 부분이 빠졌는지를 배울 수 있다. 그러므로 지식의 도표를 만드는 작업은 오직 모든 분야에서 가장 계몽된 이들이 모여 만든 학회에 의해서만 성공적으로 완수될 수 있다.

도표가 완성되면, 우리는 몇몇 학문에서는 인간 정신의 풍부함에 깜짝 놀랄 것이고, 또 다른 몇몇 학문에서는 여전히 채워 넣어야 할 것으로 남아 있는 공백 때문에 깜짝 놀랄 것이다.

그러한 지식의 도표가 지나치게 두꺼울 것이라고 생각해서는 안 된다. 그것은 거대 도서관의 장서 목록에 비하면 얇다. 진리의 목록은 도서 목록보다 훨씬 덜 두꺼울 것이기 때문이다.

### 수도에 있는 학회와 그 밖의 학술 기관 사이의 연계

수도의 학회들은 다음과 같이 편성될 것이다. 한 학회는 수학과 자연과학을 맡는다. 또 다른 하나는 도덕과학을 맡는다. 마지막 세 번째 학회는 고대 연구와 역사학, 언어학, 문학을 맡는다. 이렇게 수도의 학회들은 인간 지식의 총체를 포괄하고, 학문의 실용적 부분과 연관된 또 다른 학회들과 제휴를 맺을 것이다.

식물원이 딸린 자연사 박물관, 인체 해부 및 비교 해부 전시실, 기계 박물관, 도서관, 그리스-로마 박물관은 저마다 그 기관을 유지, 보완하고 학자들에게 개방할 책임을 진 관장들에게 맡겨진다. 지식의 보고로서의 박물관은 교육을 위해 개방되는 박물관과는 구분된다. 교육 목적의 박물관은 그 전시물들을 박물관을 이용하는 교사들의 교수법에 따라 배치해야 한다. 전시물의 선별도 교육의 편의에 따라 이루어져야 한다. 마찬가지로, 교육 목적의 식물원도 그 목적이 모든 국가의 모든 기후에서 자라나는 식물 수집에 있는 연구 목적의 식물원과 구분된다.

수도의 학회들은 지방의 학회들과 교류한다. 수도의 학회는 지방 학회의 관찰 결과를 수집하고, 그것을 기반으로 학술지를 발간할 것이다. 수도의 공공 학술 기관도 지방의 기관들과 연락을 취한다. 수도의 학회는 해외 학자들과의 교류를 통해 알게 된 새로운 사실들을 지방 학회에 전달한다. 수도의 학회는 지방 학회에 새로운 관찰 결과를 전달해줄 것이고, 제국의 다양한 지역에서 동시에 진행되는 것이 유용할 연구 주제를 발표하고, 특정 지역에서 연구되는 것이 더 바람직한 연구 주제들, 예컨대 식물학, 동물학, 농촌 경제학 등의 주제들을 전달할 것이다. 한마디로, 우리는 이렇게 꾸준하고 활발한 교류를 통해 베이컨Bacon[4]의 광대한 기획을 좀 더 일반적이고 체계적으로 실현시킬 수 있다. 우리가 자연을 모든 측면에서 관찰한다면, 자연 탐구에 모든 장비를 동원한다면, 모든 곳에서 모든 방법을 동원하여 탐구한다면 자연은 우리에게 제 비밀을 드러낼 수밖에 없다. 그렇게 우리는 개별적 천재들의 고립된 노력으로부터 기대할 수 있는 최선의 것들을 수합하고, 계몽된 성인들이 힘을 합하여 얻을 수 있는 모든 것을 취할 것이다. 그렇게 우리는 개개인의 자유가 지닌 활력뿐만 아니라, 지속적이고 일치된 협력이 지닌 힘도 이용하게 될 것이다.

수도의 학회는 지방에 상주 단체를 거느려야 한다. 이는 더 격렬한 경쟁을 일으키기 위해서이고, 실제로는 존재하지 않는 지방의 열등함에 관한 모든 공상을 부수기 위해서다. 만약 수도의 학회들이 다른 학회들에 비해 몇몇 우위점을 가진다면, 그것은 학회 소재지인 수도의 넓은 면적 때문이 아니라 학회원들의 훌륭한 공적 덕분이다. 따라서 개별 학회에 꼭 필요한 인원을 보존하기 위해 저마다의 업적에 따라 보상받게 될 지방 상주常住의 의무를 여러 분야에서 꼭 필요한 수에 맞게 조정한다. 또한 지방 상주가 요청되지는 않으나, 지방 상주 후보에 들어가는 이들의 수를 늘린다. 그들의 분류는 공정하게 이루어질 것이며, 각각 절대 기준치에 의해서든, 최소 인원과 최대 인원을 두는 방식이든 그 숫자를 고정시켜둘 것이다.

---

4. 프랜시스 베이컨(1561~1626)을 말한다. 그는 당대의 맥 빠진 과학 연구와 과학의 침체를 비판하고, 지나치게 좁은 전문화를 비판하였으며, 프랑스의 백과전서파들에 의해 자신들의 주요한 선구자 중 한 사람으로 평가받았다.

이러한 교육의 목적과 일반 교육의 목적 간의 차이

복수의 학회로 이루어진 이 거대한 시스템의 목적, 학회를 통해 자연과 재능, 인간과 사물이 벌이는 이 영원한 투쟁의 목적은 인간의 육체적·정신적 진보다. 그러한 투쟁 속에서 학회들이 아직 그들의 영향권 밖에 남아 있는 것처럼 보이는 것들을 자신의 힘 안에 복속시키고, 그들에게 저항하는 것들로부터 이득을 취하는 가운데 모든 것은 점차 그들에게 계몽의 방법이자 행복의 도구가 된다. 한편으로는 일반 교육이 사람들에게 기존의 지식을 활용하는 법을 알려주고, 잘 살아갈 수 있는 힘을 부여하며, 의무를 다하도록 만들고, 사회에 평화와 덕성을 전파시키고, 사회 속에 쾌락을 증대시킬 때, 학자를 위한 교육은 우리 다음 세대를 위한 더욱 큰 이득들을 예비할 것이며, 우리가 다음 세대에 전달하고자 하는 것들을 위협하는 명분 없는 노력을 경계하게끔 해준다.

일반 교육은 국가에게 자유와 잘 어울리는 시민을 선사해야 하고, 학자 교육은 바로 그때 그 자유 자체를 수호하고 보완해야 할 것이다. 일반 교육이 동시대인들을 자기 계획의 도구 내지는 공범자로 만들고자 하는 음모가들의 계략을 방지할 때, 학자 교육은 새로운 선입견이 인간으로부터 그의 독립과 존엄성을 강탈해가는 일이 없도록 미래 세대를 보호할 것이다.

## 결론

이와 같은 것들이 우리가 그 영광을 조국에 돌려야 한다고 믿는 공교육에 관한 생각이다. 이는 거듭 이어진 오랜 숙고의 산물이며, 또한 학문과 철학 속에서 인간 정신의 발전에 관한 오랜 관찰의 산물이다. 오래도록 우리는 이러한 관점을 아주 먼 미래 그리고 우리가 죽고 난 뒤의 세상에서나 실현될 꿈으로 간주하였다. 그러나 한 가지 행복한 사건이 일어나 불현듯 인류의 희망에 거대한 길을 열어주었는데, 그 한순간으로 인해 그날 낮의 인간과 그다음 날의 인간에게는 한 세기 가량의 차이가 나게 됐다. 주인에 대한 봉사를 위해, 그리고 주인의 즐거움을 위해 조련되었던 노예들은 더 이상 그러한 주인이 없다는 사실에, 그들의 힘, 노동, 사상, 의지가 이제는 오직 그들에게 속한다는 사실에 깜짝 놀라 깨어났다. 무지 몽매한 시절이라면, 그러한 깨어남이 오래가지 못했다. 자신의 독립성에 지친 사람들은 또 다른 새로운 족쇄 속에서 고통스럽고 괴로운 잠을 청하고 말았을 것이다. 그러나 계몽의 시대에 그러한 깨어남은 영원하리라. 또한 이러한 혁명은 정부를 뒤엎는 혁명이 아니라 의견과 의지의 혁명이다. 그 혁명이 전복하는 것은 어느 전제 군주가 앉아 있는 옥좌가 아니라, 오류와 자발적 예속의 옥좌이다. 인민의 족쇄를 부순 것은 그들 자신이 아니다. 모든 사람의 집에서 위대한 승리를 거둔 것은 이성의 친구들이었다. 이 승리는 보편적인 승리를 알리는 확실한 징조였던 것이다.

혁명은 곧 불평의 목소리를 자아냈다. 불만을 가진 이들은 말하기를, 우리가 자연이 그들에게 부여했던 고유한 지위를 복권시키기 위해, 자신들이 차지했던 옛 자리에 그들 중 몇 명이라도 남겨두어야 했으며, 그랬더라면 그 혁명이란 것도 어떤 충돌이나 진동 없이 이루어졌을 것 아니냐고 했다.

찬탈자 계급의 사람들이 받은 교육은 그들에게 자기 자신으로 있는 것만으로 만족하는 법을 전혀 가르치지 못했다. 그들은 자신의 개인적 공허함을 작위 위에 괴어둘 필요가 있었고, 자신의 존재를 계급의 존재에 묶어둘 필요가 있었다. 그들 각자는 그렇게 귀족의 덕성, 심판관의 덕성, 사제의 덕성에 자기 동일시를 했고, 자기들도 한 사람의 인간이라는 사실을 거의 자각할 수 없었다. 그들은 그러한 직업에 있는 이들이 으레 믿어야 한다고 생각되는 것들을 믿었고, 관례적으로 그러한 이들이 바라야 한다는 것을 바랐다. 사실은 그들과 무관했던 모든 것을 떼어놓고 나니, 그들에게는 아무것도 남지 않았던 셈이다. 그들은 자신들이 끝장났다고 생각한다. 왜냐하면 그들에게는 이제 그들 자신밖에 남지 않았기 때문이다. 그들은 마치 옷에 달린 줄과 딸랑이를 빼앗겨버린 아이와 같으며, 아이와 마찬가지로 스스로 살아가는 법도, 스스로를 돌보는 법도 모르기 때문에 울고 있다.

그들이 복권된 인간의 권리를 바라보며, 낡은 굴종으로부터 해방된 대지를 바라보며, 사슬로부터 풀려난 노동을 바라보며, 모욕으로부터 벗어난 인간 본성을 바라보며, 의견 개진의 자유를 바라보며, 오만과 잔인성의 모욕으로부터 위로받은 인류를 바라보며 즐거움을 느낄 수 없다는 것을 가엾게 여기자. 그들이 자유의 공기를 들이마시는 새로운 즐거움을 느끼지 못한다는 것을, 평등함 속에서 달콤함을, 부당 취득과 부당함에 대한 책임을 물었던 사람들에게 더 이상은 둘러싸이지 않아도 된다는 달콤함을 느끼지 못한다는 것을 가엾게 여기자. 또한 이제는 오직 재능의 우위로 인해서만 우위가 있고, 이성의 권위에 의해서만 권위가 있고, 행동의 위대함에 의해서만 위대함이 있다는 것을 그들이 느낄 수 없다는 사실을 가엾게 여기자. 그리고 그로 인한 자부심을 느낄 수 없음을 가엾게 여기도록 하자.

그런데 그들은 어쨌든 다음과 같은 자유로운 인간에게 감히 표현하건대 위로받은 인류의 이름으로 감사를 표하게끔 한다. 무척 많은 선행을 베푼 이들, 철학이 인간의 행복을 위해 감히 생각해냈던 모든 것들을 가능하게 한 이들, 더 이상은 압제적 권력 아래 놓여 있지 않은 이들, 새로운 길을 천재에게 열어준 이들 말이다. 우리의 후손 그리고 공평무사한 외국의 여러 민족들은 필연 또는 정념의 산물인 여러 잘못들을 용서할 것이고, 그러한 잘못들만큼이나 영원히 남게 될 이성과 덕성으로부터 태어난 '선'을 기억해줄 것이다. 그들은 철학의 산물을 야망과 음모의 산물과 구분할 것이며, 인류에게 선을 행하는 이들을 인류를 유혹하고자 하는 사기꾼과 결코 헷갈려 하지 않을 것이다. 그들은 언제나 진리를 가까이하였으며 자신의 관점에 충직했던 이들을, 오직 자신의 이익과 야심에 의해서 그들을 흉내 낸 다른 이들과 구분할 것이다. 진리의 지배가 다가오고 있다. 그 어느 때보다도 우리는 진리를 말해야 하는 의무감을 강하게 느끼고 있는데, 왜냐하면 진리가 오늘날처럼 유용했던 적이 없기 때문이다. 그러므로 자신의 삶을 진리에 헌신하고자 하는 사람들은 모든 것에 용감히 맞서는 법을 배워야 한다. 심지어 그토록 얻기 어려운 것인 명성과 평판까지도 진리를 위해서는 희생할 준비가 되어 있어야 한다. 이는 이성이 요구하는 마지막 노력이다.

어쨌든 오늘날의 권력자에게는 소크라테스 같은 이들에게 독이 든 당근을 먹일 만한 권력이나 수완이 없으며, 3두정 체제에서는 어떤 집정관도 포필리우스Popilius[5] 같은 부하를 둘 수 없다. 하지만 비록 아리스토파네스Aristophane[6]의 재능을 사지는 못하더라도, 그러한 악의를 사는 일은 여전히 독재자들에게 쉬운 일이다. 여전히 저 중상모략의 귀재들, 그들을 중용하는 이들 다음으로 비루한 자들이 거만하고 힘 있는 범인凡人들을 둘러싸고 있다. 그들은 여전히 야망과 정치가 자신들의 음모를 범죄에 연결시켜준다는 사실에 만족한다. 그러나 진리의 친구라면 그 누가 저들의 공허한 아우성을 두려워할 것인가? 인류에게 영원한 선을 행할 수도 있는 이에게 잠시 이해받지 못하거나, 며칠간의 명예를 잃는 것이 뭐가 그리 중요하겠는가? 그는 사람들이 자신의 유용함을 부정한 것에 대해 슬퍼할까? 아니다, 그는 자신의 고귀한 길을 줄곧 걸어 나가면서 더욱 확실하게 유용한 사람이 될 것이다. 그러므로 우리는 그가 마치 박해에 맞서는 사람처럼 용기 있게 저 중상모략과 맞서 싸우길 바라며, 그러한 중상모략으로부터 다만 자기 일이 영광스러운 것이라는 사실의 증명을 보길 바란다.

5. 고압적인 외교 수완으로 유명한 고대 로마의 정치인 가이우스 포필리우스 라에나스(B.C. 172 ~158)를 말한다.
6. 아리스토파네스(B.C. 445~385)는 풍자적 희극 작품으로 유명한 고대 그리스 시인으로, 동시대인이었던 소크라테스도 풍자 대상으로 삼은 바 있다.

그것은 흔히 너무나도 길을 잃기 쉬운 연약한 친구들의 갈채를 통해서가 아니라, 언제나 자신들의 이익에 밝은 자들, 공공의 것에 적대적인 자들의 성난 고함소리에 의해 더욱 확실히 증명되기 때문이다.

# 공교육에 의해 불평등을 줄일 수 있을까?

송기형_건국대학교 교수

우리는 1945년 해방과 함께 우리말로 학문을 하기 시작했다. 아직 100년이 채 안 되었으므로 다른 무엇보다 토대 구축에 진력해야 할 때이다. 서양학의 경우에는 원전 번역을 최우선 과제로 삼아야 한다. 그러므로 한국연구재단의 연구비 지원 체제를 근본적으로 바꾸어야 한다. 쓰는 사람과 심사하는 사람만 읽어본다는 농담이 나오는 개별 논문에 대한 지원은 획기적으로 줄이고, 그 예산으로 원전 번역을 적극 지원해야 한다. 국민의 힘으로 새로운 시대가 열렸지만 이 간절한 바람이 이루어질 가능성이 크지 않아서, '콩도르세 공교육론' 번역이 더욱더 반갑다.

그뿐만이 아니다. '콩도르세 공교육론' 번역은 21세기 대한민국이라는 역사적 맥락에서도 대단히 중요한 작업이다. 공교육의 근간이 무너지고 신자유주의와 금융자본주의가 확고하게 자리 잡은 오늘날 공교육이라는 개념 자체가 흔들리고 있기 때문이다. 공교육은 무엇인가? 1789년의 프랑스혁명을 기점으로 뿌리내리기 시작한 자유민주주의 사회의 공교육은, 경제적 불평등으로 초래되는 계층들 사이의 간격을 좁혀 사회적 평등(현실적 평등, 권리의 평등)에 접근하는 최선의 방법이라고 콩도르세는 믿었다. 국가의 가장 중요한 임무이자 공공 서비스인 무상 학교 교육에 의해 경제적 불평등을 줄일 수 있다는 믿음이 '콩도르세 공교육론'의 인식론적 뿌리이다.

　프랑스혁명으로 신분제가 타파되었으므로 남은 것은 경제적 불평등이다. 만인에게 보편적인 공교육으로 되도록 불평등을 줄여서, 현실적 평등또는 권리의 평등을 구현하자고 콩도르세는 주창했다. 동시에 콩도르세는 학력 수준에 따라 사회적 불평등을 제도화했다. 학력에 따라 직업이달라지는 것이다. 세상 또는 인간사회는 근본적으로 불평등하고 절대적평등은 망상에 불과하다. 따라서 공교육에 의해 불평등을 줄이는 동시에학력 수준에 따라 불평등을 제도화하자는 것이 '콩도르세 공교육론'의핵심이다. 이것이 신분이나 재산의 차이에 근거하는 불평등의 제도화보다는 덜 불공평하다는 것이다.

　'콩도르세 공교육론'에 대한 비판은 크게 두 가지였다. 신분과 재산의귀족주의를 대신한 지식의 귀족주의이고, 공교육에 의해 불평등을 줄일수 있다는 유토피아적 몽상에 빠져 있다는 비판이었다. 프랑스혁명기에는'콩도르세 공교육론'이 실천되지 못했다. 그러나 이에 입각한 교육 제도가지난 200여 년간 자유민주주의 체제를 지탱했다고 보아야 한다. 학교 교육에 의해 불평등을 줄이는 것이 얼마쯤은 가능했고, 지식 또는 능력의차이에 의거하는 불평등이 신분과 재산으로 인한 불평등보다는 바람직하다는 믿음이 대세를 이루었다. 프랑스 여러 도시의 길과 여러 학교에 콩도르세 이름이 붙어 있는 것이 그 가능성과 믿음의 증거다.

오늘날 대한민국에서 그러한 가능성과 믿음은 이미 사라져버렸다. 공교육에 의해 불평등을 줄일 수 없게 된 것이다. 더 노골적으로 말하자면, 재산을 기준으로 하는 신분제 사회가 뿌리를 내렸다. 바로 이 점이 오늘날 우리가 '콩도르세 공교육론'을 다시 읽어야 하는 이유다. 프랑스혁명 직전의 구체제 못지않게 심각한 불평등이 제도화되어가는 대한민국에서, 공교육이 국가의 첫 번째 임무인 동시에 공공 서비스라는 믿음이 깨져버린 우리나라에서, 과연 어떤 교육 제도로 이 위기를 탈출할 수 있을지 고민해야 할 시점이라서다. 공교육으로 불평등을 조금이라도 줄일 수 있을까? 신자유주의와 금융자본주의가 자유민주주의와 공교육을 동시에 위협하고 있는 이 시대에 우리가 '콩도르세 공교육론'을 읽으면서 던져야 하는 고통스러운 질문이다. 콩도르세는 학문과 기술 발전에 따라 인류와 역사도 발전한다고 믿는 낙관적 계몽주의자였지만 말이다.

공적 지원이 가장 중요한 원전 번역을 외면시하는 이 척박한 출판 환경에서 '콩도르세 공교육론'을 내는 출판사의 용기와 역자의 노력에 뜨거운 박수를 보낸다.

2019년 1월

# 콩도르세의 공교육 개혁론: 『공교육에 관한 다섯 논문』 완역에 부쳐[1]

이윤미_홍익대학교 교육학과

# I. 왜 콩도르세를 읽어야 하는가?

18세기 계몽주의의 마지막 세대이자 프랑스혁명기의 대표적 철학자인 콩도르세Marie Jean Antoine Nicolas de Caritat Condorcet, marquis de Condorcet 는 사회통계학의 기초를 제공한 저명한 수학자였고, 프랑스 대혁명 시기에 공교육정책의 입안에 직접 참여한 현실 정치인이기도 했다. 그가 1792년 국민의회에서 보고한『공교육에 대한 개혁안』과 그 기초가 된『공교육에 관한 다섯 논문』[2]은 당시 발표된 수많은 교육 개혁론 중 구체성이 강하고 독창적인 관점을 담고 있는 것으로 평가되어왔다. 콩도르세의 교육론은 인류의 진보에 대한 그의 사회철학적 관점과 긴밀하게 연관되어 있으며 인간의 자연적 평등과 자유에 대한 굳은 확신에 기반을 두고 있다. 프랑스대혁명 초기에 제출된 수많은 개혁안처럼 그의 개혁안도 정치적 혼란 탓에 충분히 논의되거나 현실에서 채택되지는 못했지만, 이후 19세기

---

1. 이 글은 필자의 다음 논문을 수정 보완한 것이다. 이윤미, 「콩도르세의 자유주의적 공교육 개혁론의 시사점」, 『한국교육사학』, 36(3), 2014, 153-182쪽.

2. 콩도르세의 교육론을 담은 이 두 저작은 M. Condorcet, Oeuvres de Condorcet, vol.7, edited by F. Arago, Paris: Firmin Didot Frères, Libraires, 1847에 수록되어 있으며, 다섯 개의 논문 은 M. Condorcet, Cinq Mémoires Sur L'Instruction Publique (1791-92), edited by Coutel et Kintzler, Paris: GF-Flammarion, 1994에 별도로 출판되어 있다.

교육 개혁 과정에서 재조명되었고 특히 1870년대 이후 제3공화국의 교육 개혁 과정에서 다시 주목받았다.[3]

콩도르세의 자유주의적 개혁안은 모든 인간의 자유와 평등을 뚜렷이 전제하고 있고 모든 개인이 타인의 권위나 편견, 미신에서 벗어나 자신의 판단에 의거하여 주체적으로 참여하는 사회를 구상하고 있다. 그의 교육론은 프랑스혁명 시기 르플르티에 등에 의해 대표되는 국가주의적 경로와는 다른 입장을 취하며, 이러한 입장 차이는 현대 사회에서 공공 교육의 원리를 논의하는 데에 중요한 논쟁의 기초를 제공해준다. 콩도르세는 혁명 이전 교회가 하던 이데올로기적 역할을 국가가 대신 떠맡는 것을 염려하였고, 이를 경계하고자 계몽된 지식인들이 자율적이고 전문적인 결정에 의해 운용하는 교육 체제를 구상했다. 곧 국가의 교육에 대한 이데올로기적 개입이 최소화되면서도 모든 인간이 국가의 지원으로 계몽되는 체제를 기대했고, 대중의 계몽을 통해 지적 불평등으로 인한 온갖 문제가 해소될 것을 확신했다. 한편, 그는 재능이 있고 여건이 갖추어진 자들이 교육을 더 많이 받는 것을 자연스럽게 받아들이고 이 지식인들의 사회적 역할을 인정했다. 콩도르세는 지식인들이 그들의 사적 이해관계에 의해서가 아니라 공적 사명감에 의해 사회적 계몽을 수호할 것이라 기대했다. 콩도르세의 이러한 관점은 '능력'을 둘러싼 논란들을 심각하게 따지지 않고 국가에 의한 보상적 조치들이 필요하다고 보지 않는 점에서 매우 낙관적이고 자유주의적인 것이다.

프랑스대혁명은 귀속주의적 질서에서 능력merit 중심 원리로의 전환을

---

3. 제3공화정시기 학자들에 의해 프랑스대혁명기 교육에 대한 연구들이 진행되면서 콩도르세에 대한 재조명도 본격화되었다. Albertone은 이 시기 학자들의 연구가 여전히 읽을 가치가 높다고 본다. M. Albertone, "Enlightenment and Revolution: the Evolution of Condorcet's Ideas on Education", in Condorcet Studies 1, edited by L. Rosenfield, Society for Study of History of Philosophy (History of Philosophy Series #1), Atlantic Highlands, NJ: Humanities Press, 1984., p.143; Williams에 의하면 콩도르세는 사후에 새롭게 알려진 인물들의 대열에 있다고 봐야 하며, 그나마도 주로 불어권에서 알려져 광범한 독자를 갖지는 못했다. D. Williams, Condorcet and Modernity, Cambridge: Cambridge University Press, 2004, pp.5-7.

상징하는 중요한 사건이다. 자연권에 기반을 둔 자유, 평등, 그리고 타고난 신분이 아닌 '능력'에 대한 강조는 근대 사회의 주요 원리로서 교육에서도 중요하게 간주되어온 가치들이다. 20세기 들어 대중 교육이 확대되면서 교육을 둘러싼 평등에 대한 사회적 논의가 매우 복잡하게 전개되어왔고, 능력주의도 다각적으로 조명되었다. 특히 마이클 영Michael Young의 '메리토크라시meritocracy'라는 조어에 나타난 것처럼 능력주의가 '능력에 의한 지배'를 의미한다면,[4] 이는 한편으로 신분제적 귀속주의에 대비되는 용어이긴 하나, 정의하기에 따라 평등과는 상충되기 쉽다.

콩도르세는 절대적 평등과 대비되는 의미의 현실적 평등l'égalité réelle을 통해 이 둘을 절충하고 있다.[5] 현실적 평등은 기회의 평등에 국한된 의미의 평등 원리로서 개인의 능력이나 부모의 재력에 의한 불평등을 강제로 교정하기 어렵다고 보고 그것의 합리적 보정 장치를 엘리트의 사회적 책임에서 구하고자 한 것이다. 그는 남녀평등, 노예 폐지, 가난한 자들에 대한 교육 기회 등을 목청 높여 부르짖었지만, 이것이 공권력의 교육 독점을 통해 이루어져서는 안 된다고 보았고, 가정의 교육권을 존중하는 등 자유주의적 관점을 견지했다. 특히 '피할 수 없는 불평등'을 전제하고, 인간들의 계몽을 통해 합리적 질서가 도출될 수 있을 것이라고 봤다. 사회 갈등의 해결을 낙관했다. 이러한 낙관주의가 지닌 비현실성에도 불구하고 모든 인간이 계몽될 가능성에 대해 확신하고, 엘리트의 사회적 책임을 강조하는 그의 관점은 현대 공교육 원리 논의에 주는 시사

---

4. 마이클 영은 1958년에 출간된 이 책에서 지금 흔히 통용되는 '메리토크라시(meritocracy)'라는 용어를 처음 사용했다. 그는 능력(지능, IQ)이 지배하는 사회를 공상적으로 구상하면서 진보주의자들의 딜레마에 대해 다루고 있다. M. Young, The Rise of the Meritocracy, London: Transaction Publishers, 2008.

5. M. Condorcet, "Premier Mémoire: Nature et Objet de L'Instruction Publique", Oeuvres de Condorcet, vol.7, edited by F. Arago, Paris: Firmin Didot Frères, Libraires, 1847, pp.175-176 (이하, Oeuvres로 표기); 정동준, 「콩도르세의 사회 및 교육관 일고」, 『서양사학연구』, 3, 1999, 34쪽; 정동준, 「대혁명 전후 교육의 목적에 관한 일고찰」, 『서양사학연구』, 11, 2004, 61-77쪽; 정동준, 「콩도르세의 교육안에 보이는 평등」, 『서양사학연구』, 17, 2007, 23-49쪽.

점이 크다.

오늘날 초중등 교육이 완전 취학에 이르고 고등 교육도 보편화되는 양적 팽창의 상황에서 공교육의 위상과 역할이 초기 공교육 주창자들의 시대 조건과 달라졌음은 두말할 필요가 없다. 현대 교육의 여러 문제 가운데 보통 교육과 고등 교육의 관계, 교육에서 국가의 역할, 인간 능력의 다양성과 선발, 학교에서 가르쳐야 할 정통한 지식에 대한 문제 등은 지속적으로 쟁점이 되는 사안이다. 이러한 문제들을 논의할 때 초기 공교육 주창자들의 이상주의적 논리들이 현재에 주는 시사점이 있음을 부인하기 어렵다. 제도 운용이 벽에 부딪칠 때마다 교육의 목적에 대한 원칙과 철학이 희석되는 경향이 있기 때문이다.

서구 학계에서 콩도르세에 대한 연구는 꾸준히 이루어져왔다. 프랑스에서는 19세기 중후반에 본격적으로 재조명됐고, 20세기 들어 영미권에서도 콩도르세는 계몽주의 사상가로 중요하게 다루었다. 그러나 그의 사상은 다른 사상가들에 비해 상대적으로 덜 주목받았다.[6] 그 이유는 콩도르세가 사회 진보에 대한 강한 확신을 가진 전형적인 18세기적 계몽사상가였기 때문에, 포스트모더니즘이 지배적인 영향을 미친 20세기 후반 이후의 철학 논의에서는 관심의 대상이 되기 어려웠기 때문이다. 계몽과 진보에 대한 그의 사상이 철학적으로나 제도적으로 영향을 발휘한 것은 사실이지만, '너무 강렬한 낙관주의'[7]로 인해 학문적 대상으로서 널리 주목받지는 못한 것이다.

국내에서도 프랑스 교육사에 대한 연구는 매우 적다.[8] 특히 교육학에서

---

6. R. Waldinger, "Condorcet: the Problematic Nature of Progress", in Condorcet Studies 1, edited by L. Rosenfield, Society for Study of History of Philosophy (History of Philosophy Series #1), Atlantic Highlands, NJ: Humanities Press, 1984, p.117.

7. Ibid., p.117.

8. 김정인, 「프랑스 제3공화정 초기 공교육으로서의 초등교육 체제 완성」, 한국교육사학회 월례발표회 발표 논문, 2014년 5월, 2쪽. 국내 선행 연구에 대해서는 각주 12, 교육 관련 주요 국외 연구는 각주 13 참조.

는 본격적인 접근이 시도되었다고 보기 어렵다. 더욱이 그의 공교육론을 알 수 있는 저술들이 일부만 번역돼 접근성이 높지 않았던 탓도 있다.[9] 이 글에서는 그간 교육학 분야에서 제한적으로 다루어져온 콩도르세의 교육론이 지닌 특징을 『공교육에 관한 다섯 논문』과 『공교육 개혁안』을 통해 검토하고, 그의 교육론이 지닌 자유주의적 특징이 현대 공교육에 주는 시사점에 대해 살핀다. 콩도르세는 일반적 수준에서는 익히 알려진 이름이지만, 그의 정치 사상이나 교육 사상 등이 국내에 체계적으로 소개되어 있다고 보기는 어렵다.

그의 교육론은 교육학적으로 쟁점이 될 주제들을 많이 포괄하고 있는데도 충분히 소개되거나 논의되지 않아 후속 연구의 기반이 될 교육학적 기초 작업이 절실하다. 특히 콩도르세가 국가가 지원하는 교육을 말하면서도 국가이데올로기를 철저히 경계하고 자유주의적 행정 체제를 지향하는 점은 '공교육'의 원리를 논의하는 데에서 매우 독특하고도 중요한 시사점을 던져준다.

그런데도 그의 교육론이 분석적으로 다루어지지 못한 까닭은 그의 사상에 대한 전체적인 번역·소개가 부족했던 점과 무관하지 않다고 할 수 있다. 이는 공교육 원리에 대한 교육학적 논의를 심화하는 차원에서 볼 때 매우 아쉽다. 이러한 관점에서 볼 때 그의 교육 사상을 비교적 구체적으로 담고 있는 『공교육에 관한 다섯 논문』의 완역은 앞으로 더 심화된 이해와 논의로 나아가는 데에 매우 중요한 기초를 제공하겠다.

---

9. 계몽철학자로서 콩도르세를 주목하게 한 핵심 저술인 『인간 정신의 진보에 대한 역사적 개요(Esquisse d'un tableau historique des progrès de l'esprit humain)』와 공교육에 대한 핵심 저술인 공교육에 대한 다섯 개의 논문을 담은 『공교육에 대하여(Sur l'instruction publique)』 등이 일부만 국역되어 있어 전체적인 면모를 공유하고 논의하는 데에 한계가 있다.

## II. 콩도르세의 공교육에 대한 관점과 개혁안:
『공교육에 관한 다섯 논문』과 『공교육 개혁안』

### 1. 콩도르세 공교육론 형성 배경

콩도르세[10]는 교육 사상가로 다루어지기도 하지만, 그 이전에 18세기 프랑스 계몽주의 철학자로서 더 큰 명성을 지니고 있다.[11] 콩트가『실증주의 서설』(1844)에서 사회 진보를 다루면서 그를 여러 번 인용하는 것에서도 알 수 있듯이[12] 콩도르세는 계몽주의적 진보를 이론화하는 데에 기여한 대표적 철학자이다. 특히 인간 정신의 진보를 열 개의 시기로 나누어 다룬 『인간 정신의 진보에 대한 역사적 개요Esquisse d'un tableau historique des progrès de l'esprit humain』는 사회 진보를 다룬 대표적 계몽주의 저술로 간주된다.

콩도르세에 대한 국내 연구는 상당히 제한적이며, 교육론조차도 교육학보다는 서양사학 분야에서 주로 다루어져왔다.[13] 서구 학계의 경우에는 비교적 광범하고 다양한 연구가 있으나 교육학적 연구의 경우는 1970~1980년대 이전에 주로 편중되어 있어 크게 주목받지는 못했음을 알수 있다.[14]

---

10. 콩도르세의 본명은 Marie Jean Antoine Nicolas de Caritat이며 후작(Marquis) 작호를 받은 이래 마르퀴 드 콩도르세로 불리고 있다. 생존 당시 칭송받는 수학자였으나 그뒤 20세기 중반까지는 평범한 수학자로 간주되다가 이후 수학자-철학자로 재조명되고 1980년대 들어서 그의 수학적 주요 작품이 재발견되기도 했다. 1743년 9월 17일 가난한 귀족 가계에서 태어나 11세때부터 예수회 콜레주에 다녔다. 이후 파리에 있는 콜레주 드 나바르(Collège de Navarre)에서 수학했다. 계몽 문인 달랑베르(d'Alembert)로부터 수학적 재능을 인정받고, 프랑스과학원(Academy of sciences)의 종신 회원이 된 후 파리 상류사회를 출입하면서 볼테르 등의 철학자 및 현직 정치인들과 친분을 형성했다. 또한 미국의 제퍼슨, 페인 등과의 교류는 그의 자유주의적 견해에 영향을 주었다.

11. K. Martin, French Liberal Thought in the Eighteenth Century: a Study of Political Ideas from Bayle to Condorcet, New York: Harper and Row Publishers, 1962; W. Doyle, The Oxford History of the French Revolution, Oxford: Oxford University Press, 2002; L. Hunt, Inventing Human Rights: A History, New York: W. W. Norton & Company, 2007.

12. Comte, Auguste, Discours sur l'Esprit positif, 김점석 역, 『실증주의 서설』, 한길사, 2001.

프랑스대혁명 이전 콩도르세는 학자이자 저널리스트로서 현실에 참여했다. 콩도르세는 1786년에 그의 진보적 여성관에 크게 영향을 준 소피 드 그루쉬Sophie de Grouchy와 결혼하였고, 부인과 함께 프랑스혁명에 큰 영향을 준 사상가들인 애덤 스미스Adam Smith, 토머스 페인Thomas Paine 등의 작업을 프랑스어로 번역했다. 그에게 큰 영향을 준 정치적 동지인 튀르고Turgot가 재무상을 한 1774년부터 1794년 감옥에서 사망하기까지의 20년간은 콩도르세가 현실 정치에 관여한 시기이다. 콩도르세는 남녀평

---

13. 그의 사상이 직접 국역된 것도 발췌 번역본인 마르퀴 드 콩도르세, 장세룡 역, 『인간 정신의 진보에 관한 역사적 개요』, 책세상, 2002에 제한되어 있다. 이 책은 발췌 번역본으로 인간 정신의 진보에 대한 에세이의 일부(10번째 시대)와 공교육론 1론(논문)이 발췌 번역되어 있다. 콩도르세의 교육 개혁론은 교육학 분야보다는 서양사 학계의 연구물을 통해 소개되어왔다. 정동준(2003)이 『프랑스대혁명기의 공교육계획』을 통해 미라보, 탈레랑, 콩도르세, 르플르티에, 라카날의 교육안 등을 비교하면서 콩도르세의 의회보고서를 번역 인용하여 분석한 바 있고, 서정복(2007)이 『프랑스혁명과 나폴레옹시대의 교육 개혁사』에서 공교육위원회에서의 콩도르세의 역할을 다루었다. 송기형(2013)의 연구인 「프랑스혁명기 공교육의 교육안 연구」(『프랑스사 연구』, 29호, 2013)에서는 기욤(Guillaume)의 Assemblée Législative 자료를 기초로 탈레랑안, 콩도르세안, 랑트나안, 라카날안, 롬안, 부키에법, 라카날법, 도누법 등을 비교하였다. 이 밖에 번역서로서 바너드(H.C. Barnard)의 저서를 서정복이 번역한 『프랑스혁명과 교육 개혁』(1993)에 콩도르세가 비교적 비중 있게 언급되어 있다. 국내 연구에서는 서양사 학계의 정동준(2003)이 진행한 연구가 콩도르세 교육론의 내용을 소개하고 분석하는 데에 가장 구체성이 큰 것으로 보인다. 정동준의 경우 콩도르세의 주요 개혁안에 대해 번역 소개하고, 그의 사회관·평등관 등에 대한 고찰을 통해 콩도르세 교육론의 면모를 이해하는 데에 도움을 주고 있으며, 주로 의회자료를 중심으로 교육론을 분석하고 있다. 콩도르세 논의에서 핵심적이지만 선행 연구에서 충분히 제기되거나 다루어지지 않은 교육학적 주제들, 예컨대 콩도르세 교육론의 명료화(5개 논문과 의회 개혁안 간의 비교 등), 공교육 운영에서 국가의 역할, 지식 엘리트의 전문적 자율성에 기초한 공교육 행정 체계, 공교육의 확대와 능력주의 등의 문제들은 교육학 분야에서 새롭게 검토하여 심화·논의할 가치가 있다.

14. 콩도르세의 교육론을 다룬 문헌으로는 P. Williams, "Science, Education and the French Revolution", Isis, 44(4), 1953, pp.311-330; S. E. Ballinger, "The Idea of Social Progress Through Education in the French Enlightenment Period: Helvetius and Condorcet", History of Education Journal, 19(1), 1959, pp.88-99; R. Mortier, "The Philosophes and Public Education", Yale French Studies no.40, Literature and society: Eighteenth Century, 1968, pp.62-76; C. Duce, "Condorcet on Education", British Journal of Educational Studies, 19(3), 1971, pp.272-282; F. Mayo, "Condorcet and Authority: a Problem in Educational Theory", paper presented at the annual meeting of the American Educational Research Association (59th, Chicago, Ill.), 1974; R. R. Palmer, The Improvement of Humanity: Education and the French Revolution, Princeton: Princeton University Press, 1985; G. Canguilhem, "The decline of the idea of progress", Economy and society, 27(2-3), 1998, pp.313-329 등을 참고할 만하다. 영어권에서 콩도르세에 대한 본격적 저작인 L. C. Rosenfield(ed.), Condorcet Studies 1, Society for Study of History of Philosophy (History of Philosophy Series #1), 1984에 교육을 다룬 논문으로 다음의 두 편이 있다: M. Albertone, "Enlightenment and Revolution: the Evolution of Condorcet's Ideas on Education"; R. Waldinger, "Condorcet: the Problematic Nature of Progress".

등, 노예해방, 사법 제도, 독재, 혁명 등과 관련한 정치적 저술들을 남겼으며, 국왕에게 입헌 정치를 요구한 최초의 인물 중 하나이다.[15]

프랑스대혁명기 콩도르세는 입법의회에 참여하여 1791년 9월 26일 공교육위원회에 배치되었다. 2년 동안 다섯 개의 논문을 쓰면서 교육의 사회적·정치적 의미에 대해 저술했다. 1792년 4월에는 입법의회의 공교육위원회의 대표 자격으로『공적 교수의 보편적 조직에 대한 보고Rapport et projet de décret sur l'organization générale de l'instruction publique』를 발표했다. 이 보고는 그가 작성해온 다섯 개의 논문을 반영한 것이다. 콩도르세는 교육에 대한 국가·가족·지식인의 역할을 규정하면서, 프랑스의 모든 남녀·아동에게 교육을 제공하는 공교육 체제를 통해 시민을 육성하고 미래를 준비하게 하고자 했다.

18세기 프랑스는 새로운 교육에 대한 사상과 철학이 끓어 넘치는 시기였다. 이는 1764년 예수회의 추방을 전후로 한 교육 상황과도 관련이 된다. 1764년 예수회가 추방되면서 수백 개의 학교들이 교사도 없이 남겨져 교육상의 쇠퇴가 초래되었다. 이는 예수회 추방에 적극적이었던 철학자들도 인정하는 것으로, 디드로Diderot 등은 학교가 오히려 더 질 낮은 교사들에 의해 채워지고 있다면서 교육의 무능을 비판했다.[16] 이때부터 교육은 심각한 공적 문제가 되었다. 제도 교육으로서 공교육은 여태껏의 지배적 학교 형태인 예수회 콜레주와 혼동되어 경계되기도 했지만, 지식인들 사이에는 학교가 새롭게 고안되어야 한다는 데 대한 공감대가 형성되고 있었다. 소수의 특권층을 어떻게 교육하느냐가 아니라 더 많은 아동에게 어떻게 이상적인 학교 교육을 제공하느냐가 문제였다. 예수회 추방과 관련한 1762~1964년의 교육 사태는 이러한 문제의 해결을 위한 수많은 논의

15. S. Lukes & N. Urbinati, Condorcet: Political Writings, Cambridge: Cambridge University Press, 2012, pp.xv-xlii.
16. R. Mortier, "The Philosophes and Public Education", Yale French Studies no.40, Literature and society: Eighteenth Century, 1968, p.67.

를 산출했다. 르네Rennes 의회의 총감이었던 라샬로테Louis-René de Caradeuc de La Chalotais가 『국민 교육[17]에 대한 에세이Essai d'éducation nationale, ou plan d'etudes pour la jeunesse』(1763)를 써서 주목을 받은 뒤로 숱한 개혁안이 이어졌다. 라샬로테, 볼테르, 달랑베르 등의 정치적 보수주의자들은, 경제적 진로에 상응하지 않는 교육의 연장은 "수도원을 가득 채울 뿐이고 농촌을 비우게 될 것"이라고 내다보며 대중 교육을 경계했다.[18] 그러나 여러 계몽주의자들은 교육 개혁이 더 넓은 경제적·정치적 변혁과 함께 이루어져야 한다고 보았다.

콩도르세의 사상은 진보에 대한 믿음이 바탕이 되고 있으며 교육은 인류를 계몽하고 진보시키는 데에 핵심적이라고 보았다. 그의 진보 개념은 뉴턴의 물리 법칙과 같은 우주적 질서와 연관되어 있으며, 인간의 관심에 의한 환경의 통제라는 믿음에 기초해 있다. 곧 우주와 인간의 영역들이 진보적 기초에 질서 지어져 있고 물리세계의 법칙과 비슷하게 변하지 않는 법칙성을 지닌다고 보았다.[19] 교육을 통한 계몽이야말로 인간을 자유롭게 하며 자유로운 인간들 간의 평등을 가능하게 한다고 보았다. 콩도르세는 이러한 교육이 국가에 의해 지원되는 공교육 체제를 통해 가능하다고 생각했다. 그의 이상은 보편적인 교육에 기반을 둔 것으로서 모든 인간의 자유와 평등을 보장하고자 하는 것이다.

프랑스대혁명 시기에 나온 갖가지 교육론들은 대부분 보편적인 교육을 지지하고 있지만 그 내용과 형식에서는 상당히 다양한 시각들이 피력되었다. 공교육 개혁에 대한 안들이 구체적으로 계획되어 제출되기 시작

---

17. 국민 교육이라는 용어는 1761년 라샬로테에 의해 처음 쓰인 것으로 알려져 있다. 이영림, 「예수회 추방과 '국민 교육'의 시도」, 『프랑스사 연구』, 28호, 2013, 47쪽.

18. Mortier, op. cit., p.71; H. Chisick, The Limits of Reform in the Enlightenment: Attitudes Towards the Education of the Lower Classes in Eighteenth-Century France, Princeton: Princeton University Press, 1981.

19. Ballinger, op. cit.; Canguilhem, op. cit.; 황수영, 「서양 근대사상에서 진보와 진화 개념의 교착과 분리」, 『개념과 소통』, 7, 2011, 105-134쪽.

했고, 의회에서 공식적으로 발표되고 논의된 개혁안만 해도 무척 많았다. 콩도르세 이전과 이후에 수많은 개혁안들이 제출되었는데, 이들 보고서들은 보편 교육의 범위와 형식, 무상 교육 여부, 도덕 교육에서의 자율성 등을 기준으로 볼 때 다양한 견해들을 담고 있다.[20]

　이러한 입장들과 비교할 때 콩도르세는 한편으로는 국가에 의한 완전 무상 교육과 체계적인 위계를 지닌 학제를 주장하는 반면, 다른 한편으로는 교육에 대한 국가의 정치적 개입을 반대하고 가족과 지식인의 자율적 영역을 보장하고자 했다는 특징을 지닌다.[21] 그의 교육론은 한편으로는 국가주의적이지만 다른 한편으로는 개인주의적이고 자유주의적인 특징을 띠고 있다. 곧 콩도르세 교육론에서 가장 중요한 특징의 하나는 지식 교육instruction과 교육éducation의 구분이다. 그는 지식에 대한 교수와 더 넓은 의미의 교육을 구분하면서 공교육은 지식 교육에 국한되어야 하며 교육에서 가족의 자율적 영역이 보장되어야 한다고 본다. 또한 전 단계 무상 교육을 주장하면서도 의무 교육을 주장하고 있지는 않다. 이러한 비강제성은 국가의 정치적 통제로부터 자율화하고자 하는 그의 경계심을 반영한 것이다. 그는 국가가 과거에 교회가 하던 역할을 대체하게 될 것을 염려했다. 콩도르세의 개혁론은 구시대의 교육에서 완전히 벗어나고자 하는 것이었으며, 그 이후에 등장한 개혁론에 견주어도 다분히 이상주의적 측면이 있다.[22]

---

20. 송기형, 「프랑스혁명기 공교위의 교육안 연구」, 『프랑스사 연구』, 29호, 2013; 정동준, 『18세기 교육 사상: 프랑스대혁명기의 공교육계획』, 국학자료원, 2003.
21. 콩도르세의 교육안과 이러한 관점에서 대비되는 것은 스파르타적 체제의 도입을 통해 가정의 영향력을 최소화하고자 한 자코뱅파의 개혁안인 르플르티에의 기획이다. M. Lepelletier, Plan d'Education Nationale de Michel Lepelletier, (prérenté a la Convention Par Maxmilien Robespierre, au Nom de la Commission D'Instruction Publique), Convention Nationale, 1793, Paris: The French Revolution Research Collection (Les Archives de la Revolution Française); 정동준, 앞의 책, 187-248쪽에 번역 수록; 정동준, 「대혁명기 평등한 사회를 위한 서로 다른 접근: 콩도르세와 르플르티에의 교육 개혁안을 중심으로」, 『서양사학연구』, 9호, 2003, 39-61쪽; Palmer, op. cit., pp.129-146.
22. 정동준, 앞의 책; 송기형, 앞의 논문 참조.

또한 콩도르세의 교육론은 기본 철학적 기반에서는 일관성을 유지하고 있지만, 제도적 논의를 다룰 때 시기적으로 변화가 있었음을 주목해야 한다. 곧 그가 의회에 제출한『공교육 개혁안』(1792)과『공교육에 관한 다섯 논문』(1791~1792) 간에는 시차가 있다.『공교육 개혁안』의 내용은 공교육 위원회에서 입법화를 위해 정련된 것으로, 교육에 대한 그의 관점을 논문으로 작성한 아이디어들과는 차이가 난다.

『공교육에 관한 다섯 논문』과『공교육 개혁안』간의 차이에서 주목할 것들을 보면 다음과 같다.[23] 첫째, 후자에는 공교육l'instruction publique과 더불어 국민 교육l'instruction nationale이라는 용어가 사용되고 있으며 개인주의적 색채가 약하고 정치적·국가적 책임이 더 부각되어 있다. 둘째, 학교 조직의 경우, 전자는 3단계로만 제시하고 있다면, 후자에서는 이를 5단계로 체계화하고 있다. 전자에서는 직업 교육이 특수학교로 영역화되어 있는 데에 비해, 후자에서는 3단계 학교인 Instituts[24]에 포함되어 있다. 셋째, 제도적 자율과 균형의 유지를 위해 후자에서 특히 중시하는 것이 엘리트의 역할이다.『공교육 개혁안』에서는 최고 단계의 기관으로 논문에서는 구체화하지 않은 학술원Société nationale des sciences et des arts을 설정하였다. 이는 당시 존재한 지식인 아카데미들을 대체하는 것으로서, 고등 학문의 중심지일 뿐 아니라 전체 교육 체제에 대한 감독 기능을 부여하고 중앙집권화한 피라미드 질서를 형성하고자 했다. 이 기구는 정치적 통제와 앙시앵 레짐적 문화 특권화에 대항하고 학문적 자유와 독립을 보장하고자 하는 목적을 지니고 있었다. 엘리트들은 기존처럼 지식인 서클의 폐쇄적 구조로 충원되지 않고, 능력·업적 위주 체제에 기반을 두어 자천自薦과 다수결에 의해 충원된다. 이 엘리트들의 의사결정은 계몽(교육)이 확산됨

---

23. Albertone은 논문(Memoires)과 개혁안(Projet) 간에 나타나는 차이는 공교육위원회의 영향에 의한 것이라기보다는 콩도르세의 관점이 '진화'한 것이라고 보고 양자의 차이를 논의하고 있다. Albertone, op. cit., pp.133-137.
24. Lycées와 Instituts의 경우 번역에 따른 혼란을 피하기 위해 원어를 그대로 써둔다.

에 따라 대중에 의해 평가될 것이라고 보았다.

## 2. 콩도르세의 자유주의적 교육론:
『공교육에 관한 다섯 논문』과 『공교육 개혁안』을 중심으로

### 1) 기본 방향

콩도르세의 교육에 대한 전반적 관점은 총론에 해당하는 첫 번째 논문에 담겨 있다. '공교육의 성격과 목표nature et objet de l'instruction publique'라는 제목을 붙인 첫 번째 논문에는 그의 교육 개혁 관점의 기본 방향과 개요가 담겨 있으며, 소결론을 포함해서 크게 일곱 개의 절로 구성되어 있다.[25] 이 부분은 콩도르세 교육론의 핵심을 이루는 것으로서 사회 진보에 대한 그의 인식과 공교육이 어떻게 연관되는지를 잘 드러내고 있다.

가장 먼저, 그는 사회가 왜 인민에게 공교육을 제공해야 하는지 논의한다. 이 부분에서는 계몽과 자유, 평등에 대한 관점이 잘 드러나고 있다. 그에 의하면 공교육은 권리의 평등을 가져오는 수단이고, 공교육의 제공은 시민에 대한 사회의 의무이다. 특히 사회적 노력으로 자연적 불평등이 감소될 수 있음을 주장하면서 교육의 평등이 유지된다면 자연적으로 타고난 우월성이 현실에서 종속dépendance réelle을 낳지 않을 수 있다고 보았다. 각 개인이 타인의 이성에 무턱대고 따르지 않고 스스로에게 보장된 권리들을 행사할 수 있게 교육받을 수 있다고 본다.[26] 이제까지 특권 계

---

25. 첫 번째 논문의 각 절이 다루는 내용은 다음과 같다. 1) 사회는 인민에게 공교육을 제공해야 한다. 2) 사회는 동등하게 다양한 직업에 관련된 공교육을 제공해야 한다. 3) 사회는 인류를 완성시키는 수단으로서 공교육을 실시해야 한다. 4) 공통 교육에 더 많은 단계(학년)를 설정하는 동기. 5) 공교육은 지식중심교육에 한정되어야 한다. 6) 남성에게 주어지는 교육은 여성과 공유해야 한다. 7) 결론. 이 부분은 장세룡 역, 앞의 책에 국역 수록(13~67쪽)이 되어 있고, K. M. Baker, Condorcet: Selected Writings, Indianapolis: The Bobbs-Merrill Company, Inc., 1976에 영역 수록(pp.105-142)이 되어 있다. 이 글에서는 원문의 출처를 인용하되, 번역상에서 국역본, 영역본을 함께 참고하였다.

급의 압제를 가능하게 했던 것은 교육의 불평등에서 비롯된 바가 컸고, 굴종적 종속 상태는 "무지의 결과"라는 것이다.[27] 또 교육을 더 많이 받은 사람들은 도덕적으로도 덕성, 청렴성, 정직성 등에서 더 뛰어나므로[28] 가족의 아버지이자 시민으로서의 공통된 역할 수행을 위해서는 자신의 임무를 다할 수 있도록 교육될 필요가 있다. 이렇게 교육을 받아 더 많은 사람들이 공정하게 판단하고 진실을 알게 되고 오류를 거부하게 되면 "계몽이 증가하여" 다수 개인들에게 확산되고, 국가도 더 좋은 법률·행정 등을 보존할 수 있을 것으로 보았다.[29] 인민의 지식 습득은 따라서 사회의 의무이다.

콩도르세는 지식의 습득 정도가 "사람들의 지적 능력"과 그들이 "교육을 받는 데에 할애할 수 있는 시간"에 좌우된다고 봤다. 곧 교육은 천부적 재능을 가진 사람들이나 더 많은 시간을 교육에 할애할 수 있는 사람들에게 유리할 수 있음을 인정한다. 그러나 "이러한 불평등이 한 인간을 다른 인간에게 굴복시키지 않는다면", 곧 종속을 불러오지 않는다면 교육상의 불평등은 악도 불의도 아니라고 본다. 곧 절대적으로 평등한 것은 아니지만 지적 종속을 불러오지 않는 한 해롭지 않은 불평등이 될 수 있다는 것이다.

> 그러나 만일 이러한 불평등이 한 인간을 다른 인간에게 종속시키지 않는다면, 그리고 주인을 제공하는 대신 약자를 강하게 만들어주는 것이라면 이 불평등은 결코 악도 불의도 아니다.[30]

---

26. 그는 여기서 타고난 우월성을 가진 자들도 혜택을 받지 않은 사람에게 악덕이 되기보다 만인의 선에 기여할 수 있게 될 것이라는 낙관론을 제시한다. Oeuvres, pp.170-171.
27. Ibid., p.172.
28. Ibid., p.173.
29. Ibid., p.174.
30. Ibid., p.174.

그는 모든 교육 단계에서 남녀공학 교육을 주장했고, 실업에 대비한 기술 직업 교육, 정기적 성인 교육 및 평생 교육을 강조했다. 특히 평생 교육은 교육을 받는 자와 이미 배운 것을 잊어버린 자 사이에서 비롯되는 교육 수혜의 불평등을 없애는 데에 필요하다고 보았다. 또한 그는 다양한 직업에 종사하는 사람들 간의 평등을 유지하려면, 직업 관련 교육은 공직으로 간주되는 직업에 한정되지 않고 다양한 직업 분야에 확대되어야 한다고 본다.

콩도르세에 의하면 공교육l'instruction publique은 인류를 완성시키는 수단이다. 이는 모든 인간으로 하여금 타고난 재능을 계발할 수 있게 함으로써 가능하다. 그는 진리의 잇따른 발견에 따라 문명국의 국민들이 야만, 무지, 편견으로부터 벗어나게 되었음을 지적하면서 이제까지는 극소수 개인들만이 타고난 능력을 계발할 기회를 누렸지만 이제는 공교육에 의해 이것이 확대되어야 한다고 본다. 또한 "인류의 무한한 완전성perfectionnement indéfini"을 "자연의 일반 법칙une loi générale de la nature"[31]으로 규정하면서 인류의 보편적 완성을 향한 변혁은 분명 인류를 이성과 행복으로 인도할 것이라는 낙관론을 피력한다.[32]

첫 번째 논문에서 그는 공교육을 세 종류로 나누어 살펴본다. 일반 교육, 직업 전문 교육, 순수 과학 인재 교육 등이다. 아동기 교육과 성인 교육이 함께 고려된다. 성인 교육은 인간들이 계몽된 뒤 다시 무지에 떨어지지 않도록 하는 데에 중요하다. 또 그는 교육을 여러 등급으로 구분할 때, 앞서 언급한 것처럼 자연적 능력과 배움에 할애할 수 있는 시간의 차이를 강조한다. 그에 의하면 모든 인간의 능력은 동등하지 않으며 동등하게 가르치기도 어렵다. 따라서 시간뿐 아니라 집중력, 기억의 범위와 지속성, 지성의 능란함과 명료함에 따라 차이가 나타날 수밖에 없다. 이것은

31. Ibid., p.183.
32. Ibid., p.186.

직업 교육에서나 과학적 연구에 두루 적용되는 것이다.

그는 이해력이나 교육 투자 시간의 정도에 따른 교육 등급을 적용해야한다고 보고, 일반 교육에서는 세 단계, 직업·과학 교육을 위해서는 두단계를 설정한다.[33] 공통 교육의 기간을 더 길게(더 많은 단계) 설정하고있는데, 그 이유는 일반적 교육을 통해 시민적 기본 자질을 갖추게 하려는 것이다.

이러한 목적 달성을 위해 검토해야 할 것들이 있다고 보는데, 교육의내용과 연한, 교재와 기타 교구, 교수 방법, 교사 선발의 원칙과 방법 등이 그것이다.[34] 이는 제2~5논문에 걸쳐 상세히 논의되고 있다.

공권력의 역할과 한계와 관련하여 콩도르세는 몇 가지 사항을 강조한다. 그에게 공권력의 의무와 권리는 교수의 목적을 정하고 그것이 잘 수행되도록 지원하는 것이다. 교육은 그 대상에서 여성에게나 남성에게나 같은 것이어야 하며, 과학과 관련된 교육에서 여성이 배제되어서는 안 된다. 공권력은 특정 견해를 진리로 가르치는 것을 허용해서는 안 되며, 국가자신의 견해를 가르쳐서는 안 된다. 각국의 헌법도 절대적인 것이 아니라하나의 사실로서만 가르쳐야 한다. 공권력은 한 가지 독트린에 기반을 둔단체를 구성해서는 안 되며, 특정 단체에 교수를 위임해서도 안 된다. 이러한 단체들은 지식의 진보를 위해 가르치는 것이 아니라 자기 단체의 권력을 키우는 데에 애쓸 것이기 때문이다. 한편, 공권력은 도덕 교육과 종교 교육을 연결시킬 수 없다. 특히 종교는 개인의 양심에 대한 사안이므로 공권력의 대상이 될 수 없다.[35]

제1논문의 결론에서 콩도르세는 현명한 법률과 계몽된 인민을 견주고,

---

33. Ibid., p.186-187.

34. Ibid., p.195-196.

35. 콩도르세는 남녀의 교육적 평등에 대해서는 별도의 절을 두어 강조하는데, 교육은 남녀에게 공통적으로 주어져야 하며 동등한 교사가 가르쳐야 한다고 본다. 교육의 효율성을 위해서도 남녀공학이 필요하며, 여성의 교육이 풍속을 해치지 않고 유용하다는 점 등을 언급한다. 그의 남녀평등 관점은 당대의 다른 개혁안과는 비교되는 것으로 특기할 만하다.

인민이 교육으로 계몽되지 않으면 아무리 법률이 훌륭해도 부패한 권력의 압제를 없애지 못할 것이라고 보았다. 인민이 스스로 이성과 부패를 구분할 줄 알아야 압제자에게 복종하지 않고 계몽을 확산시킴으로써 자유의 지배를 확고히 하고 공적 덕성vertus publique을 탄생시킬 수 있을 것이라고 밝힌다.[36]

제2~5논문은 제1논문에 제시된 문제의식에 따라 구성되어 있다.[37] 체제를 보면, 제2논문의 경우 아동을 위한 공통 교육에 대한 것으로, 전체 3단계(각각 4년)로 구성되어 있고 학교 배치, 교육 기간, 학생 배치, 교육과정, 교사 선발 등을 상세히 다루었다. 첫 단계는 9~13세까지의 초급 교육으로 모든 시민을 대상으로 한 전체 4년 과정이며,[38] 둘째 단계와 셋째 단계는 일정한 지역의 중심지에만 세워지는 학교들로, 학문별로 구분된 교육과정에 의해 전문적 교사가 가르친다. 모든 과정을 이수하는 학생은 21세까지 학교를 다니게 되는데, 21세는 프랑스 법률에 따라 성인이 되는 시기이다.

제3논문은 성인들을 위한 공교육[39]에 대한 것으로 정치에 대한 지식, 윤리학, 가정 경제와 농촌 경제, 유용한 학문과 기술, 체육과 도덕 교육 등을 다룬다. 제4논문은 직업 교육[40]에 관한 것으로서 개인적 목적의 일과 공적 목적의 일로 구분하여 논의한다. 제5논문은 학문 교수와 관련한 교육[41]으로, 진리를 발견하고 인류 세대의 진보에 기여할 이들을 위한 계획을 서술했다.

앞서 언급한 것처럼, 『공교육에 관한 다섯 논문』의 내용은 『공교육 개

---

36. Oeuvres, p.228.
37. 다섯 개의 논문 중 제1~2논문은 분량이 많고 구체적인 반면, 제3~5논문은 상대적으로 간략하다. 따라서 각 논문의 체제도 일관적이지 않은데, 제1~2논문의 경우 분량이 길기 때문에 제3~5논문에 비해 장절 구분이 더 세분화되어 있다.
38. 콩도르세는 이 초기 4년의 교육에 대해 학년별로 상세화하고 있고, 상위 두 단계의 공통 교육에 대해서는 개설적으로 다루고 있다. Ibid., pp.229-324.
39. Ibid., pp.324-378.
40. Ibid., pp.378-412.
41. Ibid., pp.412-437.

혁안』으로 전환되는 과정에서 제도적 체계가 구체화되고 변화되었다. 1792년에 의회에서 발표한 『공교육 개혁안』에서는 이러한 아이디어가 5단계 학제로 구체화되어 제시되었다. 『공교육 개혁안』에서는 능력과 적성에 따른 개인별 교육 연한의 차이를 인정했다.

『공교육 개혁안』[42]에서 1단계 학교인 초등학교는 시민이라면 누구에게나 절대로 필요한 지식을 학습하며, 2단계인 중학교는 전문 지식을 요구하지 않는 공직의 수행을 위해 필요한 것을 가르친다. 3단계인 Instituts는 1과정인 수학·물리학, 2과정인 윤리학·정치학, 3과정인 기술 응용 학문(비교해부학, 산부인과학, 수의학, 군사 기술 등), 4과정인 문학·예능·외국어 등으로 구성된 강좌들을 수학하는 기관이며, 전국에 110개소를 설립한다. 4단계인 Lycées는 학문 기술 면에서 높은 수준의 교육을 하는 곳으로, 3단계의 Instituts와 과정 분류는 같지만 더 세분화된 전공을 제공하며, 전국에 9개소를 설립한다. 마지막 단계 기관인 국립학술원은 국가 기구로서 프랑스의 학문 기술 발달을 총괄하는 역할을 하며, 모든 교육 기관의 정점에 배치되어 있다. 4개 교육과정 분야의 교육 전반을 감독하고 지시하며 공교육의 완성도를 평가한다. 학술원은 파리시와 지방 출신의 학자로 구성되며, 분야별로 외국 학자도 초빙된다.

## 2) 학제: 보통 교육과 고등 교육, 일반 교육과 전문 교육

콩도르세는 교육 기회의 평등을 위한 무상 교육의 필요성에 대해 강조했지만 의무 교육을 주장하지는 않았다. 다만, 굳이 학교를 다니고 싶지 않은 사람을 제외하고는 모든 사람이 공교육을 통한 교육 기회를 제공받아야 한다고 보았다. 제2논문에서 콩도르세는 일반 교육에서의 3단계 학교를 설정하면서 첫 번째 단계의 교육이 모든 아동을 대상으로 하는 기

---

42. 이하 개혁안에 대한 내용은 콩도르세가 의회에서 발표한 보고서의 일부인 「Projet de décret」를 Oeuvres, pp. 529-557에서 인용함; 정동준, 앞의 책, 144-164쪽 번역 참조함.

초 교육이라고 규정했다. 9~13세까지의 아동들은 가정에 경제적 도움을 주지 못하기 때문에[43] 가난한 가정이라도 자녀에게 몇 시간의 공부를 허용하는 것이 가능하며, 도시와 농촌을 막론하고 모든 시민이 교육받을 학교가 설치되어야 한다고 보았다.

『공교육 개혁안』에 의하면 1단계인 초등학교écoles primaires에서는 농촌과 도시의 학교에서 쓰기, 읽기 등의 학습은 공통이지만 주거지의 특성에 따라 주민들에게 필요한 기본 지식을 제공하도록 하고 있다. 농촌에서는 주민에게 필수적인 셈하기 규칙과 윤리·자연·경제의 기본 지식을 가르치고, 도시에서는 농사에 관한 것은 적게 배우는 대신에 산업 기술이나 상거래에 관한 것을 더 많이 학습한다. 『공교육 개혁안』에는 인구수에 따른 학교의 수와 교사 수 등이 명시되어 있다.[44]

두 번째 단계의 학교는 중학교Ecoles Secondaires이다. 중학교에서는 1) 정확하게 쓰고 말하는 데에 필요한 문법, 프랑스 및 주변 국가의 역사와 지리, 2) 공업 기술 원리, 상업 실제, 데생 등, 3) 윤리와 사회과학의 주요 내용과 주요 법규, 4) 수학·물리학·자연사에 관한 기초 수업을 공업 기술, 농업, 상업과 관련하여 가르친다. 교사 한 명이 추가 배치되는 중학교에서는 지역에 따라 가장 활용도가 높은 외국어를 학습한다. 중학교는 각 관할구 소재지 및 인구 4,000명 이상의 지역에 설립된다. 중학교의 경우도 인구수에 따라 중학교를 설치하는 기준을 제시하고 있는데 예컨대 6,000명 이하의 주민이 사는 지역에서는 1명의 교사와 중학교 1개소, 6,000명 이상 8,000명 이하의 도시 지역에는 교사 2명이 근무하는 중학교 1개소를 설치하고, 15,000명 웃돌게 거주하는 도시는 주민 15,000명마다 중학

---

43. Oeuvres, p.230.
44. 예컨대 인구 400명에서 1,500명 이하의 지역에는 초등학교 1개소와 교사 1명을 배치하며, 1,500명에서 4,000명 이하의 지역은 초등학교 2개소와 남녀 교사 각 1명씩을 두고 그렇지 못할 경우 초등학교 1개소에 남녀 교사 각 1명을 배치한다. 인구수가 많을수록 학교당 학교 수가 적게 책정되어 학교 규모가 커지는 것을 알 수 있다. Projet de Décret, Titre II, Ibid., pp.530-533.

교 1개소와 학교마다 교사 3명이 배치된다.[45]

세 번째 단계는 Instituts로서 공적 업무를 수행하거나 산업의 완성에 필요한 필수 지식을 가르친다. 수학 능력leurs talents과 학업 진취도leurs progés에 따라 학생들이 동시에 두 개 혹은 그 이상의 강좌를 수강할 수 있게 하려고 교과목들이 여러 강좌로 나뉜다. Instituts의 조직은 크게 네 개의 과정으로 되어 있는데 제1과정 수학·물리학, 제2과정 윤리학·정치학, 제3과정 기술 응용 학문, 제4과정 문학과 예능 등이며, 각 과정의 하위 과목별로 전공 교사가 배치된다. Instituts에서는 비정기적으로 초등 교원이 되고자 하는 학생을 위한 교수법 강좌 등이 시행되며 이를 위해 별도의 교사를 둔다. Instituts는 전국에 110개소가 설립되는데 각 도에 1개소, 지역적 특색에 따라 27개소가 추가 배치된다.[46]

네 번째 단계는 Lycées이다. Lycées의 교육은 4개 과정으로 나뉘며 그 구분은 Instituts의 과정과 같다. 하위 전공 과목이 세분화·심화되어 있으며 담당 교수의 수도 증원 배치되어 있다. 수강생에 따라 교수의 수는 조정할 수 있도록 하고 있다. 초등학교와 중학교 교원을 교사instituteurs라고 부르는 것과 달리 Instituts와 Lycées에서는 교수professeurs라는 용어를 사용한다. Lycées는 전국에 9개소만 설립하도록 되어 있어 실질적으로 대학의 기능을 하고 있음을 알 수 있다. 9개의 Lycées는 지역을 나누어 북부, 동북부, 동부, 남동부, 서부, 북서부, 중부, 파리 Lycées 등으로 위치를 정하고 있다.[47]

『개혁안』에서는 최상급 단계의 기관으로 국립학술원을 설정하고 있는데,[48] 그 업무와 기능은 다음과 같다. 1) 교육을 전반적으로 감독·지시, 2) 교수 행위의 완성도를 돕고 용이성la simplification에 이바지, 3) 발견 및 발

45. Titre III, Ibid., pp.534-535.
46. Titre III, Ibid., pp.535-539.
47. Titre V, Ibid., pp.539-543.

명을 통해 학문과 기술의 영역을 확대, 4) 외국에서의 발견과 발명이 프랑스를 윤택하게 하는 것에 도움이 되도록 외국의 학술 단체와 교류하는 것 등이다. 학술원은 학문적으로 국가를 대표하며, 그 구성원은 파리 거주자와 지방 거주자를 동일 수의 비율로 조직하고, 외국의 학자도 초빙한다. 학술원의 교육과정은 Lycées와 동일하게 구분되어 1) 수학 및 물리학, 2) 윤리학·정치학, 3) 기술 응용 학문, 4) 문학과 예술로 나뉜다.[49] 각각의 교육과정은 독립적 분과 협의체를 구성하지만, 강좌 참여나 공개 업적 경쟁을 통해 상호 교류한다. 구성원들은 한 영역에만 소속될 수 있으며 중복될 수 없다. 학술원의 구성원은 지역 차원에서 Lycées를 지원하며 상호 교류한다. 이 학술원은 학문과 기술의 실태와 발전에 대해 해마다 의회에 보고하고 공교육의 완성도를 평가하는 서류를 제출한다. 학술원의 모든 강좌도 대중에게 개방된다.[50]

모든 학제의 교육은 무상이라고 규정하고 있으며, 서고나 도서관, 전시관 등 부대 시설에 대해서도 규정하고 있다. 또한 Lycées와 Instituts의 교수는 개인 교습을 할 수 없도록 명시하고 있다.[51] 초등학교에서 Lycées에 이르기까지 공교육 개혁안에서 공통으로 규정된 것은 시민을 위한 공개 강좌를 실시하도록 하는 것이다. 초등학교와 중학교의 경우 이 강좌는 매주 일요일에 실시된다. 초등학교에서 이 강좌의 목적은 다음과 같이 제시된다. 1) 학교에서 이미 습득한 바 있는 지식을 기억하도록 하기 위해, 2) 윤리, 자연권의 원리들을 발전시키기 위해, 3) 모든 시민에게 필요한 지식과 공직자들에게 요구되는 법률을 가르치기 위해, 4) 문화와 공업 기술에

---

48. 엄밀히 말해 이 학술원은 교육 기관이 아니기 때문에 많은 비평가들이 이를 독자적 단계로 다루지 않는 경향이 있다. Duce, op. cit., p.280.

49. 예컨대, 제3교육과정인 기술 응용 학문 분야는 다시 열 개 하위 분야인 물리 의학/외과술, 위생학, 수의학, 농학/농촌 경제, 건축술, 수력학, 항해술, 기계 및 도구, 기계 역학술, 화학 기술 등으로 구분되며, 구성원의 수는 각 분야별로 파리와 지방 출신자의 인원이 동등한데, 총수는 각각 72명씩이며 외국인도 2명이다. Ibid., p.545.

50. Titre VI, Ibid., pp.543-547.

51. Ibid., p.543.

관한 새로운 지식을 제공하기 위해서라고 규정하고 있다.[52] Instituts의 경우, 교사와 행정가가 적어도 1개월에 1번 공개 강연을 실시하는데 여기서는 학문과 기술상의 발견에 대해 평가하고 교육적으로 유익한 지식을 정리한 보고서를 낭독한다.[53] Lycées의 경우에도 교수와 행정가가 월 1회 학문·문학·기술의 진보에 관한 공개강좌를 실시하도록 규정하고 있다.[54]

몇 가지 특징을 살펴볼 수 있다.

첫째, 학제 안에는 보통 교육과 고등 교육, 일반 교육과 전문 교육이 단계적으로 구분되고 있다. 전 단계의 교육이 모든 시민을 위한 필수적 과정이 아니라는 것은, 초등학교와 중학교의 경우는 지역에 따라 인구 비례로 학교 수를 정하고 있지만, Instituts와 Lycées의 경우는 학교 수가 제한되어 있다는 데서 잘 알 수 있다. 콩도르세는 개인이 투자할 수 있는 시간에 따라, 타고난 재능(능력)의 차이에 따라 다양한 등급으로 나뉘어 실시된다는 점을 강조하고 있다. 가난하여 자신의 천성을 계발할 수 없는 자들에 대해서는 국가가 지원해줘야 하며 자발적으로 무지에 머물고자 하는 사람을 제외하고는 누구도 무지한 상태에 두어서는 안 된다고 본다.

둘째, 학교 교육과정을 네 개의 영역으로 크게 구분하여 학교 급별로 단계적으로 심화하여 통일성을 꾀하고 있다. 곧 1) 수학·물리학, 2) 윤리학·정치학, 3) 기술 응용 학문, 4) 문학과 예술 등의 교육과정은 초등학교와 중학교에서는 3R와 관련하여 낮은 수준에서 공통 지식으로만 제시되고, Instituts, Lycées 등에서는 전문적으로 심화되고 있다. 제2논문에서 제시된 내용과 견줄 때 『공교육 개혁안』에서는 지식의 영역들을 이 네 가지 교육과정 체제와 관련하여 체계적으로 정비한 것으로 보인다. 『개혁

---

52. Ibid., p.532.
53. Ibid., p.539.
54. Ibid., p.543.

안』에 나오는 3단계 학교인 Instituts는 제2논문에서 제시한 공공적 일반 교육의 3번째 단계와 비슷한데, 교육과정상 심화된 단계로 고등 교육 단계에 해당하는 Lycées와 연계되어 있다. 이 단계에서는 여러 학문 분야의 핵심적 내용들을 심도 있게 다루되 그것을 개인적·사회적 유용성과 연결하고자 한다.

셋째, 성인 교육과 직업 교육 기관을 별도로 두지 않고 기본 학제에 통합시키고 있다. 『개혁안』에서는 제3논문의 성인 교육과 제4논문의 직업 교육 부분이 따로 다루어져 있지 않은데, 기본 학제의 골격을 잡으면서 성인 교육 및 직업 교육에 대한 논문의 내용이 충분히 반영되기 어려웠음을 알 수 있다. 시민 공개강좌의 필요성을 규정한 부분이나 교육과정상의 학문 이론적 내용들을 직업 교육의 기초로서 유용성과 연결시키고 있는 점 등은 공교육 학제를 성인 교육 및 직업 교육과 유기적으로 연계하고자 한 것으로 보인다.

### 3) 교육 행정 지원 체제

『개혁안』의 제7장에 의하면 하급 단계 학교들에 대한 지도와 감독은 상급 기관과 연계하여 이루어지도록 규정하고 있다. 상급 기관은 바로 아래 단계의 기관에 대한 교수 지도 체제를 구성하여 하급 기관의 감독관과 함께 교육에 대한 사항을 협의하고 지도 감독한다. 한편, 정부 내무 장관 소속 행정 기구는 공교육을 위한 국가 소유의 건물·부속 건물의 유지 보수와 재건축에 관한 사항을 담당한다.[55]

『개혁안』의 제8장과 제9장에는 교원의 임용과 장학생에 대한 규정이 있다. 학술원 구성원의 경우, 자원자는 선거를 통해 동등한 경쟁을 할 수 있다. 결과는 다수결에 의해 결정된다. 학술원과 Lycées, Instituts의 경우 상급 기관에서 교원의 선거와 임용을 담당한다. 상급 기관은 지원자 중 후보자를 선별하여 선거가 이루어지도록 한다. 초등학교와 중학교의 경우도 임명 과정에서 상급 교육 기관의 관리 아래 후보자를 선별하는 작업이 이루어진다. 다만 최종 선발은 초등학교의 경우 학부모(아버지)의 투표, 중학교의 경우 지역 의회에서 임명하는 안을 제시하고 있다. 교사의 임기는 종신 임명이 가능하지만 절차를 만들어 전체 위원회에서 해임을 결정할 수도 있게 했다.[56]

한편, 재능과 행동 발달이 우수한 학생은 상급 학교 진학이 가능하도록 국가 장학생으로 선발한다. 이들 학생은 상급 학교 진학 과정이나 노동현장 견습 때에 일반 노동자의 임금에 해당하는 액수를 일정한 기간 동안 받도록 규정하고 있다.[57]

교육 지원 체제에서 눈에 띄는 것은 상급 학교에 의해 교육의 지도 감독이 이루어지도록 규정하고 교원 선발도 위계적이고 연계적인 체제에 의해 하도록 한 점이다. 국가의 행정 부처에 대해서는 건물 유지 보수에 대한 것만 규정하고 있다. 이러한 체제는 하급 기관이 상급 기관에 종속되어 있는 인상을 준다. 그러나 이를 통해 콩도르세가 추구하고자 한 것은 국가의 정치적 개입으로부터 학문적·교육적 '자율성'을 확보하는 것이다. 국가의 계몽을 책임지는 일을 정치 세력이 아닌 지식인들에게 맡기고자 했다.

그에 의하면 지식인은 정치의 부당한 개입이 이루어질 수 없도록 학문적 권위를 지니고 있어야 한다. 이 권위를 포기하게 되면 정치적 개입에서 자유로울 수 없다. 따라서 철저하게 이성적이고 엄격한 방법론에 의해

---

55. Lycées에 대한 감독은 학술원 교육과정별로 세 사람을 지명하여 교수 지도 체제를 구성하고 Lycées 교육과 관련한 협의를 한다. Lycées는 1년 단위로 교수 및 관리인 중 한 명을 지명해, 감독관으로 선출하고 학술원 집행부 협력하에 보고서를 매달 제출한다. Instituts의 감독을 위해 각 Lycées의 교수 및 관리인들 중에서 선출된 여섯 명이 지도 감독하고, 중대한 문제인 경우 Lycées의 모든 직원으로 구성된 전체회의에서 결정한다. Instituts에도 감독관 1명이 동일한 방식으로 선출되어 Lycées 집행부와 연락한다. 관할 지역의 초등학교 및 중학교에 대해서는 Instituts에서 지도·감독할 네 명이 지명되어 집행부를 조직하고 지도하며, 중대한 문제는 Instituts의 구성원 전체 회의에서 결정한다. Ibid., pp.547-549.

56. Ibid., pp.549-552.

57. Ibid., pp.552-553.

학문적 권위가 수립되어야 하고 모든 시민의 계몽을 꾀하는 책무를 지녀야 한다고 본다.

특정 분야에 재능이 있는 자는 그것을 키울 수 있도록 적극적으로 지원할 필요가 있다. 그러나 교육의 혜택을 더 받은 자들은 그것을 전체 시민에게 확산할 책무를 지녀야 하며, 그 기회 차이로 인한 또 다른 불평등이 초래되도록 해서는 안 된다. 지식인은 교육을 통해 인간의 자연권이 신장되고 평등이 이루어질 수 있도록 계몽의 책임을 다해야 한다. 이를 위해 학문의 최근 성과와 그 의미를 대중에게 공개해야 한다고 생각한다. 한편 콩도르세는 학문의 발전을 위해 지식인들이 학문적 단체를 만드는 것은 필요하지만 교원들이 교원의 단체를 만들어서는 안 된다고 생각한다. 그 이유는 교육이 공평무사해야 하는데 교원이 단체를 만들게 되면 단체의 이익에 복무할 가능성이 있기 때문이다.[58]

콩도르세는 가장 선진적인 과학 학문이 학술원 지식인들에 의해 연구·종합되고, 그 결과가 공교육을 통해 단계적으로 교수되게 하는 행정 지원 체제를 구축하고자 했음을 알 수 있다. 정부의 행정 부처는 건물 관리 같은 지원 역할만을 담당하고 교육과정 운영, 교원 선발, 장학 및 감독 등 교육적 핵심 사항들은 상하급 교육 기관이 서로 연계하여 운영하도록 하고 있다. 곧 교육의 내용을 결정하고 운영하는 것은 정치권력이 아니라 지식인 엘리트로, 이들은 능력에 의해 교육 기회를 부여받고 개방된 체제에 의해 선발된다. 지식인들은 학교 교육 체제를 운영할 뿐 아니라, 학문의 성과를 공개강좌 형식으로 대중에게 주기적으로 알려서 과학적 발견에 기초한 사회 진보를 밀고 가는 역할을 하도록 기대된다. 이들은 사적 이익이 아닌, 계몽을 통한 사회 진보라는 공공적 목적에 복무하는 자들이다. 콩도르세에게 공교육은 국가에 의해 지원되는 교육을 의미하지만,

---

58. 제2논문. Ibid., pp.286-287.

다른 한편으로 그는 국가가 교육 내용을 독점하여 쥐락펴락하지 않도록 철저히 경계한다. 이를 위해 교육·학문의 질과 교육과정 운영의 공정성을 국가가 아닌 지식인 엘리트들의 자율적이고 전문적 통제에 의해 보장하도록 체계를 설계했다. 콩도르세의 개혁안에서는 공교육의 중요한 조정자로 국가권력 대신에 합리적이고 계몽적인 지식인을 내세웠음을 알겠다.

## Ⅲ. 자유주의적 개혁론으로서의 의의와 한계

콩도르세는 모든 사람의 교육 가능성을 믿었으며 계몽된 인간들이 형성하는 진보된 사회를 전망했다. 그에게 지식은 과학적 지식이며, 모든 인간이 타인의 권위나 편견에 기대지 않고 자신의 이성으로 과학적 원리를 이해·적용하여 사회의 진보에 기여하기를 기대했다. 콩도르세는 국가에 의한 공교육이 이러한 역할을 하는 데에 중추 기능을 할 것을 제안했다. 현대 교육의 관점에서 볼 때, 교육에 대한 콩도르세의 논의는 다음과 같은 측면에서 주목된다.

첫째, 그는 모든 인간의 교육 가능성을 신뢰했다. 공교육이 인간의 기본적 자유와 평등 실현을 위해 필수적인 교육을 제공해야 한다고 보고, 모든 사람의 계몽 가능성에 대해 확신했다. 이를 위해, 교육 기회의 차원에서 콩도르세는 소수 특권층의 교육에서 모든 사람에 대한 교육으로 전환할 것을 부르짖었다. 특히 공통 교육을 통해 인간으로서의 기능적·도덕적 삶을 영위하기 위한 기초를 형성하는 것을 중시했고, 사회적으로 유용성 높은 지식을 습득함으로써 불평등의 원인이 되는 지적 종속으로부터 벗어나기를 기대했다. 모든 인간은 스스로가 자발적으로 교육을 거부하지 않는 한 교육을 받을 수 있어야 한다고 보았고, 자신의 직업과 관련된 지식을 공교육을 통해 배울 수 있어야 한다고 생각했다.

이를 위해 기본적으로 국가의 교육은 무상으로 지원되며, 가난으로 인한 생업 유지로 교육을 받지 못하는 사람이 없도록 재능 있는 학생의 경우 일반 노동자의 임금에 해당하는 장학금으로 학업을 계속할 수 있도록 했다. 모든 인간의 계몽을 지원하는 공교육의 임무는 그의 『공교육 개혁안』에서 독특하게 나타나는 '공개강좌'에도 잘 나타나 있다. 교육의 기회는 학령 시기의 학교 교육에 제한되지 않으며 평생을 통해 이루어진다. 초등교육 수준에서부터 고급한 학문 연구 수준에 이르기까지 공공 교육은 대중에 대한 계몽의 책임을 지니고 있는 것이다.

둘째, 교육에서 국가로부터의 정치적 독립을 중시했다. 공교육은 국가에 의해 지원되지만, 교육의 내용과 운영은 학문·교육계 내부의 자율성에 의해 이루어져야 한다고 보았다. 그는 공교육을 논의하면서 국가를 의미하는 공권력autorité publique이라는 용어를 사용하는데, 공권력이 할 수 있는 것의 범위를 정하고자 한다. 그는 지식 교육instruction과 교육éducation을 구분하면서 국가에 의한 교육은 지식 교육에 한정되어야 한다고 본다. 또한 국가의 독트린을 교수해서는 안 되며, 종교 교육을 해서도 안 된다고 본다. 공교육은 가정의 교육적 자율권을 침해해서는 안 되며, 과학적 지식이 아닌 견해와 특정 입장에 치우치는 견해를 교육해서도 안 된다. 프랑스의 헌법도 사실로서만 가르쳐야지 독트린으로 가르쳐서는 안 된다고 주장한다.

국가는 계몽의 기회 확대를 위해 공교육을 지원하고 보장하지만, 교육의 내용은 지식인들에 의해 결정되고 지역사회와 공조하여 운영되어야 한다고 본다. 이를 위해 학술원, Lycées, Instituts에서의 학문 영역별 교육과정을 체계적으로 연결시켜 해당 분야의 지식에 대한 연구와 교육이 일관되게 이루어지게 했다. 특히 학문 연구를 담당하는 기관에서 하급 교육 기관의 교육 내용과 교원 인사까지 관장하도록 하고, 행정부의 행정적 개입을 최소화한 것은 주목할 만하다. 이는 국가가 시민의 교육을 책임지는 의무를 갖고 있기는 하지만, 스스로가 교육자가 되어서는 안 된다는 마르크스의 견해와 비슷하다. 곧 국가는 국가이데올로기를 통해 시민을 교화해서는 안 되며 모든 시민이 계몽의 기회를 공정하게 누릴 수 있도록 지원할 책임만을 가진다는 것이다.[59]

셋째, 콩도르세는 교육을 받는 교육 연한의 차이가 사회적 불평등으로 나아가지 않을 것을 기대했다. 그는 상급 학교 진학에서 능력과 시간이라는 기준을 제시한다. 타고난 재능의 차이가 있고, 개인마다 주어진 환경이 다르다는 것을 전제한다. 그는 평등을 말하지만, 그의 평등관은 자유주의적 관점에 기초한 현실적 평등이다. 부의 재분배 등을 통한 적극적 사회 평등을 말하기보다 재산권을 인정한 토대 위에서 서민이 가난으로 인해 기회를 제한당하지 않도록 지원해야 한다는 관점을 취했다. 콩도르세는 시민 대부분이 교육 기회를 갖지 못하고 계몽상의 불평등으로 인해 자연적 권리를 실현하고 있지 못한 만큼 그 기회를 적극적으로 제공해서 지적 불평등을 시정하는 것이 급하다고 본다.

콩도르세는 해로운 불평등과 해롭지 않은 불평등을 구분한다. 모든 사람이 시민으로서, 혹은 직업인으로서 필요한 학문 지식을 갖추어야 타인의 사고와 판단에 의존하지 않고 주체적 삶을 살 수 있다. 그러나 모든 사람이 학자들과 같은 수준으로 특정 학문에 대한 지식을 갖출 필요는 없다.[60] 학자들과 일반인 간의 지식 차이는 교육적 불평등을 반영하지만 이

---

59. 가정의 교육적 역할을 주장하는 대목에서는 콩도르세의 자유주의적 측면이 분명해진다. 가정이 가진 종교, 도덕 교육적 역할을 국가가 침해해서는 안 된다는 관점은 급진파인 자코뱅당의 논의와 상충한다. 입법의회 이후 이어진 국민공회에서, 자코뱅당의 대표로 르플르티에가 작성한 개혁안이 로베스피에르(Robespierre)에 의해 발표된 바 있다. 르플르티에의 개혁안은 초등 단계의 공교육 기숙 학교를 두어 가정의 도덕적 영향력을 약화함으로써 사회적 평등을 꾀하고자 했다. 가정 배경으로 인한 불평등을 해소하고 공공성을 강화하기 위한 조치라고 할 수 있다. 콩도르세는 공권력이 과거의 교회가 했던 것처럼 시민의 신념에 영향을 주는 것을 우려했으며 이를 가정교육의 자율성을 통해서 해소하고자 했고, 르플르티에의 경우 가정 배경의 차이로 인해 발생할 불평등을 우려한 것이라 할 수 있다. 콩도르세가 가정의 잘못된 신념에 대해서도 계몽의 효과에 의해 장기적으로 교정이 가능할 것이라고 기대한 반면, 르플르티에의 경우 좀 더 단기적인 효과를 기대했다.
60. 타인의 지식에 의존하지 않아도 될 정도의 수학 지식은 필요하지만 모든 사람이 수학 전문가가 될 필요는 없기 때문이다. Oeuvres, p.171.

러한 불평등이 해로운 것은 아니다. 시민으로, 직업인으로 필요한 교육의 상한上限은 없지만 모든 사람이 학문적 전문가가 될 필요는 없으며, 학문 연구를 자기 몫으로 하는 사람들은 계몽을 위해 헌신하는 사람들로서의 책임이 주어진다고 보는 것이다. 보통 교육과 고등 교육의 구분은 이러한 기준을 중심으로 사회적 기능의 다양성에 기반을 두고 논의됐다고 볼 수 있다. 따라서 능력과 시간에 따른 교육 연한의 차이는 분명히 유한계급에게 유리할 수 있지만, 남보다 교육 기회를 더 많이 가진 사람이 공공 이익을 위해 제대로 복무한다면 공공성이 유지될 수 있다는 것이다. 곧 피할 수 없는 차이에 의한 불평등은 받아들이지만, 교육적 연한의 불평등(학력의 효과)이 곧 '해로운 불평등'으로 나아가지는 않을 것이라고 전망했다. 당시는 대중 대부분이 절대적 무지로 인해 종속된 상태에서 초등 교육 기회조차 보편화되어 있지 않았던 처지였다. 따라서 무지의 상태에 놓여 있던 모든 인민이 계몽의 기회를 갖게 되고 엘리트들이 계몽적 역할을 충실히 한다면 지적 종속으로 인한 온갖 문제가 해결될 것이라고 내다보았다. 그러므로 개인별로 교육 연한의 차이가 있다고 해서 그것이 곧 사회적 불평등으로 나아갈 것이라고 걱정하지 않았던 것이다.

위에서 보았듯이 콩도르세의 교육 논의는 자유주의적 접근에 기초한 특유의 낙관론이 전제되어 있으며, 이러한 낙관론은 보편적 권리로서 공교육을 논의하는 데에 의미 있는 시사점을 제공한다. 콩도르세의 개혁론이 지닌 시사점을 더 현실적으로 검토하려면 그의 논의에 내재된 낙관론이 지닌 한계에 대한 비판적 검토가 필요하다.

콩도르세의 교육론은 다음과 같은 전제들에 기초하고 있는데, 이러한 기초들은 그의 교육론을 현대 사회에 보편적으로 적용할 때의 제한점들이기도 하다. 첫째, 그는 모든 인간의 교육 가능성을 신뢰하면서 공교육(과학적 지식에 대한 교육)의 확장을 통한 계몽의 총량이 증가하면 사회의 합리성도 높아질 것이라고 보고 있다. 둘째, 지적 엘리트들이 과학적 권위의 담지자가 되면 인류의 완전성을 실현하는 계몽의 공적 책무에 사사로움 없이 복무할 것이라고 가정하고 있다. 셋째, 당시 대다수 무지한 대중이 놓인 현실적 종속의 원천을 계몽의 차이로 인한 지적 종속이라고 봄으로써 사회 경제적 불평등의 문제를 소극적으로 다룬 점 등을 짚을 수 있다.

첫 번째 문제와 관련하여 볼 때, 그의 낙관론은 19세기 이후 대중 교육이 확대되면서 새로운 문제들에 직면해왔다고 하겠다. 곧 모든 인간이 교육받을 수 있고 교육받게 되면 그 계몽의 효과가 사회 진보로 이어질 것이라고 본 콩도르세의 낙관론은 '교육 불가능성'에 대한 논의에 의해 도전받는다. 프랑스 제3공화국 시기에 비네Binet 등에 의해 만들어진 지능검사IQ는 교육이 불가능한 자들을 가려내려는 정책적 관심과 관련된다.[61] 교육받지 않아서 무지와 종속 상태에 있는 대중이 계몽을 통해 스스로 이성적인 판단을 할 것으로 기대했던 콩도르세와 달리 후대의 개혁가들은 모든 사람이 교육될 수 있는 것은 아니라며, 그 기원을 자연적 능력의 차이에서 찾고자 했다. 콩도르세에게 타고난 재능의 차이는 '사회적 기능의 차이'로서 천재들은 학문에 복무하고 일반인은 저마다의 재능에 맞게 유용한 삶을 사는 것을 기대했기 때문에 능력의 차이를 사회적 불평등으로 연결시키지 않았다. 오히려 저마다의 재능에 따라 사회적으로 유용한 삶을 살게 되면 그것이 공정한 것이라고 보았고 부자나 특권층의 독점을 막을 필요가 있다는 점을 강조하는 것에 만족했다.

타고난 혈통과 가문 배경이 아닌 자연적 능력을 밝혀내고자 한 정책적 시도들은 한편으로 능력에 기반을 둔 사회 이동을 보장하고, 귀속적 귀족주의가 아닌 자연적 귀족주의natural aristocracy를 실현하려는 시도로서 그 정당성을 인정받기도 했다.[62] 그러나 자연적 능력에 대한 지나친 강조

---

61. M. J. Garrison, A Measure of Failure: The Political Origins of Standardized Testing, Albany: State University of New York, 2009, pp.73-94.

는 교육 가능한 자, 교육되어야 하는 자와 교육이 불가능한 자들을 가려내는 것으로, 모든 인간의 계몽 가능성이라는 자연권적 확신에 도전하는 것이다. 모든 인간이 가진 계몽의 권리에 대해 무조건적인 보장이 이루어져야 한다는 관점과 능력에 따른 제한이 적용되어야 한다는 관점은 교육기회 배분에서 핵심적 논란거리가 되어온 것이 사실이다.[63] 이러한 논의는 19세기에서 20세기에 이르는 동안 '능력주의'를 둘러싼 갖가지 논란을 불러일으켰다. '능력'의 문제는 생득성/획득성 여부, 성취와의 관계, 지능의 다중성, 측정의 사회적 맥락 등을 둘러싸고 현대 사회의 기회 배분 공정성 논의에서 매우 복잡하게 다루어지고 있다. 능력은 교육 가능성에서의 구분 짓기(분류, 선발)와 깊숙이 관련되면서 콩도르세가 예상한 것에 비해 교육 불평등을 야기하고 정당화하는 기능이 강화된 것이다.

둘째, 콩도르세가 가정하는 또 다른 낙관적 관점은 지식인 엘리트에 대한 신뢰와 관련된다. 콩도르세는 공교육 체제의 운용에서 계몽 지식인의 역할에 크게 기대고 있다. 공권력으로부터 교육과 학문을 지켜내고 계몽의 성과를 공정하게 확대하고 관리할 때, 지식인의 이성적이고 불편부당한 태도는 매우 중요하다. 콩도르세는 학문적으로 재능 있고 명철한 지식인들의 계몽성을 신뢰했으며 그들이 받은 교육이 또 다른 특권이 될 것이라고 보지 않았다. 오히려 잘못된 권력의 불균형을 바로잡고 모든 인민의 계몽을 위해 공공적으로 기여할 것이라고 기대했다.

콩도르세가 기획한 교육 체계는 가장 선진적인 과학적 학문의 결과가

---

62. 자연적 귀족주의는 미국의 토머스 제퍼슨(Thomas Jefferson)이 공교육을 통해 봉건적 특권이 아닌 개인의 능력을 중시하는 사회를 건설하겠다는 이상을 표현한 것이다. 그러나 19세기 후반 이후 지능검사 등을 통해 인간의 자연적 능력에 대한 '측정'이 이루어지면서 이 주장은 생물학적 결정론과 연결되어 논의되어왔다. N. Lemann, The Big Test: The Secret History of the American Meritocracy, New York: Farrar, Straus, and Giroux, 2000, p.42.

63. 마이클 영은 능력주의가 봉건적 특권에 대항하는 '진보적' 의미를 지니고 출현했지만, 자연적 능력(지능지수)에 의한 지배가 이루어지게 되면 지능의 카스트화로 인해 진보적 어젠다들이 자리를 잃게 되는 양면적 상황이 생겨날 수밖에 없음을 공상적이고 풍자적으로 묘사한 바 있다. Young, op. cit.

공공 교육을 통해 단계적으로 교수되고 성인들도 그 성과에 대해 주기적으로 알 수 있도록 공교육이 책임을 지는 구조이다. 그 내용을 결정하고 교육과정을 구성하는 것은 정치권력이 아니라 지식인 엘리트들이다. 지식인 엘리트는 능력에 의해 교육 기회를 부여받고 개방된 체제에 의해 선발된다. 그들은 사익을 추구하는 것이 아니라 과학적 발견에 기초한 사회 진보를 지향하는 공적 지식인이다. 상급 교육 기관이 하급 교육 기관의 교육과정 및 운영을 감독 지도하며 교원 선발까지 책임지는 체제에서 지식인의 공교육적 위상은 절대적이다. 이러한 장치는 지식인 엘리트가 사적 이익에 복무하지 않고 스스로 특권층이 되지 않을 때만 유지될 수 있다. 학력은 재능에 따른 사회적 기능의 일부일 뿐이고 사회적 특권화의 매개가 되어서는 안 된다.

콩도르세의 교육 개혁안은 공교육이 국가의 이데올로기적 기구가 아니라 전체 인민의 계몽을 책임지고 그것을 기초로 사회 진보를 지향하게 하려는 목적으로 구상되었다. 그러나 현실적으로 콩도르세의 공교육 개혁안은 당시 의회에서 충분히 논의되거나 실현되지 못했을 뿐 아니라 콩도르세가 주도한 공교육위원회에서 제출한 안이 엘리트 교육의 비중이 높다는 이유로 비판받기도 했다.[64] 지식인 엘리트를 통해 공교육을 관리하고자 한 그의 안은 초등 교육 체제조차 정비되지 못한 당시 현실에서 실현하기 어려운 안이었고, 지식인 집단의 자율 관리 역량에 기반을 둔 것이기 때문에 그 효과가 단기간에 나타나기는 어려운 이상론이었다고 할 수 있다.[65]

---

64. Palmer, op. cit., pp.128-131.

65. 공공적 지식인이 출현하게 된다면 학력의 차이는 교육 연한의 차이일 뿐 교육적·사회적 불평등으로 곧장 이어지지는 않을 것이라는 콩도르세의 관점은 주목되어야 한다. 곧 보통 교육, 전문 교육, 고등 교육의 구분이 사회적 필요, 기능, 유용성 등에 의해 이루어져야지 사회적 위계(특권, 계급 등)와 연결되어서는 안 된다는 것을 시사하고 있기 때문이다. 현대 교육에서도 이러한 기능적 구분(다양화)은 논리적으로는 추구되고 있지만, 실제에서는 위계적으로 구분(서열화)되어온 경향이 있다.

셋째 문제와 관련하여 짚을 수 있는 것은 당시의 사회 불평등을 보는 그의 관점이다. 콩도르세는 모든 인간의 평등을 주장했지만 그런 동시에 재산권을 존중했으며, 급진적 방식보다는 개인주의적·자유주의적 접근을 선호했다. 그는 대다수 대중이 무지로 인해 지적 종속 상태에 빠져 자신의 인간적 권리를 누리지 못하는 문제에 대해 비판적이었고, 모든 인간의 계몽 가능성을 신뢰했다. 그러나 불평등의 원인을 '계몽의 격차'에서 찾음으로써 대중을 지적 엘리트로부터 독립시키는 데는 사실상 실패할 수밖에 없는 기획을 한 셈이다. 곧 과학적 학문의 가장 높은 성과는 고도의 훈련된 지식인 엘리트들에 의해 발견되고 확산되어야 하는 것이기 때문에 대중은 지속적으로 교육 수혜의 대상이 될 수밖에 없고 지적 격차를 극복할 수 없게 된다. 이는 현대 사회에서는 '과학적 지식'의 정통성에 대한 탈계몽주의적 도전과 대중의 '자기 계몽' 가능성에 대한 논의를 통해 급진적으로 해소되고 있다. 그러나 18세기 콩도르세는 과학적 지식의 권위를 확신했고 그것을 전수·확산하는 역할이 공교육에 있다고 봄으로써 이 격차의 지속성을 문제시하는 데까지 나아가지 않았다.[66]

콩도르세는 모든 인간의 자유와 평등을 기반으로 한 교육을 논했고, 새로운 역사와 사회의 구축을 위해 새로운 교육이 불가피하다고 보았다. 그 실현을 위한 강력한 제도적 장치가 공교육이었다. 그는 자유와 평등이 침해될 갖가지 가능성을 제한하고자 했고, 계몽의 목적에 복무하는 체제를 만들고자 고심했다. 그러나 당시의 현실 정치적 벽과 더불어, 인간의 자유와 평등에 대한 그의 낙관에는 '안전 장치'가 부족했음을 짚어 볼 수 있다. 그는 과거 교회가 하던 역할을 국가가 대체하는 것을 염려

---

66. 지식인과 대중의 계몽의 격차, 대중의 자기 계몽 문제에 대해 직접 다룬 철학자는 랑시에르(Rancière)이다. 랑시에르는 그의 『무지한 스승』에서 프랑스혁명 시기 공교육론자들이 진보적 지식의 이름으로 노동계급과 좁혀질 수 없는 격차를 가정한 것에 대해 비판하며 지능(지성)의 평등과 대중의 자기 계몽에 대해 논의했다. J. Rancière, Le Maître ignorant, 양창렬 역, 『무지한 스승: 지적 해방에 대한 다섯 가지 교훈』, 궁리, 2008.

하여 국가에 의한 교육 독점을 경계했다. 대혁명 당시 자코뱅파의 르플르티에 등의 주장처럼, 불평등을 초래할 수 있는 가정의 사회 경제적 영향을 최소화하고 평등화를 위한 국가의 역할을 부각한 개혁안들과 비교할 때, 콩도르세는 국가에 의한 통제보다는 계몽된 지식인과 계몽된 대중의 합리성에 철저히 의존했음을 알 수 있다. 그에게는 국가 혹은 공권력으로부터 계몽의 성과를 보호하는 것이 중요했고, 계몽의 전수자인 지식인들을 그 안전 장치로 삼고자 했다. 그러나 콩도르세의 자유주의적 관점은 '계몽'과 '계몽의 전수자인 지식인'들을 동일시함으로써, 그 이후의 역사적 전개 과정을 볼 때 현실에서 실현되기 쉽지 않은 시스템을 만들어냈다.

## IV. 오늘날 공교육에 주는 시사점

19세기와 20세기를 거치면서 공교육은 꾸준히 보편화되어왔다. 19세기 중후반에 이르러 제도화된 국민 교육은 모든 국민 국가의 규범이 되었다.[67] 보편 교육의 연한이 높아져 중등 교육까지 확대되었고, 21세기에 들어 많은 국가들에서 고등 교육까지도 대중화·보편화되는 양상을 보이고 있다. 제도적 교육의 보편화는 상당한 성취를 보였다. 그렇다면, 초기 공교육론자들이 기대한 것처럼 공공 교육은 인류의 진보·자유·평등이 높아지는 데에 기여해왔다는 평가를 받고 있는가? 20세기 중반 이후, 제도 교육의 역할과 관련한 논의들은 공교육의 기능에 대한 회의와 비판적 문제의식을 드러내왔다. 이른바 수정주의 역사학자들은 공교육이 계몽주의자들이 기대한 것처럼 더는 평등화 기제가 아니며 오히려 불평등을 재생

---

67. J. Meyer, F. Ramirez & Y. Soysal, "World Expansion of Mass Education 1870-1980", Sociology of Education, 65(2), 1992, pp.128-149.

산하고 정당화하는 역할을 하고 있음을 들춰내서 공교육에 대한 논쟁을 제기해왔다.[68] 특히 20세기 후반에는 신자유주의적 경향에 의해 학교를 유사 시장화하는 정책들이 전 세계적으로 채택됨으로써 교육을 사유재로 보는 관점들이 지배하는 등, 18세기 이래 공교육의 기본 가치에 대한 전제들은 큰 변화를 겪었다.

공교육이 기대와 달리 인간으로서의 자유와 평등을 실현하는 기제가 되지 못하고, 불평등을 재생산하며, 국가의 이데올로기 기구라는 비판을 받는 이유는 무엇인가? 마르크스가 지적한 것처럼 프랑스대혁명이 인류의 보편 이익을 내걸었지만 실은 특정 계급의 이익을 대변했을 뿐이고, 진정한 계몽과 진보의 과제는 무산대중이 스스로의 세계관으로 새로운 혁명에 나선 이후에나 가능했기 때문일까.[69]

이성적 확신에 기초해서 능동적으로 역사적 흐름을 바꾸고자 한 대사건인 프랑스혁명은 목적의식적으로 새로운 인간형과 사회를 만드는 문제에 대해 진지한 고민이 이루어진 시기이다. 콩도르세는 자유주의적 접근을 통해, 국가의 교육을 주장하면서도 공권력이 무엇을 가르쳐야 하는지 의사결정을 해서는 안 된다고 보았고 이를 학문·교육계의 자율에 맡기고자 했다. 국가의 지원에 의해 운용되는, 모든 인간의 평생에 걸친 계몽의 시스템을 목표로 하되, 국가가 교육자가 되지 않고 계몽된 지식인과 계몽된 대중이 이끌어나가는 전문적·자율적 체계가 그의 공교육 개혁안에 반영되어 있다. 콩도르세는 평등을 강조하면서도 절대적 평등을 주장하지 않고, 개인별로 능력과 투입 가능한 시간을 기준으로 교육 연한에 차이

---

68. M. Katz, J. Spring, C. Karier, W. Feinberg, S. Bowles & H. Gintis 등의 학자들이 공교육의 이상과 현실에 대한 역사적 문제를 제기한 급진적 수정주의자로 분류된다. D. Ravitch, The Revisionists Revised: A Critique of the Radical Attack on the Schools, New York: Basic Books, Inc., 1978.

69. F. Furet, Interpreting the French Revolution, Cambridge: Cambridge University Press, 1997; L. Hunt, Politics, Culture, and Class in the French Revolution, Berkley: University of California Press, 2004.

가 나타날 수 있다고 보았다. 그러나 그는 이 차이가 해롭지 않을 것이라고 전망했다. 전체 대중의 계몽 수준이 높아지고 무지로 인한 지적 종속이 해소되면, 고등 교육은 학문을 하는 사람에게 필요한 기능적인 것일 뿐이지 사회적 불평등과는 무관할 것이라고 여겼다.

콩도르세의 이러한 기대에도 불구하고, 모든 인간의 계몽과 교육 가능성에 대한 그의 확신은 한 세기가 채 못 되어 '교육 불가능성'의 자연적 기원을 찾으려는 논의들에 직면했다. 교육 연한의 차이, 곧 '학력'의 차이는 해롭지 않은 불평등이 되지 못하고 사회적 불평등과 직접 연관되어 줄곧 문제시되고 있다. 콩도르세는 지식인 엘리트들이 계몽의 확산이라는 공공 책임에 복무하기를 기대했지만, 교육받은 자들의 '학력'은 공공이익에 복무하는 방향으로 나아가지 못하고, 학력을 통한 '능력의 지배' 혹은 '메리토크라시'라는 – 한편으로는 귀속주의에 대항하고 다른 한편으로는 능력을 특권화하는 – 양면적 얼굴의 괴물을 배출했다. 결국 계몽과 진보에 대한 확신 위에 구축된 공교육에 대한 기획은 콩도르세가 기대한 것과는 사뭇 다른 방향으로 전개되어왔음을 알 수 있다. 대중은 더 많은 교육을 받게 되었지만 지적 종속을 벗어났다고 보기 어렵고, 교육받은 자들 안에서의 구분은 인류의 동질성을 강화하기보다 새로운 이질성을 야기해왔다.

교육으로 세상을 변화시킬 수 있는가? 콩도르세는 그것이 가능하다고 보았다. 새로운 사회의 형성을 위해서는 교육을 통한 인간 형성이 필수 불가결하기 때문이다. 18세기 계몽주의자들이 교육에 대해 강한 관심을 표출했던 이유는 새로운 사회와 새로운 인간 형성에 대한 그들의 열망 때문이었다. 현대 공교육도 여전히 그의 시대와 비슷한 과제를 안고 있다. 계몽이나 진보와 같은 용어들이 신념의 대상이 되기보다는 해체의 대상이 되고 있고, 18세기와 같은 낙관적 논의는 기피되고 있지만, 모든 인간이 자유와 평등을 누리는 공정하고 이상적인 사회를 향한 인류의 염원이 사라졌다고 볼 수는 없다. 이상적 교육에 대한 기대도 여전히 높다. 18세기 말 콩도르세가 갈망한 모든 인간의 철저한 계몽을 통한 사회 진보(혹은 개선)는 아직도 유효한 목표일 수 있다. 국가가 인민의 교육을 책임지되 스스로 교육을 해서는 안 된다는 관점은 여전히 통찰력이 있으며, 인간 간의 '차이'가 사회적 불평등이 아니라 '해롭지 않은' 차이로 나아가기를 기대한 콩도르세의 안목은 여전히 주목할 만하다.

그러나 그의 전략 그대로는 목표에 도달하기가 어렵다. 특히 그의 자유주의적 개혁안을 핵심적으로 지탱해주는 지식인 엘리트의 계몽성에 대한 확신이 해체되었을 때 콩도르세의 기획은 무너질 수밖에 없다. 그래도 만일, '진정으로' 공공적이고 진보적인 지식인이 출현하고 민중의 '자기 계몽'이 결합된다면 교육은 사회를 '이상적으로' 변화시키는 동력이 될 수 있을까? 한편으로 교육의 사사화私事化와 상품화가 공교육을 위협하고 있지만, 다른 한편으로는 대중이 공교육을 통해 스스로의 존재 조건을 비판적으로 통찰하고 '계몽의 차이'라는 전제를 넘어설 사회적 조건도 이미 형성되어 있다. '능력의 지배'로 나아가지 않고, 더는 정당화가 필요 없는 '인권'으로서[70] 모든 인간의 교육 가능성을 확신하는 교육, 온갖 권위·편견·통제로부터 벗어나 교육의 주체들이 스스로 결정하고 사회적으로 책임지는 교육은, 콩도르세가 꿈꾼 교육이기도 하고 공교육이 여전히 추구하고 있는 목표이기도 하다.

요컨대 콩도르세의 자유주의적 시스템 기획 자체는 역사적으로 볼 때 '낙관주의'라는 비판을 면할 수 없고 그 비현실성이 이미 드러나 있다. 그러나 모든 인간이 교육을 통해 스스로 공공적 지식인으로서 주체화하고 스스로의 계몽을 통제하는 '공공적 교육의 상像'은 현대의 대중적 공교육

---

70. Hunt는 프랑스대혁명기에 인권(human rights)이 별도의 근거 제시가 필요 없는 스스로 명백한(self-evident) 개념으로 등장하는 과정을 주목했다. L. Hunt, Inventing Human Rights: A History, New York: W. W. Norton & Company, 2007.

을 통해 추구되어야 하는 바라고 하겠다. 이는 콩도르세가 궁극적으로 지향한 바와 다르지 않다.

# 참고 문헌

• 송기형, 「프랑스혁명기 공교위의 교육안 연구」, 『프랑스사 연구』, 29호, 2013.
• 서정복, 『프랑스혁명과 나폴레옹시대의 교육 개혁사』, 충남대학교 출판부, 2007.
• 이영림, 「예수회 추방과 '국민 교육'의 시도」, 『프랑스사 연구』, 28호, 2013.
• 장세룡, 「콩도르세의 이상향 - 아틀란티스」, 『인문연구』, 45/46, 2004, 201-225쪽.
• 정동준, 『18세기 교육사상: 프랑스대혁명기의 공교육계획』, 국학자료원, 2003.
• 정동준, 「콩도르세의 사회 및 교육관 일고」, 『서양사학연구』, 3, 1999, 25-42쪽.
• 정동준, 「대혁명기 평등한 사회를 위한 서로 다른 접근-콩도르세와 르플르티에의 교육 개혁안을 중심으로」, 『서양사학연구』, 9, 2003, 39-61쪽.
• 정동준, 「대혁명 전후 교육의 목적에 관한 일고찰」, 『서양사학연구』, 11, 2004, 61-77쪽.
• 정동준, 「콩도르세의 교육안에 보이는 평등」, 『서양사학연구』, 17, 2007, 23-49쪽.
• 황수영, 「서양 근대사상에서 진보와 진화 개념의 교착과 분리」, 『개념과 소통』, 7, 2011, 105-134쪽.
• Albertone, Manuela, "Enlightenment and Revolution: the Evolution of Condorcet's Ideas on Education", in Condorcet Studies 1, edited by Rosenfield, L., Society for Study of History of Philosophy (History of Philosophy Series #1), Atlantic Highlands, NJ: Humanities Press, 1984.
• Baker, Keith Michael, Condorcet: Selected Writings, Indianapolis: The Bobbs-Merrill Company, Inc., 1976.
• Ballinger, Stanley E., "The Idea of Social Progress Through Education in the French Enlightenment Period: Helvetius and Condorcet", History of Education Journal, 19(1), 1959, pp.88-99.
• Barnard, H. C., Education and the French Revolution, 서정복 역, 『프랑스혁명과 교육 개혁』, 삼지원, 1996.
• Canguilhem, Georges, "The Decline of the Idea of Progress", Economy and Society, 27(2-3), 1998, pp.313-329.
• Comte, Auguste, Discours sur l'Esprit Positif, 김점석 역, 『실증주의 서설』, 한길사, 2001.
• Condorcet, M., Oeuvres de Condorcet, vol.7, edited by Arago, F., Paris: Firmin Didot Frères, Libraires, 1847.

- Condorcet, M., Cinq Mémoires Sur L'Instruction Publique (1791-92), edited by Coutel, Charles et Kintzler, Catherine, Paris, GF-Flammarion, 1994.
- Condorcet, M., Esquisse d'un Tableau Historique des Progrès de l'Esprit Humain, 장세룡 역, 『인간 정신의 진보에 관한 역사적 개요』, 책세상, 2002.
- Doyle, William, The Oxford History of the French Revolution, Oxford: Oxford University Press, 2002.
- Duce, Charles, "Condorcet on Education", British Journal of Educational Studies, 19(3), 1971, pp.272-282.
- Furet, François, Interpreting the French Revolution, Cambridge: Cambridge University Press, 1997.
- Garrison, Mark J., A Measure of Failure: The Political Origins of Standardized Testing, Albany: State University of New York, 2009.
- Hunt, Lynn, Politics, Culture, and Class in the French Revolution, Berkley: University of California Press, 2004.
- Hunt, Lynn, Inventing Human Rights: A History, New York: W. W. Norton & Company, 2007.
- Lemann, Nicholas, The Big Test: The Secret History of the American Meritocracy, New York: Farrar, Straus, and Giroux, 2000.
- Lepelletier, Michel, Plan d'Education Nationale de Michel Lepelletier, (prérenté a la Convention Par Maxmilien Robespierre, au Nom de la Commission D'Instruction Publique), Convention Nationale, 1793, Paris: The French Revolution Research Collection (Les Archives de la Revolution Française)
- Lukes, Steven & Urbinati, Nadia, Condorcet: Political Writings, Cambridge: Cambridge University Press, 2012.
- Martin, Kingsley, French Liberal Thought in the Eighteenth Century: a Study of Political Ideas from Bayle to Condorcet, New York: Harper and Row Publishers, 1962.
- Mayo, Frederic B., Jr., "Condorcet and Authority: a Problem in Educational Theory", paper presented at the annual meeting of the American Educational Research Association (59th, Chicago, Ill.), 1974.
- Meyer, John W., Ramirez, Francisco O., Soysal, Yasamin N., "World Expansion of Mass Education 1870-1980", Sociology of Education, 65(2), 1992, pp.128-149.
- Mortier, Roland, "The Philosophes and Public Education", Yale French Studies no.40, Literature and society: Eighteenth Century, 1968, pp.62-76.
- Palmer, R. R., The Improvement of Humanity: Education and the French Revolution, Princeton: Princeton University Press, 1985.

• Rancière, Jacques, Le Maitre Ignorant, 양창렬 역, 『무지한 스승: 지적 해방에 대한 다섯 가지 교훈』, 궁리, 2008.

• Ravitch, Diane, The Revisionists Revised: A Critique of the Radical Attack on the Schools, New York: Basic Books, Inc., 1978.

• Rosenfield, Leonard Cohen (ed.), Condorcet Studies 1, Society for Study of History of Philosophy (History of Philosophy Series #1), 1984.

• Waldinger, Renée, "Condorcet: the Problematic Nature of Progress", in Condorcet Studies 1, edited by Rosenfield, L., Society for Study of History of Philosophy (History of Philosophy Series #1), Atlantic Highlands, NJ: Humanities Press, 1984.

• Williams, David, Condorcet and Modernity, Cambridge: Cambridge University Press, 2004.

• Williams, Pearce, "Science, Education and the French Revolution", Isis, 44(4), 1953, pp.311-330.

• Young, M., The Rise of the Meritocracy, London: Transaction Publishers, 2008.

# 삶의 행복을 꿈꾸는 교육은 어디에서 오는가?

미래 100년을 향한 새로운 교육 · 혁신교육을 실천하는 교사들의 **필독서**

## ▶ 교육혁명을 앞당기는 배움책 이야기
혁신교육의 철학과 잉걸진 미래를 만나다!

### 한국교육연구네트워크 총서

**01 핀란드 교육혁명**
한국교육연구네트워크 엮음 | 320쪽 | 값 15,000원

**02 일제고사를 넘어서**
한국교육연구네트워크 엮음 | 284쪽 | 값 13,000원

**03 새로운 사회를 여는 교육혁명**
한국교육연구네트워크 엮음 | 380쪽 | 값 17,000원

**04 교장제도 혁명**
한국교육연구네트워크 엮음 | 268쪽 | 값 14,000원

**05 새로운 사회를 여는 교육자치 혁명**
한국교육연구네트워크 엮음 | 312쪽 | 값 15,000원

**06 혁신학교에 대한 교육학적 성찰**
한국교육연구네트워크 엮음 | 308쪽 | 값 15,000원

**07 진보주의 교육의 세계적 동향**
한국교육연구네트워크 엮음 | 324쪽 | 값 17,000원
2018 세종도서 학술부문

**08 더 나은 세상을 위한 학교혁명**
한국교육연구네트워크 엮음 | 404쪽 | 값 21,000원
2018 세종도서 교양부문

**09 비판적 실천을 위한 교육학**
이윤미 외 지음 | 448쪽 | 값 23,000원

**10 마을교육공동체운동:**
세계적 동향과 전망
심성보 외 지음 | 376쪽 | 값 18,000원

---

**혁신학교**
성열관·이순철 지음 | 224쪽 | 값 12,000원

**행복한 혁신학교 만들기**
초등교육과정연구모임 지음 | 264쪽 | 값 13,000원

**서울형 혁신학교 이야기**
이부영 지음 | 320쪽 | 값 15,000원

**혁신교육, 철학을 만나다**
브렌트 데이비스·데니스 수마라 지음
현인철·서용선 옮김 | 304쪽 | 값 15,000원

### 한국교육연구네트워크 번역 총서

**01 프레이리와 교육**
존 엘리아스 지음 | 한국교육연구네트워크 옮김
276쪽 | 값 14,000원

**02 교육은 사회를 바꿀 수 있을까?**
마이클 애플 지음 | 강희룡·김선우·박원순·이형빈 옮김
356쪽 | 값 16,000원

**03 비판적 페다고지는
세상을 변화시킬 수 있는가?**
Seewha Cho 지음 | 심성보·조시화 옮김 | 280쪽 | 값 14,000원

**04 마이클 애플의 민주학교**
마이클 애플·제임스 빈 엮음 | 강희룡 옮김 | 276쪽 | 값 14,000원

**05 21세기 교육과 민주주의**
넬 나딩스 지음 | 심성보 옮김 | 392쪽 | 값 18,000원

**06 세계교육개혁:
민영화 우선인가 공적 투자 강화인가?**
린다 달링-해먼드 외 지음 | 심성보 외 옮김 | 408쪽 | 값 21,000원

**07 콩도르세, 공교육에 관한 다섯 논문**
니콜라 드 콩도르세 지음 | 이주환 옮김 | 300쪽 | 값 16,000원

---

**대한민국 교사, 어떻게 가르칠 것인가?**
윤성관 지음 | 320쪽 | 값 15,000원

**아이들을 어떻게 가르칠 것인가**
사토 마나부 지음 | 박찬영 옮김 | 232쪽 | 값 13,000원

**모두를 위한 국제이해교육**
한국국제이해교육학회 지음 | 364쪽 | 값 16,000원

**경쟁을 넘어 발달 교육으로**
현광일 지음 | 288쪽 | 값 14,000원

**혁신교육 존 듀이에게 묻다**
서용선 지음 | 292쪽 | 값 14,000원

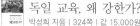 **독일 교육, 왜 강한가?**
박성희 지음 | 324쪽 | 값 15,000원

 **다시 읽는 조선 교육사**
이만규 지음 | 750쪽 | 값 33,000원

 **핀란드 교육의 기적**
한넬레 니에미 외 엮음 | 장수명 외 옮김 | 456쪽 | 값 23,000원

 **대한민국 교육혁명**
교육혁명공동행동 연구위원회 지음 | 224쪽 | 값 12,000원

 **한국 교육의 현실과 전망**
심성보 지음 | 724쪽 | 값 35,000원

---

## ▶ 비고츠키 선집 시리즈
발달과 협력의 교육학 어떻게 읽을 것인가?

 **생각과 말**
레프 세묘노비치 비고츠키 지음
배희철·김용호·D. 켈로그 옮김 | 690쪽 | 값 33,000원

 **성장과 분화**
L.S. 비고츠키 지음 | 비고츠키 연구회 옮김
308쪽 | 값 15,000원

 **도구와 기호**
비고츠키·루리야 지음 | 비고츠키 연구회 옮김
336쪽 | 값 16,000원

 **연령과 위기**
L.S. 비고츠키 지음 | 비고츠키 연구회 옮김
336쪽 | 값 17,000원

 **어린이 자기행동숙달의 역사와 발달 I**
L.S. 비고츠키 지음 | 비고츠키 연구회 옮김
564쪽 | 값 28,000원

 **의식과 숙달**
L.S 비고츠키 | 비고츠키 연구회 옮김
348쪽 | 값 17,000원

 **어린이 자기행동숙달의 역사와 발달 II**
L.S. 비고츠키 지음 | 비고츠키 연구회 옮김
552쪽 | 값 28,000원

 **분열과 사랑**
L.S. 비고츠키 지음 | 비고츠키 연구회 옮김
260쪽 | 값 16,000원

 **어린이의 상상과 창조**
L.S. 비고츠키 지음 | 비고츠키 연구회 옮김
280쪽 | 값 15,000원

 **성애와 갈등**
L.S. 비고츠키 지음 | 비고츠키 연구회 옮김
268쪽 | 값 17,000원

 **비고츠키와 인지 발달의 비밀**
A.R. 루리야 지음 | 배희철 옮김 | 280쪽 | 값 15,000원

 **관계의 교육학, 비고츠키**
진보교육연구소 비고츠키교육학실천연구모임 지음
300쪽 | 값 15,000원

 **수업과 수업 사이**
비고츠키 연구회 지음 | 196쪽 | 값 12,000원

 **비고츠키 생각과 말 쉽게 읽기**
진보교육연구소 비고츠키교육학실천연구모임 지음
316쪽 | 값 15,000원

 **비고츠키의 발달교육이란 무엇인가?**
비고츠키교육학실천연구모임 지음 | 412쪽 | 값 21,000원

 **교사와 부모를 위한 비고츠키 교육학**
카르포프 지음 | 실천교사번역팀 옮김 | 308쪽 | 값 15,000원

 **비고츠키 철학으로 본 핀란드 교육과정**
배희철 지음 | 456쪽 | 값 23,000원

---

## ▶ 살림터 참교육 문예 시리즈
영혼이 있는 삶을 가르치는 온 선생님을 만나다!

 **꽃보다 귀한 우리 아이는**
조재도 지음 | 244쪽 | 값 12,000원

 **선생님이 먼저 때렸는데요**
강병철 지음 | 248쪽 | 값 12,000원

 **성깔 있는 나무들**
최은숙 지음 | 244쪽 | 값 12,000원

 **서울 여자, 시골 선생님 되다**
조경선 지음 | 252쪽 | 값 12,000원

아이들에게 세상을 배웠네
명혜정 지음 | 240쪽 | 값 12,000원

 행복한 창의 교육
최창의 지음 | 328쪽 | 값 15,000원

 밥상에서 세상으로
김흥숙 지음 | 280쪽 | 값 13,000원

 북유럽 교육 기행
정애경 외 14인 지음 | 288쪽 | 값 14,000원

 우물쭈물하다 끝난 교사 이야기
유기창 지음 | 380쪽 | 값 17,000원

---

## ▶ 4·16, 질문이 있는 교실 마주이야기
통합수업으로 혁신교육과정을 재구성하다!

 통하는 공부
김태호·김형우·이경석·심우근·허진만 지음
324쪽 | 값 15,000원

 미래교육의 열쇠, 창의적 문화교육
심광현·노명우·강정석 지음 | 368쪽 | 값 16,000원

 내일 수업 어떻게 하지?
아이함께 지음 | 300쪽 | 값 15,000원
2015 세종도서 교양부문

 주제통합수업, 아이들을 수업의 주인공으로!
이윤미 외 지음 | 392쪽 | 값 17,000원

 인간 회복의 교육
성래운 지음 | 260쪽 | 값 13,000원

 수업과 교육의 지평을 확장하는 수업 비평
윤양수 지음 | 316쪽 | 값 15,000원
2014 문화체육관광부 우수교양도서

 교과서 너머 교육과정 마주하기
이윤미 외 지음 | 368쪽 | 값 17,000원

 교사, 선생이 되다
김태은 외 지음 | 260쪽 | 값 13,000원

 수업 고수들 수업·교육과정·평가를 말하다
박현숙 외 지음 | 368쪽 | 값 17,000원

 교사의 전문성, 어떻게 만들어지나
국제교원노조연맹 보고서 | 김석규 옮김 392쪽 | 값 17,000원

 도덕 수업, 책으로 묻고 윤리로 답하다
울산도덕교사모임 지음 | 320쪽 | 값 15,000원

 수업의 정치
윤양수·원종희·장군 지음 | 280쪽 | 값 14,000원

 체육 교사, 수업을 말하다
전용진 지음 | 304쪽 | 값 15,000원

 학교협동조합,
현장체험학습과 마을교육공동체를 잇다
주수원 외 지음 | 296쪽 | 값 15,000원

 교실을 위한 프레이리
아이러 쇼어 엮음 | 사람대사람 옮김 | 412쪽 | 값 18,000원

 거꾸로 교실,
잠자는 아이들을 깨우는 수업의 비밀
이민경 지음 | 280쪽 | 값 14,000원

 마을교육공동체란 무엇인가?
서용선 외 지음 | 360쪽 | 값 17,000원

 교사는 무엇으로 사는가
정은균 지음 | 292쪽 | 값 15,000원

 교사, 학교를 바꾸다
정진화 지음 | 372쪽 | 값 17,000원

 마음의 힘을 기르는 감성수업
조선미 외 지음 | 300쪽 | 값 15,000원

 함께 배움
학생 주도 배움 중심 수업 이렇게 한다
니시카와 준 지음 | 백경석 옮김 | 280쪽 | 값 15,000원

 작은 학교 아이들
지경준 엮음 | 376쪽 | 값 17,000원

 공교육은 왜?
홍섭근 지음 | 352쪽 | 값 16,000원

 아이들의 배움은 어떻게 깊어지는가
이시이 준지 지음 | 방지현·이창희 옮김 | 200쪽 | 값 11,000원

 자기혁신과 공동의 성장을 위한
교사들의 필리버스터
윤양수·원종희·심성·겨살 지음 | 280쪽 | 값 14,000원

 대한민국 입시혁명
참교육연구소 입시연구팀 지음 | 220쪽 | 값 12,000원

폭력 교실에 맞서는 용기
따돌림사회연구모임 학급운영팀 지음 | 272쪽 | 값 15,000원

 학교자율운영 2.0
김용 지음 | 240쪽 | 값 15,000원

 그래도 혁신학교
박은혜 외 지음 | 248쪽 | 값 15,000원

 학교자치를 부탁해
유우석 외 지음 | 252쪽 | 값 15,000원

 학교는 어떤 공동체인가?
성열관 외 지음 | 228쪽 | 값 15,000원

 국제이해교육 페다고지
강순원 외 지음 | 256쪽 | 값 15,000원

 교사 전쟁
다나 골드스타인 지음 | 유성상 외 옮김 | 468쪽 | 값 23,000원

 미래교육, 어떻게 만들어갈 것인가?
송기상 · 김성천 지음 | 300쪽 | 값 16,000원

 인공지능 시대의 사회학적 상상력
홍승표 지음 | 260쪽 | 값 15,000원

 선생님, 페미니즘이 뭐예요?
염경미 지음 | 280쪽 | 값 15,000원

 시민, 학교에 가다
최형규 지음 | 260쪽 | 값 15,000원

 혁신교육지구와 마을교육공동체는
어떻게 만들어지는가?
김태정 지음 | 376쪽 | 값 18,000원

---

## ▶ 교과서 밖에서 만나는 역사 교실
상식이 통하는 살아 있는 역사를 만나다

 전봉준과 동학농민혁명
조광환 지음 | 336쪽 | 값 15,000원

 교과서 밖에서 배우는 역사 공부
정은교 지음 | 292쪽 | 값 14,000원

 남도의 기억을 걷다
노성태 지음 | 344쪽 | 값 14,000원

 팔만대장경도 모르면 빨래판이다
전병철 지음 | 360쪽 | 값 16,000원

 응답하라 한국사 1·2
김은석 지음 | 356쪽·368쪽 | 각권 값 15,000원

 빨래판도 잘 보면 팔만대장경이다
전병철 지음 | 360쪽 | 값 16,000원

 즐거운 국사수업 32강
김남선 지음 | 280쪽 | 값 11,000원

 영화는 역사다
강성률 지음 | 288쪽 | 값 13,000원

 즐거운 세계사 수업
김은석 지음 | 328쪽 | 값 13,000원

 친일 영화의 해부학
강성률 지음 | 264쪽 | 값 15,000원

 강화도의 기억을 걷다
최보길 지음 | 276쪽 | 값 14,000원

 한국 고대사의 비밀
김은석 지음 | 304쪽 | 값 13,000원

 광주의 기억을 걷다
노성태 지음 | 348쪽 | 값 15,000원

 조선족 근현대 교육사
정미량 지음 | 320쪽 | 값 15,000원

 선생님도 궁금해하는
한국사의 비밀 20가지
김은석 지음 | 312쪽 | 값 15,000원

 다시 읽는 조선근대 교육의 사상과 운동
윤건차 지음 | 이명실 · 심성보 옮김 | 516쪽 | 값 25,000원

 걸림돌
키르스텐 세룹-빌펠트 지음 | 문봉애 옮김
248쪽 | 값 13,000원

 음악과 함께 떠나는 세계의 혁명 이야기
조광환 지음 | 292쪽 | 값 15,000원

 역사수업을 부탁해
열 사람의 한 걸음 지음 | 388쪽 | 값 18,000원

 논쟁으로 보는 일본 근대 교육의 역사
이명실 지음 | 324쪽 | 값 17,000원

 진실과 거짓, 인물 한국사
하성환 지음 | 400쪽 | 값 18,000원

 다시, 독립의 기억을 걷다
노성태 지음 | 320쪽 | 값 16,000원

우리 역사에서 사라진 근현대 인물 한국사
하성환 지음 | 296쪽 | 값 18,000원

 한국사 리뷰
김은석 지음 | 244쪽 | 값 15,000원

 꼬물꼬물 거꾸로 역사수업
역모자들 지음 | 436쪽 | 값 23,000원

 경남의 기억을 걷다
류형진 외 지음 | 564쪽 | 값 28,000원

---

## ▶ 더불어 사는 정의로운 세상을 여는 인문사회과학
사람의 존엄과 평등의 가치를 배운다

 밥상혁명
강양구·강이현 지음 | 298쪽 | 값 13,800원

 좌우지간 인권이다
안경환 지음 | 288쪽 | 값 13,000원

 도덕 교과서 무엇이 문제인가?
김대용 지음 | 272쪽 | 값 14,000원

 민주시민교육
심성보 지음 | 544쪽 | 값 25,000원

 자율주의와 진보교육
조엘 스프링 지음 | 심성보 옮김 | 320쪽 | 값 15,000원

 민주시민을 위한 도덕교육
심성보 지음 | 500쪽 | 값 25,000원
2015 세종도서 학술부문

 민주화 이후의 공동체 교육
심성보 지음 | 392쪽 | 값 15,000원
2009 문화체육관광부 우수학술도서

 교과서 밖에서 배우는 인문학 공부
정은교 지음 | 280쪽 | 값 13,000원

 갈등을 넘어 협력 사회로
이창언·오수길·유문종·신윤관 지음 | 280쪽 | 값 15,000원

 오래된 미래교육
정재걸 지음 | 392쪽 | 값 18,000원

 동양사상과 마음교육
정재걸 외 지음 | 356쪽 | 값 16,000원
2015 세종도서 학술부문

 대한민국 의료혁명
전국보건의료산업노동조합 엮음 | 548쪽 | 값 25,000원

 교과서 밖에서 배우는 철학 공부
정은교 지음 | 280쪽 | 값 14,000원

 교과서 밖에서 배우는 고전 공부
정은교 지음 | 288쪽 | 값 14,000원

 교과서 밖에서 배우는 사회 공부
정은교 지음 | 304쪽 | 값 15,000원

 전체 안의 전체 사고 속의 사고
김우창의 인문학을 읽다
현광일 지음 | 320쪽 | 값 15,000원

 교과서 밖에서 배우는 윤리 공부
정은교 지음 | 292쪽 | 값 15,000원

 카스트로, 종교를 말하다
피델 카스트로·프레이 베토 대담 | 조세종 옮김
420쪽 | 값 21,000원

 한글 혁명
김슬옹 지음 | 388쪽 | 값 18,000원

 일제강점기 한국철학
이태우 지음 | 448쪽 | 값 25,000원

 우리 안의 미래교육
정재걸 지음 | 484쪽 | 값 25,000원

 한국 교육 제4의 길을 찾다
이길상 지음 | 400쪽 | 값 21,000원

 왜 그는 한국으로 돌아왔는가?
황선준 지음 | 364쪽 | 값 17,000원

 마을교육공동체 생태적 의미와 실천
김용련 지음 | 256쪽 | 값 15,000원

## ▶ 평화샘 프로젝트 매뉴얼 시리즈
학교폭력에 대한 근본적인 예방과 대책을 찾는다

**학교폭력 어떻게 만들어지는가**
문재현 외 지음 | 300쪽 | 값 14,000원

**아이들을 살리는 동네**
문재현·신동명·김수동 지음 | 204쪽 | 값 10,000원

**학교폭력, 멈춰!**
문재현 외 지음 | 348쪽 | 값 15,000원

**평화! 행복한 학교의 시작**
문재현 외 지음 | 252쪽 | 값 12,000원

**왕따, 이렇게 해결할 수 있다**
문재현 외 지음 | 236쪽 | 값 12,000원

**마을에 배움의 길이 있다**
문재현 지음 | 208쪽 | 값 10,000원

**젊은 부모를 위한 백만 년의 육아 슬기**
문재현 지음 | 248쪽 | 값 13,000원

**별자리, 인류의 이야기 주머니**
문재현·문한뫼 지음 | 444쪽 | 값 20,000원

**우리는 마을에 산다**
유양우·신동명·김수동·문재현 지음 | 312쪽 | 값 15,000원

**동생아, 우리 뭐 하고 놀까?**
문재현 외 지음 | 280쪽 | 값 15,000원

**누가, 학교폭력 해결을 가로막는가?**
문재현 외 지음 | 312쪽 | 값 15,000원


## ▶ 남북이 하나 되는 두물머리 평화교육
분단 극복을 위한 치열한 배움과 실천을 만나다

**10년 후 통일**
정동영·지승호 지음 | 328쪽 | 값 15,000원

**선생님, 통일이 뭐예요?**
정경호 지음 | 252쪽 | 값 13,000원

**분단시대의 통일교육**
성래운 지음 | 428쪽 | 값 18,000원

**김창환 교수의 DMZ 지리 이야기**
김창환 지음 | 264쪽 | 값 15,000원

**한반도 평화교육 어떻게 할 것인가**
이기범 외 지음 | 252쪽 | 값 15,000원


## ▶ 창의적인 협력 수업을 지향하는 삶이 있는 국어 교실
우리말 글을 배우며 세상을 배운다

**중학교 국어 수업 어떻게 할 것인가?**
김미경 지음 | 340쪽 | 값 15,000원

**토론의 숲에서 나를 만나다**
명혜정 엮음 | 312쪽 | 값 15,000원

**토닥토닥 토론해요**
명혜정·이명선·조선미 엮음 | 288쪽 | 값 15,000원

**인문학의 숲을 거니는 토론 수업**
순천국어교사모임 엮음 | 308쪽 | 값 15,000원

**어린이와 시**
오인태 지음 | 192쪽 | 값 12,000원

**수업, 슬로리딩과 함께**
박경숙 지음 | 268쪽 | 값 15,000원

**언어떤**
정은균 지음 | 268쪽 | 값 15,000원

**민촌 이기영 평전**
이성렬 지음 | 508쪽 | 값 20,000원

# 참된 삶과 교육에 관한
## 생각 줍기